# THE AGILE ORGANIZATION

## How to Build an Innovative, Sustainable and Resilient Business ( 2nd Edition )

[英] 琳达·J. 霍尔比契 著  刘善仕 眭灵慧 等译

*Linda Holbeche*

# 敏捷组织

（原书第2版）

## 如何建立一个创新、可持续、柔性的组织

机械工业出版社
CHINA MACHINE PRESS

## 图书在版编目（CIP）数据

敏捷组织：如何建立一个创新、可持续、柔性的组织（原书第 2 版）/（英）琳达·J.霍尔比契（Linda Holbeche）著；刘善仕等译 . —北京：机械工业出版社，2020.5（2023.10 重印）

书名原文：The Agile Organization: How to Build an Innovative, Sustainable and Resilient Business

ISBN 978-7-111-65439-1

I. 敏… II.① 琳… ② 刘… III. 组织管理 IV. C936

中国版本图书馆 CIP 数据核字（2020）第 068293 号

北京市版权局著作权合同登记 图字：01-2020-0415 号。

Linda Holbeche. The Agile Organization: How to Build an Innovative,Sustainable and Resilient Business, 2nd Edition.

# 敏捷组织
## 如何建立一个创新、可持续、柔性的组织（原书第 2 版）

出版发行：机械工业出版社（北京市西城区百万庄大街 22 号 邮政编码：100037）

责任编辑：李晓敏 责任校对：李秋荣

印　　刷：固安县铭成印刷有限公司 版　　次：2023 年 10 月第 1 版第 2 次印刷

开　　本：170mm×230mm 1/16 印　　张：22.5

书　　号：ISBN 978-7-111-65439-1 定　　价：79.00 元

客服电话：（010）88361066 68326294

# 有组织打败无组织，敏捷组织超越传统组织

"敏捷"的意思就是在VUCA（多变的（volatile）、不确定的（uncertain）、复杂的（complex）和模糊的（ambiguous））的环境中能够快速反应。VUCA这个概念最早是由美军提出的，用于描述新时期的战场局势。美军在战争中非常喜欢搞管理实验和管理改革，容易出新思想，也为商业界培养了很多管理人才。西方商业界跟中国的企业界一样，喜欢用战场比喻商场。

如果商场是战场，仗都是怎么打赢的呢？

老一辈的企业家会告诉你组织的重要性。中国这么多年以来最重要的经验就是组织优势。历史一再证明，有组织的队伍一定会打败无组织的队伍。

做好宣传和教育，让全公司上下思想统一，确保领导有威信、员工忠诚，要求令行禁止、如臂使指，组织就能集中力量办大事。相反，如果一家公司像一盘散沙，领导层山头林立，员工军心涣散，那就必定什么事都办不好。

根据这个理念，有的公司动不动就组织一场集体活动，以加强组织纪律和提高员工的等级意识。有的公司会给员工做日常性的"团建"，比如有的理发店每天早上当街高喊励志口号。

但是，这一套对新一代年轻人来说好像不是那么有效。有的"90后"根本不管什么纪律、威信和等级，一言不合说辞职就辞职。现在，很多公司（特别是高科技公司）根本就不搞这一套，反而还都是好公司。

这是什么道理呢？难道说"组织"不重要了吗？

\* \* \*

事实是组织现在更重要了，但是现在你需要的可能不是传统的那种组织。"敏捷组织"这个词尽管尚未流行，但这并不是一个标新立异的概念。换一本别的书可能就叫"扁平化""去中心化""让听得见炮火的人指挥"，其实都是一个意思。[⊖]

这个意思就是：在如今这个新时期，如果你想做高级的业务，你就需要更高级的组织形态。

跟同类图书相比，霍尔比契这本《敏捷组织》的好处是：它是一本专业著作，内容系统性强，有理论、有文献、有案例、有问答，条理非常清晰。本书的中文版译者之一眭灵慧先生是一家高科技公司的副总裁，分管公司研发项目管理，而且对管理学很有研究。我仔细研读了这本书，还特意与眭灵慧先生进行了沟通交流。我帮大家将一将敏捷组织的逻辑。

公司的竞争优势一般有三种。第一种竞争优势是"结构性"，也就是巴菲特说的"护城河"。比如你有一门特别领先的技术，或者一个特别知名的品牌，或者一个垄断特权，这些就是结构性的，是别人想抄都抄不走的优势。第二种竞争优势是"低成本"，比如现在越南工人工资低，这也算是一种优势。

传统企业，要么像发达国家的超级大公司那样靠结构性优势，要么像发展中国家的公司那样靠低成本优势，在管理风格上都是向内看：我把自己的人管好、把自己的事做好就行，外部因素对我影响不大。

但是，现在很多高科技公司，特别是互联网行业的公司，面对的是 VUCA 的环境。在技术层面，大家都差不多，你没有特权，人才自由流动，业务在全球，市场随时变化，公司可能还是刚刚成立的，那你的竞争优势是什么呢？答案就是"差异化"，也就是第三种竞争优势。

你必须找到一个独特的市场定位，并做到极致，占据一席之地。这样的公司必须向外看，必须"以客户为中心"，因此就特别需要敏捷组织管理。

敏捷组织管理对公司高层和普通员工都提出了挑战。

---

⊖ 伊藤穰一，豪. 爆裂常识：未来社会的 9 大生存原则 [M]. 张培，等译. 北京：中信出版社，2017.

高层的挑战是：如何才能既适应市场的变化，又保持自己的特色。如果你坚持一个不变的战略——我就要生产这样的产品，那么市场变了、消费者不再喜欢这样的产品了，你怎么办？如果你干脆就没有战略，只看市场上什么好卖就生产什么，那你就不会在一个方向上深耕，你的产品就没有真正的竞争力，也就谈不上差异化。

高层到底应该坚持什么呢？答案是使命和愿景。比如阿里巴巴的使命是"让天下没有难做的生意"，围绕这个使命，公司的技术可以不断更新，商业模式可以不断调整，但是这个使命不变。有使命和愿景的公司就如同一台有了灵魂的机器。

有了使命和愿景，再去积累商业模式和技术上的竞争优势；确定了商业模式和技术方向，再去建设公司组织细节，匹配相关的人才。

睢灵慧先生的说法是：公司其他人员都可以随时变动，但是核心团队必须稳定。他们必须"上接天气，下接地气"。所谓上接天气，就是保证战略独特性，给员工讲一个好故事，构建好使命，做好公司的愿景管理，让员工始终知道该选择哪个方向。而下接地气，就是对人性的理解、对用户的理解。

\* \* \*

多数中国企业现在仍是传统的管理模式，讲究命令与控制。每年年底制订计划，通常要考虑未来 3 ~ 5 年的销售、利润和成本，战略的制定者和执行者往往分开，制订计划的人只制订计划，执行计划的人只执行。这样的管理是把执行者当成了工具。

高科技公司可不是这么干的。雷军说"小米没有战略"，任正非说"战略是打出来的，不是写出来的"。雷军说的没有战略并不是真没有战略，而是战略敏捷化，敏捷地响应用户需求。而这样的公司就不能用"工具人"了，领导者必须指望在一线奋斗的员工自己有想法，能给公司战略提出建议，甚至敢直接调动资源指挥行动才行。

这样的人才不是螺丝钉，管理这样的人得像职业足球俱乐部管理球星一样。你得真正以人为本，根据每个人不同的特长分配工作，而不是按照一个死板的岗位说明书安排人。你必须让人产生工作的愉悦感，你得关心每个人的成长和进步。

为了研究高水平人才的工作模式，眭灵慧先生特意关注过一些人，观察他们上班时间都在干什么。他发现他们只是漫无目的地打开电脑文件夹看一下就关掉，又打开另外一个。他还发现一个特别常见而公司 CEO 永远都听不到的人才离职原因——工作无聊。这些人在离职之前不是感觉焦头烂额，而是不知道自己要做什么，坐着无聊。

高水平人才最看重的是这份工作能不能让自己成长，所以他们关心的优先级如下：

第一，有没有成就感；

第二，使用的技术是不是世界领先；

第三，公司氛围是否令人愉快；

第四，工资收入。

这是不是有点像一些球星，宁可少拿工资也不愿意到某些国家的俱乐部踢球？

\* \* \*

我还特意问眭灵慧先生：如果你们公司精心培养了一位人才，你会不会担心他的忠诚度呢？眭灵慧先生的回答是高科技公司对忠诚度有新的理解，高水平人才不是忠于某家公司，而是忠于自己的职业。高水平人才完全可以自由选择公司，甚至可以同时服务几家公司。

但是公司并不会担心高水平人才拿了钱不好好做事，或做损害公司利益的事情。为什么呢？眭灵慧先生的回答是高水平的人才都要树立自己在整个行业的口碑，绝不做有损职业道德的事。

高水平人才都是社会化的。他们有自己的职业道德和职业文化，他们非常重视个人信誉。我自己观察到的情况正是这样，每个人都是宁可自己吃点亏也要有个好名声。其实，高科技行业的圈子并不大，业内人士互相都认识，信誉实在太重要了。

高水平人才最不好管，其实也最好管。敏捷组织要做的就是把工作充分模块化，把接口做好，让人才既能充分发挥各自的才能，又容易互相合作。敏捷组织强调员工之间的横向交流，尽量减少管理层级，让一线员工能直接向高层反馈。敏捷组织既有明确的价值观和战略目标，又有灵活的组织文化，让人才来了就知道该干什么。

\* \* \*

现在，中国互联网行业的公司几乎都已敏捷化了。霍尔比契认为，不仅仅是高科技公司，而是所有公司，甚至包括像政府、学校、医院这些机构也都应该敏捷化，敏捷组织一定超越传统组织。但是，整天讲纪律、等级森严、高喊励志口号的那些组织肯定不敏捷。

也许，其中的道理是生产力决定生产关系。也许，有些传统行业就是不需要敏捷。也许，把一群人训练成一个拳头，集中力量办某些大事就是效率高。

但是，敏捷化这个趋势是存在的。中国要产业升级，要把中国制造变成中国创造，要用创新带动新时期的经济增长，不会敏捷不行。

更重要的是，现在很多传统行业都在跟高科技结合，比如几乎所有的汽车品牌都在做人工智能自动驾驶，大多家电品牌都在做智能家居。那么，这些公司就至少需要一个二元管理模式：一部分人讲纪律和执行，另一部分人讲敏捷。

好消息是中国的年轻一代非常适合敏捷组织。眭灵慧先生说，中国高校里正在传授现代化的管理思想和工作方式，还有越来越多的有海外留学和工作经历的人回国，他们都是在敏捷环境里成长起来的，这些人不仅适应中国科技发展的智力需要，也对敏捷的工作环境提出了要求。

不爱"命令与执行"这一套管理理念的年轻一代，可不是不爱公司。全世界最先进的公司都是相似的，落后的公司各有各的落后之处。讲自由，爱分享，充分发挥自我价值，追求工作乐趣和成就感，这是所有高水平人才的共同特点和共同价值取向，这跟会不会机器学习技术没关系。

员工有使命感、有价值观、自由敏捷、敢想敢干、人人如龙，这样的组织就是敏捷的。我们希望更多的中国企业是这样的。

万维钢

科学作家

美国科罗拉多大学物理系研究员

"得到"App《精英日课》专栏作者

译者序

# 敏捷组织给科技公司插上腾飞的翅膀

翻译《敏捷组织》这本书要从 2017 年说起，中国科技的风口发生了很大的转变，从直播、VR 到 AI，再到区块链、短视频泛娱乐 IP，移动互联网深刻改变着人们的生活。这一年，小米、美团点评都上了科技部发布的独角兽企业名单。当时，我们就在思考一个问题：这些企业背后的成长逻辑是什么？平台化、数字化、智能化会给组织发展带来什么影响？我们查阅了很多中文书，没有发现一本著作能从组织发展的角度解释这些科技公司的新型组织形态。后来，在亚马逊上看到霍尔比契的《敏捷组织》时，我们特别兴奋，感觉找到了一本科技公司组织发展的"宝典"，于是翻译这本书来推动我国科技公司的组织变革与促进我国科技公司屹立于世界民族之林的使命感油然而生。我们找到了机械工业出版社，得益于机械工业出版社吴亚军编辑的信任，很快达成了出版协议。在翻译过程中，《敏捷组织》在国外又更新到了第 2 版，为了能向读者呈现最新的内容，我们重新选择了第 2 版进行翻译。

为了能在当今 VUCA 环境下生存和发展，组织必须做些什么？这是本书的主旨。现在，我国科技公司普遍都面临着组织如何变革、如何让自己的公司变得敏捷的问题，本书提供了一套系统的敏捷管理思考框架和方法论，很有借鉴意义。我们强烈推荐我国科技公司管理者阅读本书并在工作中参考本书提出的观点，让敏捷组织给科技公司插上腾飞的翅膀！

## 本书有什么不同

首先，本书是采用文献综述加案例分析的写作方式，参考了近千篇敏捷组织管理的文献，涵盖了敏捷组织发展的历史和前沿的研究成果，站在巨人的肩膀上高屋建瓴。本书中的案例都来自真实的企业或组织，每个案例都结合理论做了详尽的分析。这为我国企业进行敏捷管理提供了很好的参照系。

其次，本书力图建立一个分析框架，以便读者对照自己所在公司的实际情况，结合书中的推理逻辑自己找到解决方案。其实，本书具有一定的敏捷性，不同的读者得到的思考框架和解决方案是不一样的。

最后，本书各章的结尾都有一个自查清单，对照这个清单可以诊断自己所在公司或组织的敏捷性如何，以及改善方向在哪里。这个自查清单具有很强的可操作性和落地性。

## 组织为什么要敏捷

驱动敏捷的因素主要有全球市场、颠覆式创新、技术、市场化社会、人口因素。不确定性成为时代的主题，组织如何更加敏捷、富有弹性成了组织生存的必备技能。工业革命以来，科层制组织已经深入人心，但是随着技术的进步和环境的变化，科层制组织势必产生不和谐。面对新的环境，我国科技公司自发地进行组织变革，出现了很多新名词，如平台型组织、水样组织、自组织等。它们都有一个共同特点，就是希望自己的组织更加敏捷，更快地适应市场的需求。本书的一个重要观点是：客户体验是敏捷性的核心。敏捷性成了当今科技公司的一种嵌入式能力，只有拥抱变化，自己的组织才会起变化。

## 组织如何敏捷

本书从理论、案例和落地工具三个维度对敏捷战略制定、敏捷实施、敏捷连接、敏捷组织设计、敏捷的人员与流程、HR 在敏捷组织中的角色、培养员工敬业度与弹性、敏捷变革与转型、敏捷文化、敏捷领导等做了系统的阐述。敏捷组织的打造不是一个点的事情，也不是一个人的事情，而是在大家达成共识后，从上到下、从下到上的全员参与的系统工程，关键是要从变化中找到不变，以无形胜有形，以敏捷文化为基础，建立敏捷战略、敏捷连接，优化敏捷运营，灵活权变。敏捷起点和终点都是以人为本与客户价值实现。走进了敏捷组织就是走进了一个持续改进的过程，只有起点没有终点。敏捷组织里的每一个细节都有值得打磨的地方，比如"高管团队做出大胆决策的能力往往会因内部斗争和'输赢'政治而受损"。这个现象很常见，但是很多公司往往回避，高管团队找来很多"牛人"为什么也没有效率，反而相互斗争，严重影响了响应客户的速度，敏捷不起来。原因不在于这些高管能力不够，而在于阻碍公司敏捷的职场政治因素，本书就给出了一些思考的框架。书中还有很多有趣的观点，值得读者阅读和探索。

虽然书中提供了一套敏捷组织建设的思考框架和方法论，但是具体用于自己所在公司或组织时还是要结合自身实际情况。世界上没有哪一种组织形式适合每个具体的组织，每个具体的组织要如何敏捷取决于自己的实际情况，可以按照本书提供的框架分步骤地去实现。我们相信，只要动起来就会有收获。

本书作者霍尔比契是英国著名人力资源专家，有丰富的实践经验和理论基础。作为译者，我们中的一位长期从事人力资源领域的研究和教学工作，另一位主要从事研发项目管理和人力资源管理工作，在翻译过程中能够相对准确地还原作者语境的实际场景、进行恰当的翻译等。但是，由于时间仓促，翻译难免有些粗糙，还请各位专家和读者批评指正，以便修订时完善。

在此，要感谢机械工业出版社吴亚军编辑在我们翻译的过程中给予的支持和帮助，翻译讨论的过程也是我们建立友谊的过程。同时，还要感谢张婷婷、韦佩贝、王怡云、刘越、刘虹廷，他们在校对和试读过程中提出了很多宝贵的建议。最后，感谢眭灵慧的女儿眭跃馨在他翻译的过程中自己阅读，学会了独立，营造了安静的翻译环境。

刘善仕　眭灵慧
2020 年 4 月于广州

**Acknowledgements**

# 致 谢

感谢南加州大学有效组织中心、西雅图弗吉尼亚梅森研究所，它们是我灵感的来源；感谢戴夫·弗朗西斯（Dave Francis）和桑德拉·梅雷迪斯（Sandra Meredith），这两位学者在 2000 年提出的模型激发了我对组织敏捷性本质的思考。此外，我还要感谢参与各种研究项目和慷慨帮助我开展案例研究的人员，以及以前为本书提供过案例的所有人员和相关组织。

我要特别感谢通用电气的约翰·威斯登（John Wisdom）和贾尼思·西姆博（Janice Semper），以及 SNC– 兰万灵集团（SNC-Lavalin）旗下的阿特金斯公司（Atkins）英国和欧洲业务部门的尼克·罗伯茨（Nick Roberts）、莎伦·潘普林（Sharron Pamplin）和海伦·格巴德（Helen Gebhard）对案例研究的慷慨支持，感谢曼彻斯特商学院（Alliance Manchester Business School）的安·马洪、加州大学伯克利分校（UC Berkeley）的比尔·赖希勒和佩吉·休斯顿参与案例研究。

在本书中，我提到的各种研究项目是我在前雇主罗菲帕克（Roffey Park）担任研究和战略负责人期间进行的，最近的研究工作是在总裁迈克尔·詹金斯（Michael Jenkins）及其团队的帮助下完成的，为此我要向他及他的团队表示感谢。

我还要感谢 Kogan Page 出版社的斯蒂芬·邓内尔（Stephen Dunnell）、她的前辈索菲娅·莱文（Sophia Levine），以及露西·卡特（Lucy Carter）、菲利帕·费松（Philippa Fiszzon）的耐心帮助和鼓励。最后，我要感谢我的丈夫和家人一直以来的支持和理解。

尽管我已尽力与版权持有人联系，但是如果任何人的著作权被无意中侵犯，请与作者和出版商联系。

Contents

# 目 录

　　毋庸置疑，组织敏捷性已经成为当今研究领域的一个热门话题。在一个持续多变的环境里，企业的变化是如此之快。为了生存，企业必须快速发展，以适应变化的环境。组织的敏捷性，或者说在核心业务中不断调整和适应战略方向的能力，越来越被认为是企业成功的关键因素。

　　"VUCA"一词常被用来描述我们现在所处的多变的（volatile）、不确定的（uncertain）、复杂的（complex）和模糊的（ambiguous）环境。如今金融和商品市场动荡，地缘政治也不稳定。金融动荡不断加剧，持续时间比过去更长，[1]商业周期较之前也短得多。2008 年开始的金融危机使许多商业模式过时，全世界的组织陷入了混乱的状态。在 IBM 2010 年的一项研究中，绝大多数 CEO 形容他们的经营环境与他们之前所见过的不同，[2]组织再也不能依赖传统管理模式（比如根据过去经验制定的战略规划）成为行业的领跑者了。

　　在 VUCA 环境中，没有哪家公司能够永远立于不败之地。人口统计特征、数字化、连通性、贸易自由化、全球竞争和商业模式创新等方面的趋势正导致新的竞争对手出现，并推动新的经营方式的普及。[3]组织正面临着消费者需求不可预测、组织复杂性增加、不确定性增强、信息超载以及资源缺乏的情况。这些趋势中许多因素的影响是不确定的，但这些因素之间存在一些共同的主题和相互依赖的关系，这表明它们的影响将是复杂和持久的。这些因素共同作用，迫使许多企业重新思考未来的商业成功将从何而来，因为以往的成功并不能保证未来的繁荣。

唯一可以肯定的是，在不久的将来，每个企业都将面临挑战，会以前所未有的方式改变，旧的方式可能不再是最好的方式。持续有效变革的能力将是企业生存和未来繁荣的关键。当然，企业也可以选择不做任何改变，试图维持过去的状态来迎接即将到来的变革潮流，但这显然不是最明智的做法。换言之，全球商业环境的这些深刻变化需要组织领导者以新的方式来领导和管理组织，并为以下这个问题提供新的答案：为了能在当今快速发展的复杂时代下生存和发展，组织必须做些什么？

这就是本书的主旨。

实际上，如果商业领袖和组织中的工作人员要在当今的动态环境中更好地发展自我，就必须采取灵活的行为方式和敏捷的思维方式。作者坚信，敏捷不是仅凭个体一己之力就能获得的，它必须与组织的适应能力或从重大挫折中学习和恢复的能力相辅相成。组织追求敏捷性的程度影响了它的适应能力和行动能力。如果敏捷性纯粹是为了节省成本而进行的，劳动力就很可能会被视为消耗型成本，那么员工就不太可能自发地为组织做事。这样，组织也将不太可能获得灵活性带来的"有价值"的利益，如适应性、速度、创新和可持续性等。我认为，人力资源和组织发展（OD）专家对于组织取得可持续性的成功做出了潜在的重大贡献。本书指出了如何避免以牺牲可持续价值为代价来实现组织敏捷性，并提出了组织及其利益相关者，尤其是为组织工作的人，可以尝试的好方法。

# 本书为谁而写

一本书通常都会有它的主要受众，对本书而言，作者认为有几类在敏捷组织中扮演着重要角色的受众，他们包括：

- 高管作为战略变革的主要推动者，他们在企业变革发展中扮演着至关重要的角色。他们需要培养敏捷的领导力，其中包括知道下一步的计划以及何时让他人参与决策。
- 直线经理是日常运作的中心，反映员工与组织关系的真实性。他们也需要在敏捷组织中扮演不同的角色，比如成为自我管理团队的指导者和支持者。

- 人力资源、市场营销、知识管理、财务和信息技术等职能部门的专家需要在制定政策和战略以支持更敏捷的工作实践方面发挥更大的作用，且必须共同努力，以产生良好的结果。

- 劳动力本身的所有组成部分，包括外包和合同工。他们是组织的"千里眼"与"顺风耳"，通过他们与客户的沟通，可以发现组织在敏捷性方面还有哪些提升空间。所以，他们应该在敏捷执行和创新方面发挥更加积极的作用。

- 董事会、股东和社区等外部利益相关者，只有在内部利益相关者转变过去的发展模式同时为敏捷组织注入新的活力时才能受益。

在某些情况下，作者强调了不同关键角色的具体作用，比如通过案例或整个章节加以说明。每章末尾都列了一份清单，可以帮助不同的受众思考他们在具体问题上需要协作的地方，以提高他们组织的敏捷性和弹性。

## 这本书是如何组织的

本书将回答许多与敏捷组织有关的问题，比如：

- 是什么使组织变得敏捷？是你在敏捷地做事，还是你变得敏捷？
- 在敏捷组织中如何践行"以人为本"原则？
- 组织文化中有没有"敏捷"的成分？
- 不断改进与彻底转变组织制度有何不同？
- 如何发展组织的"应变能力"，或提高"动态能力"？
- 领导组织真正变革的体系是什么？这一体系的基础是什么？

在构思这些问题的答案时，本书通过第 3 章介绍的模型来阐述"组织敏捷性和适应力"的"什么""为什么"和"谁"。通过对许多不同理论的理解与整合，作者构建了这个模型。本书要特别感谢戴夫·弗朗西斯和桑德拉·梅雷迪斯，他们在 2000 年提出的模型是作者灵感的来源。[4]本书的其余章节则探讨了如何构建组织的弹性和敏捷性。

# 第 1 章　组织为什么要敏捷

在本章中，文化、经济和环境因素以及诸如数字化等趋势，会促进新的市场、企业、渠道和消费者需求的飞速发展，而敏捷组织是在这样的背景下发展起来的。为此，本书概括了一些有关敏捷组织的商业案例。虽然可能有些人认为敏捷组织只适用于特定业务类型的组织，如高科技公司，但是本书认为随着新的发展趋势越来越明显，各个部门和行业的组织都将面临更大的发展敏捷组织的压力。

本书定义了组织敏捷性及其相关的一些要素，如创新。作者探讨了组织如何通过削减成本、缩小规模、离岸外包或外包非核心活动，以及通过供应商与"合作伙伴"组织的合作网络来实现敏捷性。同时，作者还讨论了哪些因素可以促使一个组织变得更具适应性和弹性，从而能够应对不断变化的环境，并迅速在新的、具有挑战性的环境中找到蓬勃发展的途径。作者还论述了组织弹性与雇用关系之间的联系，并强调了在弹性敏捷组织中员工技能和心态的重要性。

# 第 2 章　为什么敏捷性和弹性如此难以捉摸

正如本章标题所示，真正的敏捷组织的例子很少，而缺乏敏捷性的例子比比皆是。在本章中，作者讨论了出现这种情况的原因。首先，作者从历史的角度对敏捷性做了思考，关注了雇主与雇员之间"白领"式雇用关系的变化性质以及这种关系中权力的平衡。其次，作者分析了一系列在过去增加组织复杂性和锚定效应的结构与文化实践，同时还研究了在快速发展、模棱两可的商业环境中领导者需要的新的领导思维和技能。最后，作者探讨了推动变革的人的因素，尤其是人才短缺和不断变化的劳动力人口结构，这些因素正推动人们重新关注"以人为本"的问题。

# 第 3 章　弹性敏捷组织

本章对弹性敏捷模型及相关功能和惯例进行了概述。该模型由四个维度组成：敏捷战略制定、敏捷实施、敏捷联系和敏捷人力实践。模型的核心是敏捷文化和人。该模型的要素将在本书的后面章节中逐一进行阐述。

## 第 4 章　敏捷战略制定

在本章中，作者讨论了传统战略决策过程与运筹帷幄过程之间的差异，特别是涉及让执行战略的人员参与战略决策的重要性。汲取长期成功的公司有关确立公司共同目标并实现此目标的经验和教训，作者认为最高领导层在战略决策和所涉及的技能方面，尤其是在控制方面要知道在哪里"收紧"和"放松"，以及实现更大的自主权。

## 第 5 章　敏捷实施

缩小战略制定和执行之间的传统差距将需要新的运作方式、新的原则，采用新的工作程序和高绩效的工作实践，如自我管理团队，这样是为了把创新和速度嵌入组织新的敏捷能力中，使之成为正常商务活动的一部分。作者分析了精益方法、敏捷项目管理以及如何创造有利于创新的内部氛围，同时还特别讨论了这些敏捷实施做法对直线经理的影响。

## 第 6 章　敏捷联系

越来越多的组织通过跨越传统的时间和地点界限来追求敏捷性与灵活性。在虚拟管理者的角色下，作者讨论了新兴的灵活组织形式，并关注了虚拟工作的兴起。作者还研究了战略联盟中的一些挑战，包括它们对管理者的影响，并考虑什么因素可以帮助联盟有效运作。

## 第 7 章　敏捷组织设计

在本章中，作者探讨了数字化及追求以客户为中心如何推动工作和组织构建。我们回顾了一些组织灵活性的演进方式，并比较了传统流程与敏捷流程的设计。本章通过一个案例阐明了设计灵活性的系统方法。

## 第8章 敏捷人力实践

在本章中，作者将着眼于敏捷性的"人"，吸引和培养灵活的劳动力，尤其是那些被认为是"人才"的人。这些人带来的挑战往往是零碎的，需要企业针对不同个体采取不同的、短期的解决办法。企业有时可能会仓促地采取某种方法来"解决"问题。企业需要采取更具有战略性的方法，以便为组织配备现在和将来所需要的人员，因此作者在这部分探讨了战略性人力资源规划、人才管理、开发方法、雇员保持策略和继任计划如何变得更加敏捷。

## 第9章 人力资源在营造高绩效工作氛围中所扮演的角色

在本章中，作者探讨了人力资源（HR）职能为建立高绩效和创新文化贡献力量的多种途径。作者特别关注了与绩效管理、奖励和福利相关的人力资源战略将如何变化，以反映环境的变化，并支持创新等具体的组织战略。

## 第10章 培养员工敬业度和弹性

仅仅在正确的时间将"正确的人"放在"正确的位置"上，是不足以确保敏捷性的，还需要人们愿意付出最大的努力，适应不断变化的需求。在本章中，作者分析了员工参与和员工绩效，以及组织承诺和员工留任之间的联系。

## 第11章 变革与转型

传统的计划变革基于这样的理念：组织是可以"重新设计"的机器。虽然鲜有成功的记录，但是它仍是首选的管理方法。在本章中，作者分析了如何进行"计划中的"变革，从而实现组织和员工双赢的结果。作者特别探讨了利益相关者参与董事会、人们参与变革过程的重要性。

## 第 12 章　建立灵活可变的文化

在本章中，作者着眼于刺激可变革文化的发展，为创新、变革和高绩效营造一个易于接受的组织氛围。作者还分析了"可变"的组织氛围可能是什么样子，以及如何发起组织内的变革和改进运动。此外，作者探讨了领导者在文化变革中的作用。

## 第 13 章　敏捷领导

在本章中，作者探讨了如何建立跨组织领导：不仅要通过发展人员和团队来发挥"正式"的领导作用，还要在各个层面推动共同领导和问责制的文化。作者着眼于在领导实践中发生的变化，包括以价值观为基础的领导力。考虑到这些转变对于领导者所需的技能和思维意味着什么，以及领导者如何发展这些技能和思维，作者特别关注了领导者如何构建共享型领导力的文化，这是可持续敏捷性和持续更新的基石。作者的目的是揭开组织敏捷性和弹性的神秘面纱，并从中汲取一些有益的经验。因此，作者在书中列出一些清单，并举例说明如何将理论付诸实践。

## 注释

**1** Sullivan, J (2012) [accessed 30 August 2014] Talent Strategies for a Turbulent VUCA World – Shifting to an Adaptive Approach, *Ere.net* [Online] http://www.ere.net/2012/10/22/talent-strategies-for-a-turbulent-vuca-world-shifting-to-an-adaptive-approach.

**2** IBM (2010) Capitalising on Complexity: Insights from the Global Chief Executive Officer Study, IBM & Reinventing the Rules of Engagement: CEO Insights from the Global C-suite Study, IBM Institute for Business Value.

**3** Reeves, M and Love, C (2012) [accessed 30 August 2014] The Most Adaptive Companies 2012, *Bcg.perspectives* [Online] https://www.bcg.com/documents/file112829.pdf.

**4** Francis, D and Meredith, S (2000) Journey towards agility: the agile wheel explored, *The TQM Magazine*, **12** (2), pp 137–43.

# The Agile Organization

第 1 章

# 组织为什么要敏捷

被复杂的战略变革所颠覆的企业日渐增多。在过去的几十年间，医疗保健、航空航天、制药、能源、零售、国防、广告、金融服务、零售和汽车等各行业的整个生态系统，在政治、文化、经济、技术和人口等各种推动变革步伐的因素影响下早已发生改变。这些力量是全球性的、影响深远的，它们不仅影响着组织运作的环境，还将重新定义企业今后需要做些什么才能竞争成功。

在上述因素中，尤其是技术进步，通过日益紧密的供应链，使成本和价格降低的速度要比以前快得多，预算和利润也比以前更为紧缩。公共部门机构也面临着越来越大的压力，要在预算减少的情况下取得出色的成果。随着监管的加强、公众态度的转变，以及公众对企业做法和结果的透明度要求越来越高，即使是以前的老牌机构也受到严格审查。

在目前的背景下，新的游戏规则正在形成，总有一部分企业会成为赢家，而很多企业会成为失败者。有关组织衰退的统计数据令人吃惊。德勤领先创新中心进行的研究表明，在过去的 55 年中，标准普尔 500 指数企业的平均寿命已经从 61 年下降到 18 年。此外，在特定行业失去领导地位的企业比例同期上升了 39%。战略敏捷性成为组织成功适应变革所必须具备的基本能力。

在本章中，我们考虑：

- 为什么组织敏捷性很重要？
- 什么是组织敏捷性？
- 什么推动着敏捷性的需求？
- 为什么组织弹性对敏捷性起着至关重要的平衡作用？

## 某敏捷企业的案例

虽然目前的环境面临诸多挑战，但成功仍然是可能的。有效组织中心的研究发现，每个行业总有少数几家大公司的表现持续超越同行。这些公司有能力预测和响应事件，并且在解决问题和实施变革上做得比首席执行官们所谓的"模仿者"更好。尽管竞争环境引发重大的商业变化，但它们仍然保持着这种业绩优势。[1]相比之下，柯达（Eastman Kodak）等一些公司，在采取应对市场发展变化的举措之前似乎等待了太长时间，因而最后只能通过缩减规模苦苦挣扎求生存；然而另一些企业，如亚马逊，面临同样的挑战，却能设法及时重塑自身以避免失败。亚马逊认识到了不断变化的市场趋势，将自身从基于网络的书商转变为在线零售平台，再转变为数字媒体中心，最后成为云计算领域的领导者。而且这种持续的变化是发生在亚马逊没有出现经营危机的情况下，这展现出其预测并适应变化的能力，而不是临危才被迫改变。

能够在变革中幸存下来的组织的共同特性是敏捷性。敏捷组织能够在复杂的环境中更好地发展，因为它们已经形成及早发现商机和威胁，并迅速实施变革的能力。敏捷组织不仅创造出新的产品和服务，还创造出全新的商业模式和创新的途径，从而为公司创造价值。

敏捷的回报是显著的。敏捷企业相对于行业内的其他组织表现出更高的商业价值。[2]敏捷企业的每股收益高出 29%，净利润率高出 20%，资产回报率高出 30%，收入增长率比同类企业高出 8%。[3]这并不奇怪，在经济学人智库 2009 年的一项重要研究中，绝大多数高管（88%）认为敏捷性是企业成功的关键，50% 的高管认为组织敏捷性不仅是重要的，而且是一个关键的区别。[4]尽管 90% 的经理和高管意识到他们所在的行业将或大或小地受到数字化趋势的冲击，但《麻省理工斯隆管理评论》和德勤 2015 年一项面向全球的调查显示，只有 44% 的管理人员认为他们的组织为应对这个即将到来的行业挑战做好了充分准备。[5]

鉴于不断变化的环境，首席执行官认为，如果衡量企业高绩效的标准是盈利能力（以股东回报衡量），则不可能长期持续下去。[6]他们认为资产回报率（ROA）是相比于股东总回报（TSR）或累积股东回报更有意义的衡量盈利能力的指标，也是管理有效性的更好的指标。这一衡量标准表明，敏捷企业的管理层从长远角度考虑问题，他们更关心的是投资于价值创造过程，而不是只关注于产生短期股东价值。

## 什么是组织的敏捷性

敏捷性是一个可以采取多种形式的复杂概念。它能捕捉一个组织开发和快速应用灵活性、敏捷性及动态性的能力。最初在 20 世纪 90 年代时，敏捷理论与软件开发、精益生产、准时供应链和过程改进方法相联系，现在融合了复杂性科学，因而更广泛地涵盖了一个组织在不断变化的环境中做出反应，迅速适应和蓬勃发展的能力。

### 组织作为复杂的适应性人类系统

多年来，现代组织一直被认为是"机器"，其过程和产出能以可预见的方式加以控制。相比之下，一些在敏捷软件开发人员中形成思维的想法来自对复杂的适应性系统的研究，这些复杂的适应性系统认识到软件开发固有的不可预测的本质源于快速变化的竞争环境。从复杂性和人类系统的角度来看，组织是一个复杂的适应性系统。因此，我们要关注的不仅仅是一个组织做了什么，更要关注它是如何变得敏捷的。

与生物体一样，组织能够自我调节和做出改变来响应内外部变化，但支撑这些响应的规则和模式是复杂的。机械系统中因果之间的联系是清晰的线性关系，相比之下，在复杂的自适应系统中，存在多个相互作用和非线性交织的部分。组织任何部分的变化都会影响系统中的其他部分。

每个组织都由一些个体代理人组成，他们可以自由地以并不总是完全可预测的方式行事。在他们有行动的自由时，一个代理人的行为可以改变他人的情境。个体代理人通过内化的简单规则和驱动行为的心智模型来响应他们所处的环境。因此，代理人的思维和行为模式以及代理人之间的关系，就像结构和过程一样，也是系统的一部分。

在人类系统中，除了组织结构图中所反映的正式结构之外，还存在由关系、权力和政治网络、非正式沟通或"闲话"组成的所谓非正式的"阴影面"[7]。由于这种非正式的系统在影响人们行为方面通常比正式的制度更强大，在正式制度内进行创新付出的努力常常受到影子制度中发生的事情的限制。所以，理解系统的关键是了解代理人之间的关系。

## 适应变化的能力

组织是复杂的适应性系统，就像生物体一样，它们能自然而然地适应环境，否则就会走向死亡。正如爱德华·劳勒三世（Edward Lawler III）教授所说的那样，只有在企业自身能力与外部环境要求高度匹配的时候，企业才有可能实现卓越的绩效。但在现今这个日益动荡的环境之中，这种适应性充其量也只是暂时的。为了确保持续成功，组织必须通过一种与环境变化始终保持一致的方式来进行变革；换句话说，组织自身必须是具备敏捷性的。[8]进化论告诉我们，有机体总是在自然地变化着，通常以极微小的变化方式适应着环境。有机体通过不断探索什么是有益的，寻找营养的来源和适宜的环境来寻求生存。那些不能适应的个体就不能存活下来。根据进化论，我们有理由认为只有那些适应力最强的组织，即能够成功应对并从外部事件中学习，能够迅速适应不断变化的生态系统的组织，才能生存下去，并在未来蓬勃发展。毕竟，查尔斯·达尔文说过："不是最强壮或最聪明的个体才能生存下去，而是那些能够最好地应对变化的个体。"[9]

## 管理变化的能力

很多组织都在努力应对变革，却都显得无力处理重大的变革，尤其是那些与达维尼称为"超级组织"相关的变革。[10]"超级组织"的基本逻辑是专注于保持组织精简，降低成本，外化风险，剔除不必要的岗位，外包流程和人员，坚持不懈地追求更高的效率，以保持和提高绩效水平。

由于任期较短，首席执行官常会采取激进措施以降低成本和实现经济增长最大化，而且，管理者一贯倾向于更多地关注转型的"过程"和"技术"方面，而不是"人"的因素，这些都严重限制了组织和人员的产出结果。比起创造组织需要的新方法，通常管理变革的方式可能更具有破坏性，甚至能分裂组织。当变革导致组织混乱、主动性超负荷和员工抵制时，战略意图与战略实施之间的差距将扩大，进一步放缓组织发展的进程。

关键的问题就是，人类组织应对变化的"自然"能力是否可以有条不紊地加速和优化，使所有有关方面受益。组织能够学习如何变得"可改变"和"可适应"吗？至少在某种程度上，是能的。正如我们将在第3章中讨论的，即使直接收益不能得到保证，也有许多方法可以将积极的变化引入系统中。在后面的章节中，我们将探讨不同的组织如何尝试变得更加可变。

## 速度

鉴于技术的发展和全球竞争的扩大，敏捷性变成了"快速、果断、有效地预测、启动和利用变革"的能力。[11]在当今这个高度竞争的全球化时代，组织需要迅速行动来跟上发展的步伐，抓住机遇或避免灾难。在一个新思想、新技术和新服务不断涌现的世界里，那些不能快速满足客户需求，不能抓住机遇、创新、削减成本和避免重大错误的企业很快就会倒闭。例如英国零售业，行业内交易条件艰难，消费者支出减少和网上零售商竞争激烈等综合因素导致了伍尔沃斯（Woolworths）、彗星（Comet）和福克斯（Focus）等知名高端公司倒闭。

敏捷组织能够迅速果断地应对整体市场条件的突然转变，通过开发一系列满足广大客户需求的产品，来迎接新的竞争对手的出现和改变行业的新兴技术的发展。快速做出重要和合适的行动是至关重要的。因此，快速决策和灵活执行是敏捷业务定义的属性。正如霍尼、帕斯莫尔和奥谢所指出的，要想成功，"领导者必须在人员、流程、技术和结构上不断变化。这就要求决策的灵活性和快速性"。[12]

然而，采取更新、更快、更好的做事方式不是一蹴而就的。毕竟，传统的等级组织和治理结构是为了稳定和保护流程而设计的。随着我们回到增长的时期，许多公司和机构可能会面临极大的竞争压力和经营压力而继续加速扩张。根据德勤对财务总监的一项调查，"2014年首席财务官的首要任务就是扩张"。[13]

但是，扩张需要投资，历史证明打造良好的投资环境是需要时间的。

### 创新

　　除被概述为在快速变化的环境中适应和发展的能力之外，敏捷性也被定义为"以有竞争力的价格"在正确的时间、正确的地点生产正确的产品的能力。[14] 21 世纪初的消费热潮持续快速发展，消费者对新颖性和刺激性的追求推动着企业对速度、质量和创新的追求。因此，现在加速创新在各个行业的高管和董事会议程中都处于高位并不让人讶异。

　　技术、创新和新商机的可能性似乎是无止境的。例如，2014 年 4 月，谷歌宣布已经收购了一家名为"泰坦航空"的公司，使得互联网巨头都想进入无人机领域。Facebook 之前收购了一家名为艾森塔（Ascenta）的英国无人机制造商，亚马逊已经在开发第八代 Prime Air 无人机。尽管无人机尚未投入商业运营，但如果大型跨国公司、包裹递送商、军队或重要紧急服务提供商还没有投资无人机制造商或至少试用过相关产品，那么他们便已经深陷危机之中了。[15]

## 每个组织都需要变得"敏捷"吗

　　敏捷性是每个组织生存的先决条件吗？有些组织可能非常缺乏敏捷性，但它们仍然是成功的。例如大学，这些长期存在的精英机构已经能够挑选出"最好"的学生，并以各种方式获得资金，特别是通过捐赠。

　　但是，在当今全球化的知识经济时代，高等教育已经成为一个快速扩张、高度竞争和市场化的重要产业。例如，2012 年英国大学的最高学费水平上升到每年 9000 英镑，这显然将学生（和他们的父母）变成了消费者，即使不是消费者，也是高等教育机构的筑成者。今天的大学面临的挑战是在日益拥挤的市场中脱颖而出，以吸引一定数量的学生以及它们可依赖的其他资金来源。因此，在一个相对短的时期内，高等教育的巨大变化已经引起人们对高等教育的目的和基础建设的严重质疑，也使得新进入者能够参与竞争，抢占市场份额；同时，那些经济上最有保障的所有机构，如果要生存，就必须改变它们的方式。

　　这就是为什么我认为敏捷性及其各个组成部分对于所有组织都至关重要。至少，我们需要改变对变革的看法。我同意亚伯拉罕森的观点，即在一个把持续的混乱视为规范的世界里，改变也可以视为一种生活方式，而不是一种例外，思考当下情境的有用方式就是把它看作一种"动态的稳定性"。[16] 这样一种思维方式可以将改变作为进化过程的一部分重新定义，因为这种标准能被积极地接受，没有重大的创伤，不是"一切照旧"的痛苦附加。这样的观点也会影响我们如何实施变革，从导致彻底破坏的被动变革管理，向容易接受和促进变革与创新的文化转变。

　　为了实现这一转变，亚伯拉罕森认为，需要一种更合理的变革方法，他称之为"步调"，其中主要的变革举措被有意识地穿插在"小而有机的变化微妙的时期"。[17] 毕竟，他认为，尽管有些变化是由管理层主导的，而且是在战略框架内发生的，但是大部分变化实际上是在局部发生的，几乎是不知不觉的，在个人和团队层面，以自动的、自发的和反射性的方式发生。在后面的章节中，我们将探讨如何接受变化，因为动态稳定性可能需要有意识的思维转换和各级员工、管理人员的积极学习。

## 驱动敏捷的力量

　　不连续变革的力量是多元的，它们包括英美新自由主义、全球市场、人口统计特征、技术、连通性、可持续发展、不断变化的社会态度等隐含的更广泛的政治经济体系，这些力量对企业和组织生存的影响正在加大。

### 全球市场

　　今天的市场竞争非常激烈，部分原因在于 20 世纪 80 年代以来支撑全球经济发展的强大的经济哲学是新自由主义或自由市场的思想和实践。这种思维把利润排在人的前面，把股东价值作为组织的主导目标，鼓励组织从上到下的短期思考。新自由主义理论支撑着在商学院广泛传授的主流管理理论和实践，影响了各个行业的组织，似乎也影响了西方的社会价值观。特别是在英国，在

2008 年经济衰退开始之前，消费主义和便利地获得廉价信贷的贪婪导致了大范围的个人及公共领域的开支和债务。

自 20 世纪 80 年代以来，知识和服务业已经成为许多西方国家经济发展的主要动力。金融服务等行业已逐步放松管制，以应对全球竞争。放松管制使新型金融产品的扩散变得非常复杂，缺乏根据，最终导致在经济衰退之前，很少有人能了解这些产品的性质。如果一些"鲁莽的赌徒"肆意赌博而忽视自己的雇主企业陷入困境，那么当巨额利好的前景驱使产生不当行为时，预警信号就会被忽视。

正如前面所讨论的，即使像大学这样的传统机构也不能免于新自由主义的自由市场行为的影响。丹尼（Denneen）和德雷特勒（Dretler）认为，在过去 20 年中，高等教育行业并没有遵循"摩尔定律"（在计算机硬件的发展史上，集成电路上的晶体管数量大约每两年增加一倍），而是遵循他们所谓的"越多法则"，即越多越大就越好。[18] 高校不断建设校园设施，增加校园开支，增加提供的课程数量，扩大管理规模，希望以此提高自身的排名和声誉。然而实际上，在这样一个竞争激烈的市场中，这样做的唯一结果就是债务风险增加。

## 颠覆性创新

几乎商业环境和商业本身的每一个方面都正在被颠覆性的力量改变。大公司可以主宰市场，以高利润率提供标准化产品的日子似乎即将结束。面对克莱顿·克里斯坦森（Clayton Christensen）教授所称的"颠覆性创新"，保持竞争优势可能是一个真正的挑战。[19] 这个术语最初描述的是技术领域（现在更广泛的是所有商业领域）的一些变化如何以及为什么会在相对较短的时间内导致整个系统的彻底重组。克里斯坦森发现，在一个特定的市场中，颠覆性创新往往是新的竞争者进入引发的，这些新的竞争者往往借助大环境的变化在现有的均衡点上发现机会。由于全球化和科技的发展，新的竞争者可以从任何地方出现，并通过创新彻底改写竞争规律。

在克里斯坦森 1997 年出版的《创新者的窘境》一书中，他将"持续创新"（现有秩序中的渐进式或阶段式变化）与"颠覆性创新"（最终能改变一个行业的主要变化）进行了区分。当特定市场中的现有参与者以为持续性创新可能会更好时，通常新进入者将成为颠覆性创新的真正赢家。那些不能很快适应的企业将苦苦挣扎。对比一下像苹果这样的行业颠覆者与诺基亚等老牌公司的命运。诺基亚见证了iPhone粉碎自己的全球业务，特别是在高端智能手机领域，这是当时诺基亚最赚钱的业务。事实上，事情进展如此迅速，高端智能手机和平板电脑制造商现在担心，由于市场饱和，消费者对其配件的需求可能会放缓。

在零售业，消费者正在寻找最新、多选择、个性化、质量好和低成本的产品。创新不仅适用于产品设计，还适用于交付机制。今天，许多大城市的上班族都可以在线上选货，然后可以在几小时之内到当地的商店等便捷场所提货（即"点击提货"）。商业模式涉及缩减"中间商"和缩短供应链。当然，送货上门的公司也不能一蹴而就，部分原因是要应对"点击提货"服务的普及，快递员现在每天都要送货上门，这推高了送货公司的成本。因此，与客户需求同步或超前的能力（或更好的是创造需求的能力）需要与技术和组织方面的创新能力结合起来，才能快速计划并执行新的具有成本效益的行动方案。

能够"成功地响应和学习外部事件，在技术上和组织上进行创新，计划和执行新的行动方案"[20]的敏捷组织才能更好地、持续地、成功地适应不断变化的环境。

## 技术

技术是许多业务转型的中心，新兴先进技术的快速发展正在加速变革的步伐。相比于过去，当今文本、符号、指令、模式、视觉图像和音乐的数字化使得庞大的数据库可以得到更有效的编组。正是因为数字化带来的转变，包括客户在内的各利益相关方对于他们自身获得服务和产品，以及获取知识和信息的方式，产生了非常不同的期望。很多曾经只能在邻近地域和面对面接触的条件下进行的经济活动，现在可以远距离进行。第一次是在2012年的一次IBM调查中，首席执行官们将技术而非市场力量视为变革的最大动力。[21]第二次是在2014年，首席执行官们将技术排在第一位，认为新兴技术对其组织的影响将是深远的。

为何数字时代会如此具有破坏性（例如，大数据、人工智能、物联网、自动化、机器人技术和 3D 打印——数字化正在以多种形式迅速推动着根本性变革的发生）？技术的使用和影响正在改变整个行业、企业和工作实践。无论是对于数字化改良业务、新兴的数字业务还是数字全球化的业务，数字商业模式都可以对价值链进行重新排序并创造出新的机会。

技术会取代一些工作岗位，也会让其他工作变得更加复杂。越来越多的工作是在数字世界、物理世界和人情社会世界的交汇中进行的。在数字时代，产品开发的过程存在多重加速，所有东西都是相互关联的。在产品开发和执行方面都需要讲究速度。如果规划产品路线图花费的时间超过 6 周，那么产品（和公司）将面临快速过时的风险。诸如两周冲刺等敏捷的工作方式有利于更快地交付产品。数字化正在消除传统的运营限制，而为了速度和创新所能带来的利益，相应地，矛盾调和也在进行中。标准化和授权都是必需的，控制和创新也一样，虽然对立，却都是必然要具备的。

要利用好技术，就必须建立起相应的组织能力来响应组织的功能。正如和流程变革相关一样，组织能力也和文化与行为的变革相关。

在数字化等变革的发展趋势下，组织也必须以客户为中心，因为数字化已经预知并放大了客户的期望。这是一个快速变化的环境："企业确实在以客户为中心而前进着，顾客变得更有权利、更具胆量，并且他们还在不断提高对企业的期望。与其说这样是在'推动企业前进'，倒不如说它就是一个加速向下滚动的巨大的岩石，危及其中的方方面面。"[22] 在这样的环境下，顾客的力量在不断地增强。

换句话说，组织想要做到以客户为中心就必须变得敏捷，反之亦然。以客户为中心始于坚持认为只有一个顾客的信仰，即购买或使用企业的服务或产品的人就是顾客。事实上，客户体验是敏捷性的核心。软件工程师所熟悉的敏捷开发流程通过迭代和增量开发形成了一套以客户为中心的管理实践和价值观，其中的要求和解决方案通过自组织、跨职能团队和客户之间的协作而发展起来。[23]

技术促进了社会变革，并且对企业的运营方式以及我们今天的生活和工作方式产生了更为广泛的影响。即便是"工作"和"休闲"的定义，也正在因为技术的使用和影响而发生改变。特别地，随着个人生活中工作的中心地位逐渐降低，以及人们开始逐渐转向所谓的"独立"职业，劳动者的期望正在迅速变化，人们越来越倾向于在个人的职业生涯中从事多种工作，以求横向发展而非纵向发展。在组织内部，充斥着包括移动设备和云计算等创新型在线通信技术的知识型网络经济正在取代等级制度和终身工作制。技术也为员工提供了更多的选择，员工的工作和生活也相应地发生了变化。得益于国内对高速宽带接入技术的改善和全球设备的普及，越来越多的人现在选择在家工作或者至少每周会有部分时间在家办公，这作为一种灵活的工作选择已经在企业中扩大了应用范围。

在社交媒体能使社交关系、商业交易甚至政治诉求得以实现的世界里，连通性就是最重要的东西。与互联网一样，社交媒体的使用带来了好处，也带来了诸如品牌破坏和网络欺凌等新风险。社交媒体越来越多地被应用于招聘和背景审查。如果以前详细的公司信息是最高级管理层的特权领域，那么，今天出于内部和外部沟通的目的使用社交媒体，则反映了员工希望被管理和进行沟通的方式正在发生深刻变化。因为担心员工浪费上班时间，公司禁止员工使用Facebook和其他社交网站的时代已经过去。现在很多公司都将社交媒体用于所有的公司通信，许多首席执行官现在都通过博客和其他社交媒体活动定期直接与员工联系。与通过使用社交媒体共同创造和传播信息的速度相比，传统的内部交流常常显得缓慢而笨拙。

在许多组织中，与公司为员工提供即将过时的硬件装备相比，公司更鼓励员工自带设备。这些政策在节省公司成本的同时反映了公司不能再控制员工访问公司数据的现状。这意味着，公司必须相信，员工不会滥用以前受特权保护的公司信息，而是会通过使用这些网站来帮助推广自己的公司品牌。组织内部信息获取的民主化代表了组织内权利基础的潜在转变，这样，"雇员"被重新定义为"客户"和"合作伙伴"。

在未来的几年中，技术的快速发展将要求组织不断进行自我检查，以响应客户和员工在技术使用方面不断变化的社交态度。毕竟，技术创造激发了被赋予权利的全新的消费者行为，而社交媒体为消费者提供了无障碍的平台，让消费者得以行使他们的集体话语权。这也相应地提出了企业产品创新的要求，直接影响组织声誉并促使组织变革。回到高等教育的例子，随着大量在线公开课（MOOC）的发展和扩散，个人可以免费下载"内容"（即来自一流大学的讲座和所有课程）。这种服务的市场竞争日益激烈，而且"客户"要求越来越高。

当然，MOOC 不会让大学倒闭，但它们确实挑战了一种商业模式，即假设一所学校垄断了高质量内容。越来越多的学生（及其家庭）将选择能提供高质量大学体验，能根据学习和社交需求量身定制快速教学计划，并帮助学生成功取得高等教育理想成果（包括学历资格和迈出职业阶梯第一步）的大学。

## 市场社会

从更广泛的角度来看，组织反映了它们所在的社会，反之亦然。新自由主义深深根植于公众意识。政治哲学家迈克尔·桑德尔（Michael Sandel）认为，自 20 世纪 80 年代初以来，我们已经从市场经济转变为市场社会。[24] 市场社会是一个几乎一切事物都可以交易的地方，市场价值主宰着生活的各个方面，正如英国脱欧投票所凸显的，从私有的到公共的，都在推动着不平等。

随着各行各业各种臭名昭著的企业和机构丑闻的曝光，以及很多组织负责人的巨大"失败报酬"，资本主义成了聚光灯下的焦点。政治家、企业或机构领导人的价值观、责任感和道德观早就备受质疑。新自由主义追求个人自身利益，把股东价值置于社会或公共价值之上的观念可能会诱发一些不道德的商业行为，这些不道德的行为被认为是 2008 年以来西方重大经济危机的主要原因。因此，西方社会一直都有加强监管、改善治理、提高公共生活水平的呼吁。公司声誉越来越被认为是一个公司最大的资产，而且很容易被其不道德的企业行为破坏。

尽管如此，在实践中似乎没有什么变化。只有重大丑闻才能真正刺激企业采取行动。例如，2012 年在孟加拉国发生的服装厂火灾，112 名工人在为全球各种品牌生产服装时丧生。这激起了公众的愤怒，并将来自消费者的压力施加到企业，以利用消费者的购买力来提升全球供应链的实际执行水平。

鉴于目前的全球经济状况，以及国际关系紧张，气候变化的威胁日益加剧，已经持续了 10 年甚至更久的全球经济和地缘政治的不可确定性，此时，向看似势不可当的新自由主义浪潮以及"赢家"和"输家"的悬殊差距抛出质疑似乎是正确的。由此造成世界许多地区的社会分裂和民粹主义的迅速崛起，使得全球化成了人们关注的焦点，并引发政治、经济和社会的动荡。在撰写本书第 1 版时，英国还坚定地认为自己是欧盟的成员国。普华永道第 21 次（2018 年）对首席执行官的调查显示，全球的首席执行官们对企业、经济，尤其是他们所在组织所面临的社会威胁的焦虑程度加深了。[25] 桑德尔呼吁我们围绕社会实践的价值和意义进行更多的集体推理。甚至一些新自由主义管理理论的权威大师，比如迈克尔·波特（Michael Porter）如今也主张，企业的主要目标应该从关注股东价值转向"共享价值"。[26] 从某种程度上说，这种探索对潜在新员工来说显然是更有意义的实践，据调查，在决定选择哪家公司前，在年轻一代中有 78% 的人关注企业的道德和价值观。[27]

大卫·马昆德（David Marquand）看到了一个波及范围更广的问题：公共领域的崩溃。[28] 他认为，我们正处于一个高尚的野蛮状态，危机是我们道德经济的一部分，正如我们的政治经济一样。他提出了一个建立在公民良知与合作基础上的新的公共哲学框架。在这种环境下，"新的事物"必须保证能够真正催生"不同的事物"和"更好的事物"。

## 人口因素

不断变化的员工人口统计特征对各个行业和地区的组织有着重大影响。在西方，人口正趋于老龄化，变得更加意识形态化和民族多样化；而在中国和印度等发展中国家经济体，人口更加年轻化，发展迅速，教育机会也在得到改善。

在许多公司中即将退休的员工数量越来越多，他们拥有组织需要的大量知识，而这些知识的损失可能会使组织面临风险。在劳动力资源缩减和年轻一代员工流动性增加的情况下，企业正面临着如何保留高效率员工队伍的挑战。公用事业、石油和天然气生产商、医疗保健和公共部门等，显然正在承受员工退休和新人才获取困难的影响。[29] 与此同时，自动化和人工智能在工作场所的应用正在创造一个"沙漏型"的员工队伍——底层是低技能工作，顶层是提升、强化的工作，被压缩的中间层则是某些消失的员工角色的工作。劳动力结构的变化和员工期望值的变化很可能会推动人们对人力资源实践的各种新方法的需求，这些方法旨在为沙漏的顶层定义、吸引、招募、激励和发展"人才"。雇主与雇员之间的雇用关系的相对力量将决定组织为员工提供什么性质的工作，或者他们的"员工价值主张"是什么。越来越清楚的是,尽管员工有公平的愿望,但不大可能是"一刀切"的。

这些(和其他)影响中的哪一个将被证明仅仅是增量式的"持续性创新",或者哪个将会是"改变游戏规则的"颠覆性创新,还有待观察。渐进式变革的压力和创新层面的相互作用,它们带来的影响将变得明显。

## 竞争优势能持续吗

在动荡的背景下,即便是具备可持续竞争优势,这个概念本身也成了一个问题。像微软、诺基亚和黑莓这样的公司就见证了这个问题的存在。在 2014 年 IBM 的一项研究中,2/5 以上的首席执行官预计他们的下一个竞争威胁将来自其所在行业之外的组织。[30] 这些新的竞争对手不仅仅是为了抢占市场份额,它们还打乱了整个行业,重新定义了价值创造和价值的构成。

潜在的破坏者所带来的挑战将要求特定市场中的许多现有玩家以新的和创新的方式做出反应。传统企业往往很难抓住当前商业模式的潜在趋势、机遇和风险,但那些敢于做出创新的传统企业更有可能处于推动变革的位置,它们允许进化而不是革命。举例来说,英国一家专门从事供暖和管道产品贸易的中型分销公司发现,以下因素推动了它们的业务发展:

- 政府立法,尤其在健康和安全,以及气候变化、环境要求方面的立法更为严格。未来只有符合环保要求的锅炉才能销售,这意味着要与新的供应商建立伙伴关系。
- 在拥有许多网购消费者的电子商务世界中,仍有些客户更喜欢面对面的互动,因此需要各种有效的渠道,这些渠道需要范围最大化,需要不同的技能和方法,以共享客户知识和综合系统。
- 公司因与客户有良好的关系而闻名。随着传统客户群的老龄化,客户和员工都需要更新换代,以扩大业务范围。品牌必须快速发展以吸引更新、更年轻的客户,并留住老客户中的优质客户。
- 移动技术、个性化和个人的相关性意味着"一个规模不适合所有人"——这对企业响应订单的速度和灵活性提出了要求。

- 客户对价格透明度的要求越来越高，意味着利润率可能会受到挤压。
- 在成熟的商业领域和竞争对手联合，挑战就变成了发挥自身在其他领域的优势，并发展其他合作伙伴关系。

在上述情况下，该公司认识到需要更好地了解非传统的但正在成长中的潜在客户群，并决定进一步投资开展市场研究。在了解了相关客户群的需求之后，该公司决定通过多渠道运营来满足未来移动客户更加多样化的需求，先人一步采用一些渠道来测试客户的反应。为了提供更无害环保的产品和服务，并借此提升其作为此类产品的主要供应商的品牌影响力，该公司将修订其与长期供应商的关系，寻找能够满足质量、速度和价格方面要求的新供应商。定价的透明度意味着通过提供更多的选择和价值来开发各种各样的客户需求，并与客户建立更好的双赢关系，从而建立和维护信任。这反过来又要求员工的发展，以便分公司员工的客户服务技能可以提高到一个新的水平。

像 IBM 这样的公司越来越多地谈论那些先锋公司的"认知优势"，它们正在学习如何优化认知计算、人工智能，并将其在各产业中有效利用。然而，行业颠覆者如果陷入"先发制人的陷阱"（即认为率先进入市场会创造可持续的竞争优势）——这是丽塔·冈瑟·麦格拉思（Rita Gunther McGrath）提出的高管思维七大误区之一，[31] 它们也可能和现有的参与者一样容易被"推倒"。2005 年麦肯锡的一项研究[32]发现，市场领导者在五年内被"推倒"的可能性为 30%，几乎是过去几十年的三倍。

一些理论家认为，由于适应需求是进化过程的一部分，如果公司的竞争优势不太可能长期持续下去，那么更重要的是它要随着时间的推移保持进化优势的能力。毕竟，老龄化、过时或不断变化的环境会导致之前健康的生物体灭亡。但至少在人类组织中，意识到增加领导者如何处理组织面临的问题的选择是有可能的。所有这些都给领导者和董事会带来了压力，要求他们在不容易找到答案，过去的成功方法并不是那么有帮助的背景下，找到新的经营方式。因此，对任何组织来说，一个有用的出发点就是要意识到可能对当前和未来的业务产生最大影响的趋势是什么，并找出不同业务情景下的具体风险和机遇。我们会在第 4 章进一步讨论。

## 敏捷弹性

正如我们所讨论的，战略敏捷性对于任何渴望在当今商业环境中茁壮成长的组织都是至关重要的。为了应对持续的、无情的变革，战略敏捷性也是必要的。然而，敏捷本身并不能保证可持续的成功。[33] 在未来被定义为模糊的、不可预测的、复杂的、多利益相关的和迅速变化的背景下，组织也需要弹性来应对具有严重破坏性的、意料之外的变化。[34] 这也被称为组织"弹性"或"适应力"，它是在遇到突发事件并需要有效应对不断变化的环境时部署不同形式战略敏捷性的能力。[35] 它涉及采取迅速的、创新的、针对具体情况的、强有力的和具有变革性的行动，来尽量减少没能避免或不可避免并有可能危及组织长期生存的强大事件的影响。[36]

弹性能力是和战略敏捷性互补的、能使组织应对它们所处的动荡环境的能力。[37] 关键的弹性能力是"预测"和"反弹能力"。

## 预测

弹性组织能够处理影响其业务的关键事件，因为它们对内外部环境变化（机遇和挑战）保持警觉并能预测变化，还能利用现有资源以及时、灵活的方式来做出有效的回应。在一个有名的零售业成功案例中，成立于 1864 年的约翰－路易斯（John Lewis Partnership）公司一直与客户保持联系，因而在一个多世纪的竞争中都处于领先地位。它凭借对客户偏好变化的敏锐预测以及在竞争中及时发展在线业务，在 2014 年成为英国最大的多渠道零售商。与此同时，它的品牌是值得信赖的，因为该公司向客户和员工承诺了"永远不会故意抛售"。

## 反弹能力

敏捷弹性不仅仅指能够迅速响应不可预见的和有问题的变化。有理由认为，在动荡的环境下，组织不会总是经营得当。它们可能会犯错，其中一些错误代价高昂，所以敏捷弹性也意味着能够以足够的速度和决心从挫折中恢复过来。[38] 当一个组织经历了严重的、危及生命的挫折，但能够围绕自己的核心价值重塑自己时，就表现出了弹性。[39] 在组织层面，弹性关于系统的稳健性，以及抵制、吸收和响应的能力，如果需要，甚至可以重塑自己以应对无法避免的、快速的或具有破坏性的变化。[40]

不同程度的反弹能力可能会导致不同的组织结果。虽然适度的水平能够使公司从混乱中恢复过来并正常运作，但高水平的反弹能力可能会使组织在竞争中处于领先地位，因为它已经学会利用环境变化，并且能够在面对不利事件进行强有力变革的同时，创造新的选择和能力。

战略敏捷性和弹性是组织在动态环境中蓬勃发展的先决条件。这些概念有着共同的根基，都是借助互补的资源、技能和能力建立起来的。尽管有弹性的组织是灵活、柔韧又敏捷的，但并非所有的敏捷组织都具有弹性。[41] 如果从削减成本的角度来考虑敏捷性，因为涉及工作集约化或失业，雇主和雇员之间的雇用关系很可能会受到影响，信任会蒸发掉。那么，员工有多大可能会愿意为那些将自己视为可以被削减的成本或可剥削的商品的组织"付出额外的努力"呢？

## 本章小结

组织的敏捷性，或快速、灵活、果断前行的能力，需要辅之以敏捷弹性或预测能力，以及创造和利用机会的能力，同时避免变革带来的任何负面影响。它们共同让组织为不断变化的环境做好准备，让组织在经历创伤性挫折后恢复活力，并因由此积累的经验而变得更加有效率。它们的结合代表了一个组织的适应能力或"变化能力"。

一个组织的适应能力的核心是它与员工的关系，以及员工感受到"参与"组织及获得财富的方式。虽然员工常常被称为企业最大的资产，但很少有企业有明确的、可以提高参与度的、消除创新障碍的、发现个人和组织潜在优势的领导模型。那么，领导者怎样才能过渡到一种新的思维和工作方式呢？

在可预见的未来，变革是商业环境的一个重要方面，组织必须能够变革。要让变革有效发生，各个层级的员工都要接受改变，且拥有面向变革的思维方式和行动能力。敏捷性、弹性、适应能力这三个层面都要发展起来，为个人、团队和组织的变革做好准备，使组织变得比以前想象的更加敏捷，更具弹性，更能响应变化。

实际上这意味着：

- 每个人都需要有外在的意识和警觉，愿意发表看法并被允许采取行动。
- 产品和服务需要不断创新，以满足市场和客户的需求。
- 各方面的成本需要保持在低水平，赢得本地员工的信任来实行成本削减的举措，同时保持创新。
- 组织需要在角色、责任和结构上灵活、适应。
- 核心员工需要能够并且愿意不断提升自己——灵活的资源协调能力和多技能处理能力。
- 为了充分利用所有知识型员工的自主努力，组织需要致力于与员工的密切接触。
- 组织文化需要高度的适应性、敏捷性和有机性——每个人，无论等级高低，都愿意并能够为组织及其成功做出贡献。

其中存在很多挑战，也许最大的挑战是假设敏捷性和弹性是可选的。对希望在当今瞬息万变的环境中生存和发展的组织及个人而言，事实并非如此，否则为什么组织的敏捷性和弹性如此难以捉摸？这就是我们在下一章将要探讨的主题，我们会探讨敏捷性的一些主要障碍，然后讨论可以做些什么来实现敏捷性。

## 自查清单

你所处的环境发生了什么变化？

- 从中长期来看可能影响贵组织的关键环境因素是什么？
- 你能预见的关键机遇和风险是什么？
- 贵组织有哪些机制来识别和分析新的发展趋势？
- 这些趋势的影响如何？如何有效地进行必要的改变？
- 通过联盟、合作关系和合资企业，你在多大程度上关注突发环境中的相关变化？

- 你认为贵组织的角色和目标是什么？
- 谁是组织主要的利益相关者？
- 公司声誉的根基是什么？哪些方面会让这个根基处于风险中？

# 注释

**1** Williams, T, Worley, CM and Lawler, EE (2013) [accessed 30 August 2014] The Agility Factor, Strategy + Business, April 15 [Online] http://www.strategy-business.com/article/00188?gko=6a0ba.

**2** Weill, P (2007) IT Portfolio Management and IT Savvy – Rethinking IT Investments as a Portfolio, MIT Sloan School of Management, Center for Information Systems Research (CISR), Summer Session, 14 June. Research was conducted by MIT via the SeeIT/CISR survey of 629 firms – 329 of these firms are listed on US stock exchanges.

**3** Source: Business Agility Portfolios, MIT Sloan School, 2006.

**4** Economist Intelligence Unit (EIU) (2009) [accessed 19 January 2015] Organisational Agility: How Business Can Survive and Thrive in Turbulent Times, *Economist Intelligence Unit* [Online] http://www.emc.com/collateral/leadership/organisational-agility-230309.pdf.

**5** Kane, GC, Palmer, G, Phillips, AN, Kiron, D and Buckley, N (2016) [accessed 12 March 2018] Aligning the organization for its digital future, *MIT Sloan Management Review* and Deloitte University Press [Online] https://sloanreview.mit.edu/projects/aligning-for-digital-future/.

**6** Williams, Worley and Lawler, *ibid.*

**7** Stacey R (1996) *Strategic Management and Organizational Dynamics*, Pitman Publishing, London.

**8** Lawler, EE III (2008) [accessed 12 March 2018] Make human capital a source of competitive advantage, *Marshall School of Business Working Paper*, University of Southern California [Online] https://ceo.usc.edu/make-human-capital-a-source-of-competitive-advantage/.

**9** See Megginson, LC (1963) Lessons from Europe for American business, *Southwestern Social Science Quarterly*, 44 (1), pp 3–4.

**10** D'Aveni, R (1994) *Hypercompetition: Managing the dynamics of strategic maneuvering*, Free Press, New York.

**11** Jamrog J, Vickers, M and Bear, D (2006) Building and sustaining a culture that supports innovation, *Human Resource Planning*, 29 (3), pp 9–19.

**12** Horney, N, Pasmore, W and O'Shea, T (2010) Leadership Agility: A business imperative for a VUCA world, *People and Strategy* (HRPS), 33 (4), pp 34–42.

**13** Deloitte [accessed 26 January 2015] Q4 2013 Global CFO Signals™; Time to accelerate? [Online] http://www2.deloitte.com/content/dam/Deloitte/global/Documents/Finance-Transformation/gx-ft-Q42013-global-cfosignals-report-021214.pdf.

**14** Roth, AV (1996) Achieving strategic agility through economies of knowledge, *Planning Review*, 24 (2), pp 30–36.

**15** Herriman, J (2014) Game of Drones, *London Evening Standard*, 28 April 2014.

**16** Abrahamson, E (2000) Change without pain, *Harvard Business Review*, July, pp 75–79.

**17** Ibid.

**18** Denneen, J and Dretler, T (2012) [accessed 19 January 2015] The Financially Stable University, *Bain & Company* [Online] http://www.bain.com/Images/BAIN_BRIEF_The_financially_sustainable_university.pdf.

**19** Christensen, CM (1997) *The Innovator's Dilemma: When new technologies cause great firms to fail*, Harvard Business School Press, Boston.

**20** Williams, Worley and Lawler, *ibid*.

**21** IBM Institute for Business Value (2014) [accessed 30 August 2014] Reinventing the Rules of Engagement: CEO insights from the Global C-suite Study [Online] https://www.ibm.com/blogs/ibm-training/reinventing-the-rules-of-engagement-ceo-insights/.

**22** Marsh, C, Sparrow, P and Hird, M, (2010) [accessed 12 March 2018] Is customer centricity a movement or myth? Opening the Debate for HR, Lancaster University Management School White Paper 10/03 [Online] https://www.lancaster.ac.uk/media/lancaster-university/content-assets/documents/lums/cphr/centricitymyth.pdf.

**23** Denning, S (2013) Why Agile can be a game changer for managing continuous innovation in many industries, *Strategy & Leadership*, 41 (2), pp 5–11.

**24** TED blog [accessed 26 January 2015] The Real Price of Market Values: Why We Shouldn't Trust Markets With Our Civic Life: Michael Sandel at TEDGlobal 2013 [Online] http://blog.ted.com/2013/06/14/the-real-price-of-market-values-michael-sandel-at-tedglobal-2013/.

**25** PwC (2018) [accessed 12 March 2018] The anxious optimist in the corner office, 21st CEO survey report, [Online] https://www.pwc.com/gx/en/ceo-agenda/ceosurvey/2018/gx.html.

**26** Porter, ME and Kramer, MR (2011) Creating shared value, *Harvard Business Review*, January.

**27** Source: Cone Communications Survey.

**28** Marquand, D (2014) *Mammon's Kingdom: An essay on Britain, now*, Penguin Books, London.

**29** Closing the Generational Divide (2012) [accessed 30 August 2014] IBM Institute for Business Value [Online] http://www-935.ibm.com/services/us/gbs/bus/pdf/g510-6323-00_generational_divide.pdf.

**30** Ibid.

**31** Gunther McGrath, R (2013) Transient advantage, *Harvard Business Review*, June.

**32** Defined as being in the top quintile by revenue in a given industry.

**33** Hamel, G and Valikangas, L (2003) [accessed 19 January 2015] The quest for resilience, *Harvard Business Review,* September [Online] hbr.org/2003/09/the-quest-for-resilience/ar/1.

**34** McCann, JE (2004) Organizational effectiveness: changing concepts for changing environments, *Human Resource Planning Journal*, March, pp 42–50.

**35** Lengnick-Hall, CA and Beck, TE (2009) Resilience capacity and strategic agility: prerequisites for thriving in a dynamic environment, Working Paper series Wp# 0059MGT-199-2009, The University of Texas at San Antonio, College of Business.

**36** Heifetz, R, Grashow, A and Linsky, M (2009) *The Practice of Adaptive Leadership*, Harvard Business Press, Boston.

**37** Weick, KE and Sutcliffe, KM (2007) *Managing the Unexpected: Resilient performance in an age of uncertainty*, 2nd edn, Jossey-Bass, San Francisco.

**38** Marcos, J and Macauley, S (2008) Organisational Resilience: The key to anticipation, adaptation and recovery, Cranfield School of Management paper.

**39** Alpaslan, CM and Mitroff, II (2004) Bounded morality: the relationship between ethical orientation and crisis management, before and after 9/11, in *Current Topics in Management*, Vol. 6, ed M. Afzalur Rahim, Kenneth Mackenzie and Robert Golembiewski, pp 13–43, JAI Press, Greenwich.

**40** McCann, J, Selsky, J and Lee, J (2009) Building agility, resilience and performance in turbulent environments, *HR People & Strategy*, 32 (3), pp 45–51.

**41** Jamrog J, Vickers, M and Bear, D (2006) Building and sustaining a culture that supports innovation, *Human Resource Planning*, 29 (3), pp 9–19.

# The Agile Organization

第 2 章

# 为什么敏捷性和弹性如此难以捉摸

在第 1 章中，我们研究了为什么组织想要生存和发展，就必须具备敏捷性和弹性。对于领导者来说，在当今动荡的环境中越来越迫切地需要找到通向成功的方法，随着变革步伐的不断加快，领导人将来能够施加影响的时间越来越短。新的技术和法规造成了很多行业市场的显著变化，对组织来说，也施加了更大的压力，因此，洗牌对于所有行业来说将成为不争的现实，并且是快速洗牌。我们可以客观预测到，21 世纪，随着组织对灵活性、竞争力、创新和速度的需求变得更强，改变企业文化、宗旨和组织形态的压力将会加剧。

今天，对任何组织来说，最重要的问题不是"我们需要改变吗"，而是"我们的变化是否与世界的变化以及周围竞争者的变化一样快"。对于大多数组织来说，答案是否定的，2009 年 EIU 的研究结果也凸显出了这一点。[1]虽然参与这项研究的大多数高管都承认组织敏捷性是竞争必需的，但也有很多人承认他们的公司没有足够的灵活性来成功竞争。

为什么敏捷性和弹性如此难以捉摸呢？

在这一章，我们来看看为什么很多组织都在努力使自己变得灵活且敏捷。尽管可以在组织的有形层面找到一些原因，如结构和人才短缺，但实现敏捷性和弹性的一些常见的主要障碍存在于组织的无形层面，如人们的思维方式和行为、组织文化和历史，以及雇主和雇员之间的雇用关系的性质、健康状态。需要特别指出的是，我们探讨了敏捷性和弹性在以下方面存在的一些障碍：

- 结构和规划。
- 传统的战略制定过程。
- 实施差距。
- 组织文化。
- 忽视变化的人性。
- 人才短缺。

这些都增加了企业及时响应外部需求的挑战和复杂性。

## 敏捷理论的演变

通过考虑敏捷理论的起源和这些理论产生的背景，我们将上述障碍匹配到现实情境中。这些不同的理论反映了它们产生的时代，尽管今天错综复杂的社会和商业趋势不同于以往，但这些理论仍然影响着人们的思想和期望。

## 20 世纪 90 年代

在金融服务等行业放松管制，以及许多以前受到保护的市场也逐渐开放的助力和支持下，全球经济自由市场化的程度越来越高。在管理理论方面，流程是现在公认的企业成功的一个重要元素，是从制造业发展而来的一系列方法，通常被称为"日本管理实践"——诸如全面质量管理、持续改进、业务流程再造和精益方法，这些方法也越来越多地被大型组织采用。在西方，丰田是此类方法的主要倡导者。把客户放在第一位是"扁平化"组织形成的依据——这使它们的客户流程变得更加扁平化和水平化，从而消除了许多通常被称为"监督者之间互相检查"的等级管理工作。在技术支持、工会力量削弱和雇员集体保护缺乏的背景推动下，"扁平化"组织在"非核心"领域开始出现有限的外包。

### 这些对雇用关系意味着什么

越来越常见的企业裁员开始动摇白领们"终身工作"的信念。考虑到组织环境的流动性，旧的心理契约，即以辛勤工作和忠诚度换取工作安全和职业发展的就业"交易"，成为现在寻求具备更多灵活性和成本效益的劳动力的雇主们的一项沉重负担。虽然人才经常被认为是组织"最大的财富"，但他们确实也越来越被视为组织最大的成本。

新兴的心理契约（或"新兴契约"[2]）表明，员工不应再期望一直在同一家公司内得到职业安全或职业发展，除非他们是特殊人才。相反，他们应该不断提升自己的工作业绩，为自己的职业生涯承担责任，使自己在公司内部或其他地方不再需要自己的时候，成为"有人雇用"的人才。雇主现在希望得到员工的承诺，而不是寻求员工的忠诚。新雇用关系背后的假设是单一主义的：企业和员工的利益是一致的——既对企业有利，也对员工有利。

人力资源政策将这些新方法嵌入雇用关系中。随着绩效管理的普及，人们的绩效评价结果成了他们继续工作或晋升的正当理由。工龄（服务年限）、职业发展和薪酬发展之间的联系在很大程度上是分不开的，许多行业引入了绩效工资。英国成为欧洲最容易雇用和解雇员工的国家。对企业有好处的事情或许并不总是对员工有利。

许多拥有高技能的白领对"旧的心理契约"的丧失感到失望，随着就业市场的改善，人们现在可以自由地货比三家，这增加了中等劳动力就业的灵活性。因此，到了20世纪90年代末，一些知识型行业的组织（尤其是咨询公司）业务增长，因缺乏足够熟练的员工而受到制约。由此雇主们为了吸引并留住最佳人才开始了麦肯锡所谓的"人才争夺大战"。

## 敏捷理论的兴起

敏捷的概念源于满足现代企业即使在极端复杂的情况下也能以可预测的方式运作的需要。互联网和其他先进技术的出现，大大增加了各类组织的竞争规模和类型，甚至使发展中国家的小企业也能够参与全球范围的竞争。

敏捷运动的产生与IT和软件开发的集约化应用异曲同工。敏捷宣言是由犹他州一个不断壮大的专家社区提出的。敏捷适用于包括基于web的应用程序、移动应用程序和商业智能系统在内的被用来开发多种系统的特定方法，如迭代项目管理方法、精益工具和持续改进方法。更多的时候，敏捷在就业中的运用是与"零工经济"联系在一起的，"零工经济"有效地将工人转移到以平台运营的自雇分包公司。这些工人通常缺乏集体谈判的力量，工资低，并且缺乏工作保障。

21世纪早期探讨敏捷企业时，恰逢各种企业丑闻和其他丑闻层出不穷，人们普遍对雇主和机构及其领导者缺乏信任。自那时起，产生了大量更宽泛的敏捷概念文献，其中大部分出自咨询公司有关敏捷组织运营所需的思维模式转变的描述性文件。在管理思想中，把组织比作上好机油能够润滑自己命运的机器这一说法仍占据着主导地位，但开始受到质疑，尽管组织也在努力克服自身的

局限性，并寻找适应当前环境的新方法。敏捷组织这一更宽泛的概念仍在发展
之中。

## 什么增加了组织的复杂性

外部环境的变化越来越快，组织的响应速度越来越慢，两者之间的差距越
来越大。现在让我们将注意力转移到驱动复杂性的一些因素上，这些因素往往
也是敏捷的基本障碍。

### 结构和规划

传统的等级结构在本质上就不是天生灵活可变的。在真正的机器型风格
中，它们被设置成稳定的结构，使干扰最小化，[3]并确保对执行、纪律、协调
和成本效益的有效管理和控制。它们试图通过在顶层集中控制和权力来避免体
制的不稳定性。在需要快速做出重要决策时，这能引发潜在的瓶颈。它们也找
到了最佳的方法，让一些人员在阻止其他人行使权力的同时，行使一定程度的
自主权。在以知识为基础的层次结构中，专业知识工作者可以解决更困难或更
专业化的问题。[4]在传统的等级制度中，"赢家"通常是那些精通现行游戏规则
的人，或是那些颠覆现行游戏规则以达到自己目的的人。

在外部环境变化缓慢的条件下，层级结构可以非常高效。事实上，在美国
经济相对稳定的时期，韦伯（1978）认为官僚主义与任何其他组织形式相比，
都是最有效且最优越的。[5]韦伯将官僚制度的五个特征定义为等级制、劳动分
工、规则和程序、客观性、技术资格。正如奥尔德里奇（1999）所指出的，官
僚主义变得如此普遍，即使大多数组织的规模都不大，功能层级也仍然是最常
见的组织结构类型。[6]然而，在一个动态的环境中，组织建立时间越久、越庞
大、越复杂，它越有可能变得过于专注内部，并与外部环境的要求脱节。这种
脱节的症状包括"筒仓"心态，部门优先级和目标冲突，响应速度慢，流程与
客户及流程与流程脱节，重复工作，决策冗长，政治行为以及缺乏问责。强大
的垂直条块分割会使部门和单元难以有效协作，因为他们不了解彼此的目标、
优先事项和需求。全球运营模式包括多条业务线、不同的消费者类别、不同类

型的客户、不同的市场和进入市场的渠道，因此这是一个涉及区域商业、全球功能以及全球业务单元的复杂矩阵。特别是在"以产品为中心"的环境中，变成"以客户为中心"会让组织变得笨拙而复杂。毕竟，"以产品为中心"的思维方式根深蒂固，组织很难轻易放弃其主导地位[7]。如果没有恰当地衡量结果，或者不良行为得到奖励，团队可能会不信任他们的管理层，或者对其他部门缺乏信心。同样，跨国伙伴关系和工作安排很容易因缺乏信任、团队或合作而受到破坏。等级结构往往会抑制没有得到授权行动的初级员工和中级员工发挥组织急需的创新性和主动性。当管理者认为他们缺乏做出重要决定所需的权威和权力时，他们也会因为无能为力而备受折磨。

在内部沟通中，等级结构倾向于遵循层级原则。在信息时代，在正确的时间获得正确信息的能力对完成工作至关重要。至少，我们需要用明确的目标和措施来引导员工的表现。做不到这些，层次结构就会碍事。例如，2013年对英国国家医疗服务体系（NHS）的文化和行为进行的一项重要研究发现，目标不清晰，过度逐项核查，以及僵化、糟糕的组织和信息系统使员工在搜索信息上浪费了宝贵的时间，难以提供有效服务，并且因为对此缺乏有效洞察，对于持续改进也无能为力。[8] 在今天这个充满不确定性、模糊性和易变性的复杂环境中，组织需要在变化的环境要求其改变时展示出自身"及时、有效和持续性的变革"。[9] 虽然官僚组织有能力进行"渐进式变革"，但这些"通常不足以满足大众消费者的需求"[10]，并且还会阻碍自身对组织变革的外部影响做出响应。正如杰克·韦尔奇（Jack Welch）所说，如果内部变革的步伐跟不上外部环境变化的脚步，那么企业结束经营就指日可待了。[11] 因此，对正在缓慢而谨慎地进行数字化转型的传统企业来说，风险非常大。《数字现实》（*Digital Reality*）援引一位商界领袖的话说："简单来讲，我认为挑战要么是改变，要么就是死亡。如果企业不准备在现有业务中展开调查、开发并部署数字业务能力，那么这个企业将失去它的业务，失去它的客户和市场份额，错过经济繁荣。因为客户有选择的权利，对客户来说他们需要的产品功能是可以实现的，如果你不为他们提供，你的竞争对手就会提供。"[12] 事实上，后来的一些学者认为，韦伯的官僚组织可能并不像韦伯所宣称的那样理想。[13] 一些学者认为，要创建更具创新性和动态变化性的组织，就应该避免建立官僚形式的组织结构。[14,15] 正如哈默尔（Hamel）和扎尼尼（Zanini）指出的，官僚组织的实际成本难以衡量。

在大多数组织中，官僚作风的成本是隐形存在的。

我们的会计系统衡量不出惯性、孤立性、权力下放以及所有其他形式受官僚作风拖累而产生的成本。我们无法计算这种管理模式背后的成本，官僚式管理延续了决策者（管理者）和执行者（普通员工）之间的种姓制度，将人类看作纯粹的"资源"，认为一致性高于一切，无视个体的天生禀赋，将所有人都压缩进一个"角色容器"里面，从而使他们的主动性在官僚组织的繁忙工作中被吞噬，并将自由视为团结一致和纪律的威胁。[16]

和结构一样，组织惯例要么有助于企业、组织甚至市场开展它们所能够完成的工作，要么限制它们。[17] 大多数的组织惯例理论认为它们是稳定的，[18] 因为它们是基于行为模式的重复。[19] 惯例帮助组织参与者了解组织如何运作，然后利用这种洞察力指导他们在日常工作中的表现。在变化的环境中，如果一个组织用新的惯例取代旧的无用的惯例（例如用合作取代竞争，用灵活性取代刚性），更有可能有效地适应变化的环境并灵活地响应。[20]

## 传统的战略制定过程

当涉及方针制定和战略制定的惯例时，尽管环境不稳定，但是分级管理方法仍然占上风。毕竟，传统的战略制定过程的合理性极为诱人，假定实现战略目标的计划（通常由高层管理者设定，在专家顾问的帮助下"设计"）可以成功实施。从本质上讲，传统的战略决策包括利用数据来确定业务，以及组织的挑战和机会，确定战略目标，然后制订实现目标的计划，在预定的时间框架内朝着理想化的未来状态努力（通常是 12 ~ 18 个月的商业规划，3 ~ 5 年的企业战略）。

传统的战略制定过程通常严重依赖于分析：识别当前和新兴业务环境中变化的驱动因素，包括竞争对手分析，接着使用场景规划测试可能的战略选项。解决问题的技巧，例如寻找原因和差距分析，有助于确定需要采取哪些行动，然后制定"挑战"目标，提交和整合单个业务单元计划，形成整体计划，并分配资源。最后，通过各种沟通渠道将业务策略分派给管理者和组织的其他成员, 这样至少在理论上, 战略方向是明确的。

那么, 这样的过程有什么问题呢?

## 领导思维

工业时代的线性"工程"规划和实施模式面临的挑战是, 今天变化的速度如此之快, 以至于在交付之前计划往往因某些突发事件而失去效用。缺乏战略敏感性的领导思维往往会削弱理解复杂性的能力。在复杂的环境中, 以往的经验不足以指导我们。西德尼·芬克尔斯坦 (Sydney Finkelstein) 将许多企业的失败归咎于拒绝让企业感知现实的有缺陷的高管心态和对现实不切实际的妄想态度。[21] 同样地, 顶级团队做出大胆决策的能力往往会因内部争斗和"输赢"政治而减弱。安德鲁·卡卡巴德斯 (Andrew Kakabadse) 教授在他与首席执行官的一项研究中指出, 66% 的高管发现很难去谈论令人不安的问题, 即使是那些可能严重影响业务的问题。[22] 他还发现, 董事会中有 80% 的成员不认可甚至不知道他们所在公司的竞争优势的基础。

限制敏捷决策的其他常见领导思维障碍包括短期主义、自满情绪、风险厌恶 (规避) 与分析麻痹, 如下所示。

### 短期主义

在顶级公司中, 高管的任期较短。在全球排名前 2500 位的公司中, 首席执行官的离职率平均每年约为 15%——这意味着每 12 个月, 每 7 人中就有 1 人跳槽一次, 通常是因为他们被认为没有实现股东价值。鉴于季度报告 ("季度资本主义"), 以及苛刻的股东和高管奖金周期, 首席执行官通常没有多少时间来产生影响, 如果他们不能快速实现股东价值, 董事会将迅速替换掉他们。因此, 资深首席执行官的平均任期只有 3 年。毫不奇怪, 高管往往会变得只关注短期。

由于投资回收期有限, 许多高管和董事会做出的反应往往是被动而不是主动的。如果高管倾向于只关注短期战略、成本削减和过渡计划, 这种情况在快速变化的时期更为明显。然而, 现在正在发挥作用的力量可能会产生长期的影响, 可能会改变不同市场的形态和性质。公司应该继续把重点更多地放在维护和扩大今天的核心业务上，而不是放在创造明天令人激动的能改变客户的生活以及创造新的市场的新增长平台上。麦肯锡的研究发现，董事们仍将 70% 的时间花在季度报告、审计报告、预算和合规方面，而不是对未来的繁荣和业务方向至关重要的问题上。[23] 因此，高管和董事会很可能会错过影响他们所处的环境并重塑他们对长期成功的主张的机会。实现短期和长期愿景的正确平衡至关重要。

在 2008 年金融危机之后，上述情况更为明显。在随后的深度经济衰退袭来时，许多以前在市场上处于领先地位的企业被证明是最缺乏弹性的。这可能是因为它们的董事会疏忽，过于乐观，或者信息不灵通，他们看着后视镜，却没有扫视前方的道路，看不到角落里的东西。他们未能在必要时采取纠正措施，因为他们不知道需要改变。

### 自满情绪

一些组织失败其中一个原因是，它们轻信了自己的成功模式，而忽略了微妙但迅速的消费模式的变化。因此，它们低估了新竞争者的实力或新技术应用改变消费者口味的潜力。例如在英国，主要的超市连锁店被称为"五大超市"[24]（Big Five），在过去近 30 年里，它们大多采取（实体）扩张的策略。"五大超市"竞相采用每周大型甩卖来吸引顾客购买，它们改变了我们的购物方式，将超市从我们购买杂货的地方，变成了可以购买从洗衣机或羽绒被到烧烤或电脑等一切物品的一站式目的地。

但近期来看，超级市场的时代可能很快就要结束了。购物者拒绝接受所谓的"充值式"商店的每周大型商店模式，并选择少买多次。这种转变导致了小型便利式商店的日益普及与郊区商店的日益没落。此外，购物者也越来越多地转向经济型超市，这些经济型超市计划在未来十年将其小型零售店数量翻番，利用其创纪录的销售额，迫使"五大超市"减缓它们的整体扩张计划，让它们闲置近 280 万平方千米的空间。

### 风险厌恶（规避）与分析麻痹

为了发展短期优势，组织真正需要做的是创新。当然，这似乎有内在的风险——我们支持的是正确的吗？许多大型组织都是由高度厌恶风险的首席执行官和董事会领导的，他们大多运用政治手段进入商界高层，不是大胆创新的领导者。因此，许多高层团队很难做出有利于他们的组织更快发展的大胆决策。受内部的复杂性和政治因素影响，许多高管团队很难做出能够帮助他们的组织更快地进入增长阶段的良好决策。当涉及行业发展相关的关键技术时，许多高管团队都扎根于过去。国家数字化水平调查（2018 年）[25] 显示，到目前为止，在接受调查的私营部门中，首席执行官被认为最有可能成为负责推动数字化发展的领导者——54％的公司将它们的首席执行官任命为数字化业务的领导者。然而，在接受调查的公共部门中，只有 21％的公司将它们的首席执行官视为数字化业务的领导者。对采用新技术的风险和障碍的感知，比如对数据安全性的担忧、部署新技术的成本以及新系统的缓慢实施，可能会使事情进展缓慢。特别是，在投资重大改革项目方面，许多高管团队已经变得胆小如鼠。

特别是在 2008 年的经济衰退中，许多首席执行官，似乎变得更像一个首席财务官（CFO），起的是控制的作用，而不是一个创新的、充满活力的商业领袖。今天的商业环境受到比过去更加严格的管制，因此将强有力的治理重点放在风险管理上，往往会掩盖了对风险的不容忍。如果人们被紧紧地控制在一起，他们就不太可能发挥他们的主动性，而这将扼杀创新和及时验证新选择的潜力。

分析麻痹是《EMC 领导者报告（2020）》指出的关键问题之一。[26] 领导力和管理的学问通过商学院和高管教育一直延续到了今天，管理层的偏好分析就不足为奇了。然而，在当今这个复杂的时代，管理者面临的许多困境和挑战远非那么简单，理性和逻辑本身可能不再是决策的最佳基础。在现代的互联世界里，由于环境的高度不确定性和复杂性，很多事情太容易被不可预见的因素破坏，我们很难或不可能发现其中的因果关系。当未来不再是对过去的简单外推时，商学院所推行的传统的计划和执行策略的线性模型可能会阻止组织在磨合和发展的过程中朝着期望的结果前进。

风险厌恶的管理者通常在做出决定前要求大量的证据。在“大数据”时代，信息并不缺乏，而知道如何处理这些数据以及要问哪些问题才是真正的挑战。通常，数据的质量受到公司技术基础设施的有效性或其他方面的限制：数据库是否得到良好维护，遗留系统是否与目的相符。尽管如此，利益相关者往往仍然存在不切实际的期望，期望高管们能够挥舞他们的权杖，在混乱的环境中指出一条清晰的道路，并建立其组织的行动能力。在实践中，正如帕特里克·霍夫斯泰德（Patrick Hoverstadt）所指出的那样，当涉及做出潜在的、勇敢的和冒险的决策时，"管理层担心失去对事态的控制，将辅助信息压在信息和报告之下……个人的主张破坏了正确的行动方向，促使更多的个人行为参与其中"[27]。

可以说，我们现在需要的是一种不同的领导者，他们可以主动地去了解自己组织和行业之外的更广泛的趋势；他们愿意承担风险，勇于做出持续改变和创新的决策。尤其是，敏捷组织需要海费茨（Heifetz）和劳里（Laurie）所说的"适应型"领导者，他们容得下失败。[28]特别是在环境快速发展变化的情况下，如果在采取纠正措施前等待时间过长，那么落后于前进曲线走势的时间越长，组织越有可能来不及采取纠正措施。缓慢的决策和过于笨拙的治理结构会使管理者陷入困境，导致战略错误且无法恢复。

### 复杂的时代

当前，组织变革往往基于广泛的（系统的，需要广泛的支持）、快节奏的（一切看起来都很紧迫），且结果不可预知的环境。如果正常情况下都难以做出决策，那现在进行决策会有多么困难呢？这一层复杂性，加上过去预测因素的缺乏，使决策制定和战略执行难上加难。正如普尔塞克（Plsek）所指出的那样，我们目前由于创新而面临的很多挫败，是我们在很大程度上不自觉地将机器隐喻思维应用于内在的复杂适应性系统的结果。[29]

当管理团队试图解决复杂问题并掌控"正确"的过程时，他们往往很难在一个共同的议程上达成一致。如果在如何面对具有挑战性的环境上没有或几乎没有达成一致，那么组织就是在拉尔夫·斯泰西（Ralph Stacey）所说的被混乱、无秩序主导的复杂域中冒着终止经营的风险（见图 2-1）。[30]相反，如果组织内秩序太多，正式接触、规则、孤立行为、命令和控制管理方式太多，组织就会停滞不前。[31]

可以说，一个更有利的状态是处于"混乱的边缘"，在社会和技术的复杂性之间走钢丝，避免了极端自满和极端恐慌。这是一个动态稳定的区域，这里有足够的秩序，人们可以较多地了解正在发生的事情，但是事情并不太稳定，人们认为没有理由去改变。"混乱的边缘"并不一定是舒适的地方，在这里，人们最容易接受新的知识和学习，并进行实验和创新。正如亚瑟·巴特拉姆指出的：边缘是一个危险的地方，但是有哪个组织承担得起不在其中花费时间的代价？[32]

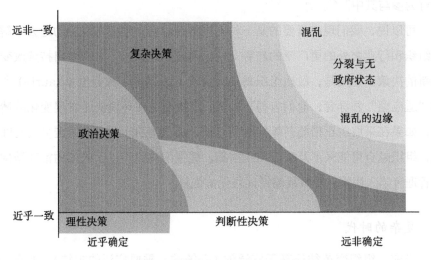

图 2-1　拉尔夫·斯泰西：一致性和确定性矩阵

资料来源：RD Stacey (2002) *Strategic Management and Organisational Dynamics: The challenge of complexity*, 3rd edn, Prentice Hall, Harlow.

## 实施差距

即使制订了明确的战略计划，战略意图和战略执行之间往往也会出现巨大的差距。例如，在实施之前，预算被削减了，任务优先级的矛盾出现了，人们发现了潜在的问题和可能的解决方案，但是并没有就解决这些问题采取行动，所以组织的行动能力降低或者行动停滞了。约翰·科特（John Kotter）关于为什么为改革做出的努力会失败的著名解释包括：没有紧迫感，没有足够强大的赞助组织，缺乏愿景，宣贯不足，没有为愿景排除障碍，没有系统地规划短期里程碑，在公司文化发生变化之前改革就宣告结束了。[33]

"实施差距"的其他典型原因包括：

- 实施所需的时间比最初计划的时间长。
- 没有预见到在实施过程中出现的主要问题。
- 对执行活动的协调收效甚微。
- 人们没有意识到好的想法是潜在的解决方案，因此他们没有得到所需的支持。
- 来自组织政治和既得利益者的阻力。
- 主动性超负荷、相互竞争和危机分散了对执行的注意力。
- 相关员工的能力不足。
- 对基层员工的培训和指导不够。
- 来自外部环境的不可控因素对实施过程产生不利影响。
- 关键的实施任务和活动没有明确或足够详细的计划。
- 用于监控实施进程的信息系统不完善。

尤其是，战略执行常常因部门经理缺乏一致的管理支持、领导和指导而受到阻碍，许多时候存在沟通很少、缺乏明确的优先次序、协调不佳和相关能力不足的情况。传统的管理模式通常会把多个经常相互冲突的职责加到管理者身上，以执行技术性的"日常"工作，并管理团队的生产效率和产出。因此，管理者和他们的团队都在努力平衡优先级，而许多人倾向于过程而不是结果。人们变得更喜欢遵循标准操作程序的安全性，而不是发挥主动性来为客户和企业创造价值。

## 技术："圣杯"

先进技术的使用提升了进入新市场、创新、提高产量和获得成本效益的潜力。然而，仅仅获取新技术还无法形成竞争优势，运营模式层面的人员、过程和结构仍然是运营效益的关键决定因素。如果人们的技能没有跟上，那么技术的潜力就不太可能被激发出来。例如，大数据是一个引人瞩目的概念，信息量以每年 60% 的速度增长。据报道，2/3 的员工缺乏良好的分析能力和判断力，[34] 而培养（或获得）重要的人才需要花费时间。

此外，最佳实践的迅速普及使竞争对手能够快速模仿有效的技术；竞争对手之间很快就会变得没有什么差异，而消耗战最终又会形成向下竞争（a race to the bottom）的局面。因此，在市场竞争中，创新和差异化报价是超越竞争对手的最佳途径。这就是为什么加强战略与运营之间的联系，以及建立有利于创新的文化，是可持续竞争优势的重要组成部分。

# 组织文化

文化，通常被定义为支配行为或者"我们在这里做事的方式"的假定信念和规范。文化可以成为一种保持稳定的强大力量。不断重复的实践会随着时间的推移进一步被固化，随之成为维持现状的习惯和惯例，无论这些实践是否适合当前业务。会议如何进行、守时、容忍不佳的表现、可以挑战什么、如何正确行使权利、什么行为可以获得奖励以及谁能获得晋升等，都是新员工融入主流文化并取得成功所需要学习和掌握的内容。

一些领先企业为自己的强大文化感到自豪，并相信这些文化使它们在竞争当中脱颖而出。然而，强大的组织文化的阴影面在于，如果人们的行为方式与公司文化高度趋同，而不是"摇摆不定"，那么这种文化也可以压制不同的意见。记者马德琳·邦廷（Madeleine Bunting）描述了电信公司 Orange 的文化实践，比如鼓励员工在工作中穿着橙色 T 恤以示忠诚，以此作为"文化特征"。[35]

强大的文化倾向于将人们的思想集中在内部，这意味着当需要改变策略和方法时，外部微弱的信号很容易被忽略。如果一家公司的战略和文化不一致，那么，就如彼得·德鲁克（Peter Drucker）的名言一样："文化会把战略当作早点吃掉。"因此，在高度竞争的市场上，如果一家公司试图借自身的客户服务质量将自己与其他企业区分开，但它的文化实践却表明客户的地位正在下降，那么它很难成功。同样，在高度厌恶风险、信任度低的企业中，战略性创新也不太可能出现。

## 什么是文化变革

尽管许多组织承认文化的重要性，但却很少有人明确地将其当作提升业务绩效并取得突破性成果的一种方式,甚至很少有人相信这样做是有意义的。毕竟,传统观点认为,文化变革是复杂的,可能需要数年时间,因为通常有很多既得利益者想要维持现状。罗菲帕克(Roffey Park)在 2014 年的一项调查显示,超过 3/4(77%)的人力资源经理表示,他们的组织在过去 5 年里试图改变组织的文化,主要是为了提高效率和应对财务压力。[36] 受访者谈到了需要以不同的方式做事,以更少的资源运作,并且更注重绩效管理。然而,37%(在公共部门,这一数字上升至 44%)的人力资源经理称,文化变革"并不怎么成功"。许多受访者说,他们对文化变革的程度感到不知所措,甚至彻底失望。

处于领先地位的组织正在彻底改变这种传统观念,并将文化视为组织的特定驱动因素和创新的关键推动因素。在谷歌,招募"合适"的、"正确"的人是一个关键的战略焦点,他们通过专门设计的人力资源实践,确保拥有合适技能的人能够在公司中很好地发展。

埃德加·沙因(Edgar Schein)认为,领导者关注的是文化变革的主要嵌入机制,因为它告诉人们什么是有价值的。[37] 如果领导者表现出短期主义态度、低情商、不愿面对糟糕的工作实践或无法产生信任,组织的文化就会反映出这一点。打开成长空间最简单的方法就是更好地管理和领导。然而,仅有相对较少的管理者能够发展领导力,而且,只有少数企业拥有可以提高员工参与度、消除创新障碍、发挥员工和组织潜在优势的清晰的领导力模型。

## 忽视变革中的人性因素

敏捷包括"快速、果断、有效地预测、启动和利用变革"[38]。然而,引领变革是一项很困难的工作,因为需要面对海费茨和劳里所说的"适应性"挑战,[39] 并且执行失败的现象随处可见:团队工作不协调,目标不明确,优先级冲突和政治行为,这一切都使得有效的战略执行变得相当困难。

有时候,变革失败是因为变革针对的是错误的层面,例如只关注短期技术挑战及日常事务的自动化("手段"),而不是如何改进具有更高附加值的信息收集和支持重要的业务活动("结果")。因此,变革的努力往往无法达到目标,或者无法改善整个公司的生产效率和灵活性。

更常见的是，变革失败的主要原因与变革管理方式及其对人们的影响有关。根据传统的理性管理方法，关键领导应该确定公司的发展方向，而人们应该遵循这个方向。然而，在实践中，特别是在复杂、模棱两可和自相矛盾的时代，许多领导者都在努力设定明确的方向或者获得员工对变革的承诺。海费茨和劳里认为，管理人员往往被技术倾向所蒙蔽，这使他们误解了变革的根本目的，并且低估了在整个组织内部调动人员以做出必要改变所面临的挑战。[40] 因此，比起让最容易接受变革的员工参与其中，或者引导他们度过过渡期，高级管理人员更倾向于用"告知与兜售"的方式来推行他们自己的解决方案。随即，如何让员工"买账"又成了一个问题。事实上，海费茨和劳里认为，主流的领导力观念——提出愿景并使人们的目标与愿景保持一致——已经崩塌。

在前面提到的那家分销公司，管理人员在回顾了他们以前的变革努力失败之后，认识到他们未能阐明变革的益处，或者说是在一开始就没有把合适的人选安排到合适的位置上，究其原因，主要是沟通不到位。此外，战略意图也没有转化为员工可以理解的经营目标。由于缺乏明确的目标，员工不知道"成功"的定义，不知道对他们的要求是什么，或者什么时候能够完成变革。因此，虽然有很多变革活动，却没有实质性的进展。

我们再回到贯穿全书的关于什么类型的文化、领导和管理能使组织敏捷的主题。

## 以牺牲弹性为代价的敏捷性

敏捷组织需要有弹性、灵活和有能力的员工，他们积极投入，富有成效，愿意并且能够适应不断发生的新变化。在个人层面上，弹性是指尽管身处不断变化、不确定和混乱的环境中，依旧能够不断成长的能力。如今，工作密集和缺乏职业安全的工作环境，往往呈现非人性化的倾向，并且经常给人们的生活造成严重干扰，在这样的环境下，弹性正面临着严峻的考验。

因为技术进步和每周 7 天 × 24 小时全天候工作的大环境，人们经常感到永远无法摆脱工作，工作和休闲之间的界限已经消失。某些需求的增加或减少，要求人们更努力，花费更长的时间并以不同的方式来工作。由于技术进步，许多工作都被"掏空"，员工在失去工作、工作安全感和满足感，且压力增加的情况下，承受着敏捷的冲击。

此外，组织的敏捷性往往是通过降低核心运营成本和采用灵活的劳动力模型来实现的，而这又导致了工作量的增加、外包、冗余、短期和零时合同，以及企业对员工保护的减少。如前所述，雇主和雇员之间雇用关系的天平似乎严重倾向雇主。

在不断变化的环境下，常常缺乏充分的沟通。对于"新事物"，许多员工不理解或者不买账，只是想努力看清楚"这对自己有什么好处"。更普遍的是，当同时发生太多的变化时，变革带来的利益就无法实现或嵌入企业之中。人们变得厌倦变革，忘记了已经取得的成就，在尝试继续进行"日常工作"的同时，等着下一场变革能彻底忽视他们。

公司价值观和实际做法之间经常不匹配，这导致员工玩世不恭。糟糕的领导和管理使问题更加复杂。如果高管不能在价值观上做到知行合一，那么，这种不一致性就会在文化中体现出来。例如，在现实中，如果卫生保健组织宣扬以病人为中心的价值观，但是只有在关键绩效指标（KPI）选项框上打钩才能得到奖励同时又容忍最低质量的病人护理，那么员工的冷眼（和糟糕的做法）就在预料之中。同样，高管与其他员工的薪酬之间的普遍差距，会削弱人们的共同目标感，并使企业想要传达的"我们患难与共"的理念成为笑谈。许多公司都宣称，员工是他们"最大的资产"，但 2014 年英国的一项调查发现，接受调查的员工中只有 35% 觉得自己的雇主很重视他们，而有 39% 的员工表示如果可以他们明天就会换工作。[41]

当这种差距出现在言辞和现实之间时，雇主和雇员之间的雇用关系就会变得不那么容易信任和更具交易性——人们变得很少愿意为组织付出"额外的努力"，除非对他们来说这样做有明显的好处。即使工作没有风险，持续变化的需求也会使一些员工被动地抵制任何对他们的工作构成挑战的事物。在这种情况下，速度、创新和"付出额外努力"的要求就都变成了企业空洞的奢望。

## 人才短缺

我们的世界正在迅速发展——不仅在经济和技术上，而且在社会和人口统计特征上都是如此。随着西方劳动力的老龄化，年轻一代逐渐成为国际劳动力最大的组成部分，许多组织的技能和经验的组合都处于不断变化的状态。

人才是一种稀缺资源，甚至超过了技术和资本。随着全球化和竞争压力席卷所有行业，以及经济状况的改善促使员工寻找新的工作，技能短缺将会进一步加剧。今天，在诸如建筑和公用事业等为数众多的行业和部门都存在着严重的全球性技能短缺，并且成为影响经济增长的重大障碍。在德国，因缺乏训练有素的工程师，制造业企业已经受到冲击，同时，德国和法国还需要更多熟练的 IT 工人。在英国，IT 行业也出现了软件工程师和数据专家缺乏的现象。

在 2014 年由毕马威企业咨询公司进行的全球首席执行官调查中，寻找合适的熟练员工的努力在企业领导者面临的主要挑战中排名第二，仅次于实现盈利增长。[42] 因为即使投资新技术，如果公司不能获得或培养他们所需要的关键人才，他们也不太可能竞争成功。所以从人力资源咨询公司韬睿惠悦（Towers Watson）的数据来看，在商业环境中，59% 的公司很难找到具备关键技能的员工，[43] 而吸引和留住技能熟练和有才华的人才的能力，是企业强大的竞争优势。

20 世纪 90 年代末，首个所谓的"人才争夺战"就是一场大型咨询公司间的战役，旨在吸引并留住潜力大或专业的人才，作为推动公司发展的引擎。但这一次，一场全新的"人才争夺战"即将打响，专门针对其业务及战略（包括产品、市场和业务目标），各公司尝试开发独特的人才战略，同时还打算通过解决所有员工的发展需求来培养其内部员工，这不仅仅是针对潜力大的那些员工。

以上这些全新的人才战略务必要考虑到"人才"自身的需求。只有很少的高技能及畅销型"人才"能主导自己的"新协议"规定。新一代员工对其职业及雇主的期望与对父母的期望有所不同。因此，雇主还需迅速成长起来，以找到全新且更合适的方式来吸引并激励同一工作场所内的那 4 代人（即婴儿潮一代、X 一代、Y 一代和"边缘一代")。当员工在雇用关系中拥有更多自主权时，无论雇主是否喜欢，游戏规则都可以被改写。对于一个以知识或服务为基础的组织，人是主要的生产要素，他们试图增加敏捷性和弹性，如果仅通过修补工具性更强的东西，而忽略人和文化方面的潜在影响，那么就会像重新布置泰坦尼克号上的躺椅一样，不切实际。

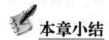 **本章小结**

敏捷性和弹性这种具有挑战性的组合反映了一系列复杂的实现组织敏捷的潜在障碍。我们已经讨论过其中的原因：

- 恐惧（风险厌恶）和缺乏战略敏感性是真正的约束，尽管它们是能被克服的。（在这本书中，稍后我们将讨论）
- 指挥和控制的管理风格可能会在短期内提高效率，但可能削弱赋权和创新，而赋权和创新正是弹性和灵活性的关键。
- 鼓励人们寻求改变的挑战往往被低估。
- 在决定一个组织的命运方面，文化和战略一样重要或者更重要，然而组织却对文化关注太少。
- 人才短缺和员工期望的改变将推动与员工建立更加开放、共赢的新型雇用关系的需求。
- 敏捷性和弹性是必不可少的"灵魂伴侣"。

如果赌注不是那么高，那么渐进式的改进就足够了。但真正的变革是必需的，并且现在就需要。当今，在追求更高的敏捷性的过程中，组织可能需要多次对自己进行重新设定，所以现在重构组织设计是必要的。

如果一家公司被传统的解决方案或先例严重束缚，就很难设计出一条大胆的新道路。因此，我们需要足够勇敢的领导者去接受一种能适应当今挑战的新领导方式。让企业成功地实现敏捷的思维模式，往往是专业知识、机会主义、勇气、创造力和不确定条件下果断决策的复杂组合体。战略思维、战略制定和战略执行的新方法是必需的——以及新的惯例，例如不断审视地平线、寻找机会、积极主动地拥抱创新、测试新创意、从有效的实践中学习、跨组织边界协作、从速度和适应性的角度设计组织——是必需的。

最重要的是，组织的敏捷性和适应力只有当人的因素以及组织的工具方面被充分关注并保持动态平衡时才是可持续的。因此，有些"我们现有的运营方式"可能需要接受挑战，一些以前的成功经验也可能需要被忘却。

在下一章中，我们将为领导者、管理者、人力资源和 OD 专家（实际上是为希望帮助构建更具弹性的敏捷组织的任何人）勾勒出一条主线。我们关注的是情境的范围，需要采取的关键行动，最重要的是，在成功地发展组织的敏捷性和弹性、超越曲线，甚至可能成为轨道的创造者等方面，它会带来什么！

## 自查清单

你所在的组织有多敏捷？

- 你所在的组织是否和你周围的世界一样快速变化呢？
- 企业文化让你的组织变得敏捷还是在阻碍你的组织呢？
- 组织的结构和模式在多大程度上支持敏捷性？
- 敏捷要求企业的人员、流程、战略和技术密切联系，以便对变革做出持续不断的动态响应。你的组织在应对变革时最薄弱的环节在哪里？
- 高层决策的有效性如何？
- 员工和组织该如何变得更具前瞻性？
- 组织最近一次重大变革的影响是什么？你从这个变革中学到了什么？学到的这些知识如何运用？
- 帮助管理者学习的关键因素是什么？这些因素主要是来自内部还是外部？

## 注释

1 Economist Intelligence Unit (EIU) (2009) [accessed 19 January 2015] Organisational Agility: How Business Can Survive and Thrive in Turbulent Times, *Economist Intelligence Unit* [Online] http://www.emc.com/collateral/leadership/organisational-agility-230309.pdf.

**2** Herriot, P and Pemberton, C (1995) *New Deals: The revolution in managerial careers*, Wiley, Chichester.

**3** Feldman, MS (2003) A performative perspective on stability and change in organizational routines, *Industrial and Corporate Change*, 12 (4), pp 727–52.

**4** Garicano, L (2000) Hierarchies and the organisation of knowledge in production, *Journal of Political Economy*, 108 (5), pp 874–904.

**5** Weber, M (1978) *Economy and Society: An outline of interpretive sociology*, University of California Press, Berkeley.

**6** Aldrich, HE (1999) *Organizations Evolving*, Sage, London.

**7** Galbraith, JR (2005) *Designing The Customer-Centric Organization: A guide to strategy, structure, and process*, Wiley, New York.

**8** Chartered Institute of Personnel and Development (CIPD) and Healthcare People Management Association (HPMA) (2013) *Employee Outlook: Focus on culture change and patient care in the NHS*, London: CIPD.

**9** Worley, CG, Williams, T and Lawler, EE III (2014) *The Agility Factor*, Jossey-Bass, San Francisco.

**10** Power, B (2013) [accessed 15 March 2018] Innovating around a bureaucracy, *Harvard Business Review*, 8 March [Online] https://hbr.org/2013/03/innovating-around-a-bureaucracy.

**11** Welch, J and Welch, S (2005) *Winning*, Harper Business.

**12** Atkins UK & Europe (2017) [accessed 15 March 2018] Digital Reality [Online] http://explore.atkinsglobal.com/digitalreality/research-overview.html.

**13** Gajduschek, G (2003) Bureaucracy: Is it efficient? Is it not? Is that the question? Uncertainty reduction: An ignored element of bureaucratic rationality, *Administration & Society*, 34 (6), pp 700–723.

**14** Kotnis, B (2004) *Enabling Bureaucracies in Education: A case study of formalization in an urban district and schools*, Thesis for the degree of Doctor of Philosophy (PhD), The Faculty of the Graduate School of the State University of New York at Buffalo.

**15** Adler, PS (1999) Building better bureaucracies, *The Academy of Management Executive*, 13 (4), pp 36–47.

**16** Hamel, G and Zanini, M (2017) [accessed 12 March 2018] What we learned about bureaucracy from 7,000 HBR readers, *Harvard Business Review Digital Article* [Online] https://hbr.org/2017/08/what-we-learned-about-bureaucracy-from-7000-hbr-readers.

**17** Cohen, MD *et al* (1996) Routines and other recurrent action patterns of organizations: contemporary research issues, *Industrial and Corporate Change*, 5, pp 653–98.

**18** March, JG and Simon, HA (1958) *Organizations*, John Wiley and Sons, New York.

**19** Nelson, RR and Winter, SG (1982) *An Evolutionary Theory of Economic Change*, Harvard University Press, Cambridge, MA.

**20** Feldman, MS and Rafaeli, A (2002) Organisational routines as sources of connection and understandings, *Journal of Management Studies*, 39, pp 309–32.

21 Finkelstein, S (2013) *Why Smart Executives Fail: And what you can learn from their mistakes*, Portfolio Penguin, New York, reprint edn, p1.

22 Kakabadse, A, in Cafolla, L (2013) [accessed 30 August 2014] Going Against Grey, *Classified Post*, published on 27 September [Online] http://www.classifiedpost.com/hk/article/going-against-grey.

23 Barton, D and Wiseman, M (2013) Focusing capital on the long term, McKinsey and Company.

24 Sources: Kantar Worldpanel, *Retail Gazette*, 31 July 2014 [Online] http://www.retailgazette.co.uk/kantar-worldpanel; and Straus, R (2014) End of the road for supermarket megastores? Retailers plan smaller sites as households ditch big weekly shop, *Daily Mail*, 4 August [Online] http://www.thisismoney.co.uk/money/news/article-2715679/Death-supermarket-megastore-Plans-new-sites-drop-lowest-level-financial-crisis-households-ditch-big-weekly-shop.html.

25 Agilisys (2018) [accessed 15 March 2018] The State of the Digital Nation [Online] https://agilisys-cms.acceleratedigital.com/sites/default/files/Agilisy-Report-DIGITAL.pdf.

26 Petter, J (2014) EMC Leader Report 2020: Escaping 'analysis-paralysis', EMC.

27 Hoverstadt, P (2009) *The Fractal Organization: Creating sustainable organizations with the viable systems model*, John Wiley and Sons, Chichester, p61.

28 Heifetz, RA and Laurie, DL (2001) The work of leadership, *Harvard Business Review*, December.

29 Plsek, P (2003) Complexity and the Adoption of Innovation in Health Care, paper presented at Accelerating Quality Improvement in Health Care, a conference held in Washington, DC, 27–28 January.

30 Stacey, R (1996) *Strategic Management and Organizational Dynamics*, Pitman Publishing, London.

31 O'Connor, J (2010) *Leading with NLP*, HarperCollins, New York.

32 Bartram, A (2000) *Navigating Complexity: The essential guide to complexity theory*, Spiro Press, London.

33 Kotter, J (1996) *Leading Change*, Harvard Business School Press, Boston.

34 See cebglobal.com/transformation.

35 Bunting, M (2005) *Willing Slaves: How the overwork culture is ruling our lives*, Harper Perennial, London.

36 Lucy, D, Poorkavoos, M and Wellbelove, J (2014) *The Management Agenda*, Roffey Park, Horsham.

37 Schein, EH (2004) *Organizational Culture and Leadership*, 3rd edn, Jossey-Bass, San Francisco.

38 Jamrog, J, Vickers, M and Bear, D (2006) Building and sustaining a culture that supports innovation, *Human Resource Planning*, 29 (3), pp 9–19.

39 Heifetz, RA and Laurie, DL (2001) The work of leadership, *Harvard Business Review*, December.

40 Ibid.

**41**　Lucy, D, Poorkavoos, M and Wellbelove, J (2014) *The Management Agenda*, Roffey Park, Horsham.

**42**　KPMG (2014) [accessed 30 August 2014] Business Instincts survey, *KPMG* [Online] http://www.kpmg.co.uk/email/06Jun14/OM016469A/PageTurner/index.html.

**43**　Towers Watson (2012) [accessed 30 August 2014] Global Talent Management and Rewards Survey [Online] http://www.towerswatson.com/en/Press/2012/09/companies-worldwide-struggle-to-attract-and-retain-critical-skill-and-high-potential-employees-tower.

# The Agile Organization

## 第 3 章

# 弹性敏捷组织

在第 1 章和第 2 章中，我们讨论了驱动敏捷性和弹性需求的一些因素，并考虑了组织中一些具有代表性的重大障碍的关键特征。我们可以看到，敏捷最直接的应用是软件开发，而敏捷企业的概念是一个更宽泛的概念，但这个概念尚不完善。

我认为敏捷性（对速度和适应性的追寻）必须伴随着组织、团队及个人层面的复原力或"反弹性"。缺少任何一个都是不可持续的。毕竟，许多组织虽然也在使用精益工具和敏捷方法，但没能改变整个系统，所以在文化上没有发生可持续变革所需的重大转变，一切就像以前一样。

本章的目标是从一个整体性、系统性的视角来看敏捷性和弹性。我们要探讨以下内容：

- 敏捷企业必备的素质和能力。
- 弹性敏捷模型。

这个模型着眼于全面的组织敏捷性和弹性。这也为后续章节奠定了基调，因为在后面的章节中，我们将更详细地探讨支撑这个模型的关键能力和模式的开发所涉及的内容，以及如何在实践中应用这些能力和模式。

敏捷能力是一系列复杂的能力的组合。它不只是一个系统，更是一系列的结构、系统、流程和行为，以及这些要素如何相互配合，从而构成敏捷能力。要使组织变得灵活敏捷，需要的不仅是简单的组织有形层面的转变，如结构上的转变，而且需要组织无形层面的改变：

- 人们的思维和技能。
- 文化。
- 理念。
- 能力。
- 模式和习惯。

综合起来，这些将增强一个组织潜在的敏捷性和弹性。

## 敏捷企业的素质和能力

在文化 DNA 中嵌入了敏捷性和弹性的少数企业随着时间的检验证明了它们的成功，例如戈尔公司（WL Gore and Associates）或约翰·路易斯公司。它们被认为是在高度竞争的环境中取得成功的最佳企业。这些组织具有强烈的包含员工和组织利益的共同伦理。正如这些例子表明的那样，弹性敏捷不只是你做什么，还包括你是什么样的或你要成为什么，又或者是一种要成为的状态、系统的工作方式，而这会影响你的能力，以及你所做的事情。因此，虽然敏捷工具和流程很有用，但敏捷性和弹性的真正作用体现在组织人员和组织文化中。

敏捷企业的特点包括快速决策和执行、高绩效文化、管理实践和资源配置的灵活性，以及支持协作的组织结构。更进一步地说，它们是：

- 着重为客户提供价值——愿意投入大量的精力来满足客户需求，然后把这些事情放在第一位。
- 保持适应能力，有能力通过改变工作方式来为客户提供最佳价值，且能随时做到这一点，即在行为上具有弹性。
- 动态联网——处于组织能够快速有效地收集知识和利用专业知识的众多互动网络的中心，即具有环境适应能力。
- 密切关注新知识并通过知识创造价值，即在创新上具有很强的认知弹性。
- 果断决策——必须准备好处置组织中不再增值的部分。

为了更深入地分析这些想法，让我们探讨一下组织弹性的一些不同的层次——环境、认知和行为层面，以及它们在不同情况下是如何发挥作用的。

### "触底反弹"的能力

组织作为一个开放的系统，必然是植根于更广泛的社会、工业和政治体系中的，这些系统会影响创新的速度和传播。通过动态网络，组织可以快速收集知识和使用专业知识，以应对不利条件，并从不幸、灾难或动荡的扰动中恢复过来，否则这些灾难和不幸将会摧毁它们。在无法阻止危机发生的时候，弹性组织得益于其学习和适应能力的提高，可以从已经发生的危机中恢复过来，并将危机转化为战略机会的来源。[1]因此，公司可以经受住任何可能出现的情况，如果需要，在下次的恢复和更新中也能做到有计可施。

在危机情况下，强有力的危机领导能力和有效迅速的决策是至关重要的。在 2005 年卡特里娜（Katrina）飓风发生之后，美国汉考克银行（Hancock）的领导人根据银行的地位和目的做出了一些勇敢的决定。汉考克银行在飓风发生三天后重新营业，并先于其他银行使用白条——这是应对特殊情况的一个意想不到却非常有效的解决办法。因此，有效处理危机隐含着勇气，以及在对组织目标不利的情况下快速评估战略、做出艰难的决定并加快工作计划进程的能力。风险厌恶型领导者面临的挑战是，如何识别出什么时候他们才有足够的数据去深入了解可行的前进方向，有信心做出决策并采取行动。

弹性不仅仅是解决危机。真正有弹性的组织具有远见和态势感知能力，以预防潜在危机的发生。它们具备认知弹性，即警惕环境突变的能力，克服不熟悉的情景并就如何应对制订计划。

## 学习是适应性和创新的关键

苹果、谷歌、3M 和亚马逊等高适应性公司是"支持变革的"；它们可以比同类企业更快、更好、更经济地进行调整和学习，这也给它们带来了"适应性优势"。[2]佩蒂格鲁（Pettigrew）及其同事使用"环境接受度"一词来形容某个特定团体或组织自然地接受变化和新思想的程度。[3]接受度高的组织被视为是足够"成熟"适合变革的组织；它们能快速地采用创新概念来应对它们所遇到的挑战。它们高度关注通过知识创造价值。对环境变化敏感的一线工人，在生产协作工程中，想法能得到进一步实施，并且看得到的结果不再仅是各部分的总和。变革成为组织生活中理所当然且不可或缺的一部分，因此，即使是在变革的时候，组织也可以在一系列任务变化的情况和条件下保持有效性。相反，接受度较低的组织虽然也可能遇到相同的挑战并了解相同的创新，但它们却缺乏实施这些想法的意愿或能力。

想要建设一个易于接受的环境，亚伯拉罕森（Abrahamson）建议"分步实施"——通过更局部的小规模的变革来推动重大变革工作，使企业的关键部分可以在增值的情况下自由发起变革。⁴这不是一种纯粹的敏捷方法，而是变革技巧的混合产物，尽管它在混乱出现之前就剥离了程序和层级结构。其目标是授权给有战略意义的基层部门来推行变革，同时充分利用更适合基层变革的标准化和精益方法的优势。

### 学习氛围

认知弹性的蓬勃发展要求有一种鼓励从成功和失败中进行可控试验、共享学习的学习氛围。与"学习型组织"理论一样，弹性敏捷的组织认为，任何时候，在系统的任何部分，任何人都可以产生创意和信息。这些组织有更高的员工意识和员工参与度，也更倾向于给所有员工提供自我发展的机会。这些组织向外看，乐于参与企业间的学习，乐于向包括竞争对手在内的其他人学习。它们也会向内看，鼓励内部交流，各个部门都将其他部门视为自己的客户。它们拥有支持试验和促使将很好的创意转化为新的产品和服务的赋能型结构、流程和模式。例如，将 IT 应用于知识分享和相互了解，用物质奖励的办法激励员工加强学习。

总的来说，最为敏捷的组织往往是那些一开始就创新为具有强大动力的初创企业。看一下计算机和软件行业先行者（如惠普和微软）的成功案例。在创业初期，创始人和员工拥有共同的目标、高超的技能，进行了卓有成效的知识共享实践。作为市场的塑造者和领导者，这些先行者为整个行业的跟随者开辟了前进的道路。通常，只有当它们成长为大公司时，才将流程正式化，成为市场主导者，它们也可能因此忽视了竞争而无法跟上客户期望的变化或竞争对手的创新。微软最初对苹果平板电脑的发展不予重视的案例，就是一个对人们很容易错过或忽略紧急信号的及时提醒。因此，尽管敏捷性可能一开始就是组织 DNA 的一部分，但重要的是，要注意避免使组织失去学习的氛围，不学习即是僵化的先兆。

## 灵活性

与适应性相关联的是灵活性——一种运用多种方式来获得成功，周密地制订一系列资源和能力备选方案，以及在它们之间无缝切换的能力。[5] 这包括开发协调，重组和动员人员和资源的技能，以及坚决采取行动消除变革障碍，和与他人合作的能力。为了变得灵活和反应灵敏，相应地，组织需要灵活的角色、责任和结构。特别是需要具有灵活思维和技能的人员，他们愿意并且能够适应现在组织内外部环境对他们的要求。

敏捷性和弹性在很大程度上取决于人们是否愿意为公司施展（调动）他们思想上的敏捷性、技能组合、资源，以及付出自发性的努力。因此，敏捷公司需要在信任和互惠基础之上与员工建立强有力的雇用关系。正如第 2 章所讨论的那样，今天的"白领"阶层的雇用关系往往基于一元假设，即假设"对企业有利的事情对员工也是有好处的"。例如，采取灵活的工作安排，应该给予员工选择工作地点和时间的权利。然而，经济衰退后，某些灵活的工作形式，如"零时"外包，这种灵活性只会给雇主带来好处，所以在雇用关系中处于弱势地位的工人可能会发现，对企业有利的事情对他们来说并不是那么有利。如果雇用关系中的信任度降低，并且员工与组织脱离了关系，那么员工就不太可能愿意"付出额外的努力"来让组织受益。组织真正需要的是互惠的雇用关系，使组织和员工都可以从中获得敏捷性的回报。

## 模式：标准化和创新

大多数公司的传统观念认为，效率来自使非常规程序常规化的过程，所以员工可以在具有挑战性的环境下发展出有助于推动其行为，并充分运用他们的资源的好习惯。通过实践，他们形成了行为弹性——一种能够使他们有效应对具有挑战性的情境的模式。例如，英国飞行表演队红箭队每天都在训练复杂的空中机动作战，直到他们几乎能本能地应对任何威胁，如意外的恶劣天气。

然而，组织惯例一旦形成，它们会使组织墨守成规。如果想在变革的背景下获得适应性优势，组织就要愿意时常审查自身，有时还要抛弃传统等级体系的规则，并采用新的、更具活力的惯例，在当今这个治理及监管严格和风险规避的环境下，这是一个特别的挑战。

可以主动改变惯例来提高敏捷性吗？答案是肯定的。在动态稳定的环境中（即稳定性和变化非常相似的环境[6]），惯例可以促进公司动态能力的形成[7]。也可以有意识地将它们应用于改进：

- 组织适应性[8]。
- 演变[9]。
- 学习[10]。
- 灵活性[11]。
- 即兴创作和创新[12]。

　　一个有凝聚力的企业理念（真正的核心价值观有助于形成认知弹性）是形成日常行为的基础，日常行为能将预期策略转化为促进有益行为的有用的新习惯。因此，如果组织价值观导致了研究而非假设的习惯，或者导致了合作而非对抗的惯例，抑或导致了灵活而非僵化的传统，则员工更有可能以开放系统并灵活应对的方式，凭直觉行事。

　　标准化的程序会引导思想扩散，例如创新性地解决问题的实践行为，可以提高创造性水平或"变得足智多谋"[13]，库图（Coutu）称之为"仪式化的创造力"[14]。因此，如果人们习惯于不断关注市场，并且有办法快速将有效的想法转化为新的产品和商机，那么他们就能够更好地利用资源和机会来推动公司向前发展。这可以带来时间上的优势，使公司能够抓住快速反应的机会，以更少的投入做更多的事，并充分利用公司的所有资产。

　　柯林斯（Collins）和汉森（Hansen）认为 iPod 的发展与其说是一个人聪明的想法付诸实施的结果，不如说是基于经验验证的多次迭代的过程。[15]然而，矛盾的是，一个支持创新的体系必须允许在没有证据的情况下提出想法，但也要坚决要求提供评估有效性的证据[16]。因此，创新过程受到了严格的限定："很少有人能够完成的重大任务是将创造力与无情的纪律相结合，从而放大创造力而不是摧毁它。当你将创新与卓越经营结合在一起时，创造力的价值就会倍增。"[17]

　　领导者需要更加清楚地知道何时需要"牢牢地"控制创新过程，何时可以"松散"一些以便人们可以行使自主权。[18]某些相互关联较松散的举措可以分开进行试验，通过在不同部门或地理区域同时推行新的创意或流程，从根本上分散变革的风险。然而，这也确实意味着员工必须被授权去挑战和尝试新事物，并且他们应该清楚地了解他们组织的宗旨和目标。

有效组织中心特别确定了四种模式，将可持续敏捷的高绩效组织与它们所谓的"模仿者"区分开来。这些敏捷公司具备以动态的方式制定战略的能力，能准确地感知外部环境的变化，测试可能的反应，并在整个产品、技术、操作、结构、系统和能力方面实施渐进式和不连续变革。除了这些，本书还提出一些新的关于人们如何一起工作的关键模式，比如团队合作和授权。

显然，人们对于新模式是感兴趣的。例如，IBM 的一项研究发现，管理人员越来越多地在组织外部寻找新的想法，而不是简单地依靠内部规则。[19] 这种面向"开放性"创新变革的深层根源可追溯到 20 世纪 80 年代和 90 年代，当时许多全球制药公司开始从外部寻求产品创新。今天，在 IBM 的研究中，几乎一半的首席执行官期望他们的组织从外部获得创新，并且积极参与到开放式创新网络之中，7/10 的杰出企业的首席执行官现在打算再多寻找一些合作伙伴以谋求创新。

重要的是，是一整套系统模式，而非其中的一个或两个模式，创造了敏捷性。是质量、能力和模式的组合，构成了弹性敏捷模型。

## 弹性敏捷组织模型

如图 3-1 所示的模型概述了组织敏捷性和弹性的关键活动，我们将在后面章节中对此进行更详细的探讨。它概述了一些建立敏捷性和弹性所需的投入——能力、资源和促进因素、活动或干预。它还详细介绍了一些产出和效果——更广泛的可以被衡量的结果，比如速度和创新，或者某些短期、中期和长期的结果，又如可持续财务业绩、积极的组织声誉、健康的雇用关系等。模型的核心是渗透所有象限的人和文化。

### 敏捷战略制定

传统的战略理论假定未来是可以预测的，但在面临速度和复杂性挑战的背景下，未来并不具备可预测性。相反，组织需要发展战略敏捷性，多茨（Doz）和科索恩（Kosonen）将战略敏捷性定义为：

是战略目标的一部分，是一种在复杂和快速变化的环境中不断纠正和调整核心业务领域战略方向，改善自身生存条件，通过产品创新、服务创新、商业模式创新和创新路径创新创造价值的能力。[20]

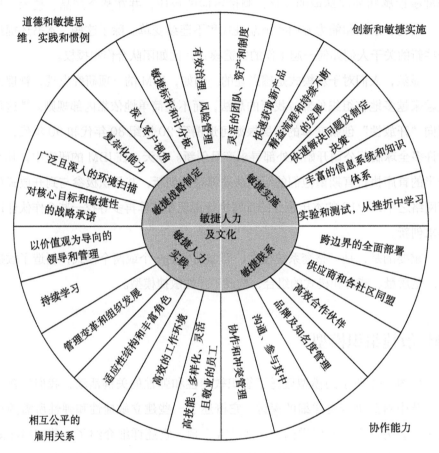

图 3-1　组织敏捷性和弹性的各部分内容

资料来源：© Linda Holbeche。

多茨和科索恩所说的"战略敏感性"使企业能够准确感知外部环境的变化。战略敏感性概括了领导者敏锐的洞察力，以及强烈的意识和注意力。具有较强的认知弹性的领导者拥有高质量的"智能"战略思维和将数据转化为可用的知识的对话能力，并能够快速大胆地制定和实施决策。他们对客户和利益相关者表现出极强的同理心，并理解他们。

## 战略制定的转变

战略通常由高层制定并由其他人实施。传统的战略管理循环——计划、执行、检查和调整，运行的效果往往不理想，并且不足为奇的是，战略意图（计划）和实施（执行）之间常常脱节。相比之下，敏捷性战略并不局限于组织的顶层。就像生命系统会通过经验进行学习一样，弹性敏捷组织对于战略采用的是一种学习的方法，在各个层次鼓励员工参与其中，战略制定是一个持续的过程，而不是一次性地制订并通过年度业务计划，然后继续"一切照旧"。

因此，战略制定是使更广泛的群体参与到战略性思考和行动中。每个人都需要具备外部意识和"悟性"——能够感知环境的变化，能应对模棱两可的情况，采取挽救措施以避免问题的发生或抓住潜在的机会，愿意发表意见并能得到授权根据自己掌握的情况采取行动。参考"我应该得到我参与创造的东西"这句格言，挖掘员工和其他利益相关者的集体智慧是明智的，包括收集他们的反馈和了解顾客与不断变化的市场，对需要改变的东西提出想法，探索"如何"适应，而不是"什么"是战略。通过参与对环境的整体关注，人们可以看到做出改变的需要，并且通常更愿意在做出所需的改变时发挥作用。因此，与传统的战略制定方法不同，战略敏捷性成为一种共享型的嵌入式能力，并且至少在某种程度上它能更容易缩小传统战略制定方法的实施差距。

越来越多的证据表明，由于信息技术和社交媒体的影响，员工尤其是 Y 一代人越来越期望参与到战略发展过程中。[21] 这些期望很可能导致商业模式创新的民主化，在这种创新中，更多分散想法的衍生和组织内部的把控可以通过更灵活但也常常是以破坏性的方式集成价值链的要素。最高领导层的任务是建立一个能充分利用员工集体智慧的包容性的领导者社区。随着观念的发展，领导者必须能提出建设性意义的思路。

这并不是说敏捷组织缺乏战略规划。相反，它们更专注于规划开发最能体现战略差异的核心能力。这种专注是在提供客户价值，是不断开发新的能力作为竞争优势的来源，是准备投入大量精力来建立客户真正需要的东西并将这些东西放在第一位（见表 3-1）。正如彼得斯（Peters）和沃特曼（Waterman）

观察到的"杰出公司"与客户之间的互动方式，[22] 敏捷组织最引人注目和一贯的特征就是它们对质量和服务的执着。这些"杰出"的公司既不是被技术驱动，也不是想成为低成本生产商，而是因为受到客户的驱动。与一些公司常见的短期销售导向的方法不同，它们通过服务、质量和可靠性策略来提高客户忠诚度、长期收入和增长。通过专注于自己的核心能力并在新兴趋势的背景下有意识地开发深层次的客户洞察力，敏捷组织能够根据市场变化调整计划，根据业务增长需要制订合适的计划。

表 3-1　敏捷的转换过程（1）

| 传统组织的战略制定 | 敏捷组织的战略制定 |
| --- | --- |
| 年度调整 | 即时调整 |
| 关注利润率 | 关注客户 |
| 在边缘业务上创新 | 在核心业务上创新 |
| 仅高层参与 | 自上而下 / 自下而上全员参与 |
| 旨在通过控制来提高生产效率 | 旨在通过协同提高生产效率 |
| 战略制定和执行脱节 | 战略制定和执行无缝衔接 |

　　我们将在第 4 章探讨战略敏捷性所需的思维模式和技能组合转换。

　　但是如何才能避免混乱呢？领导者还必须设计特定的结构（也称为系统约束）来平衡随机性和无序性。首先，高层领导需要为组织建立一个强有力的身份印记，这样，清晰的组织目标或愿景就可以充当战略指南针。因此，可以通过设置明确的优先级，帮助人们专注于重要的事情，从而实现可管理的工作荷载。在奖励方面，认可在提高员工绩效和敬业度方面起着关键作用。[23] 除了共同目标外，这些结构还包括共享的运营平台和激励系统。[24] 领导人必须确保人们能够获取到高质量和及时的数据，并支持培育有利于学习和实验的文化。道德和声誉成为制约投资和其他决策的制度约束。风险管理成为创新的有力推动力，而不是需要克服的官僚障碍。敏捷方法不仅可以应用到项目中，还可以确保战略的实施能够跟上需求的变化（见表 3-2）。

　　因此，高绩效的良性循环随之产生——人们将"视线"投向战略，员工因战略联合在一起，高绩效循环得以执行，员工愿意更积极主动地付出，能够获得反馈和鼓励，并献计献策，推动组织向前发展。

**表 3-2  敏捷的转换过程（2）**

| 传统战略制定 | 弹性敏捷战略制定 |
|---|---|
| 基于对未来的预测 | 基于广泛深入的调研分析和其他一些集体智慧 |
| 追求竞争性优势 | 追求多样的瞬态优势 |
| 对股东承诺 | 对利益相关者承诺 |
| 短期 | 短期和长期 |
| 风险管理限制了创新 | 风险管理与创新并存 |
| 董事会审查流于形式 | 董事会审查基于真正的理解 |
| 有时会为商业利益而牺牲伦理 | 伦理始终是决策的推动力 |

## 统一的高管团队

最高领导层的角色、能力和优先事项是组织环境是否有利于变革的关键影响因素之一。为了使组织在混乱的边缘保持最佳运作状态，高管团队必须团结一致，并且能够在不卷入政治权力斗争的情况下迅速做出大胆的决策。因此，战略敏捷性要求高管团队致力于敏捷性，恪尽职守并保持协作。正如我们已经讨论过的，这很难实现，因为许多高管团队都在努力处理眼下复杂和矛盾的现状，而董事会也可能高度厌恶风险，并且不愿意接受敏捷策略所需的尝试程度。许多高管团队缺乏数字化意识，难以推动业务数字化转型进而提高灵活性——无论是通过人工智能、区块链，还是自动化。然而，如果高层没有对敏捷的承诺，现状将保持不变，敏捷方法也只是一个次优选项。正如 2013 年的 IBM 报告所指出的那样，[25] 领导者因此需要勇于冒险，敢于开放，接受颠覆并建立共同价值。

## 敏捷实施

在敏捷组织中，战略规划和实施之间很少或者根本没有出现脱节（正如上面所讨论的，以及我们将在第 4 章和第 5 章中进一步探讨的那样）。这主要是因为各个层级的员工都知道组织的目标和挑战是什么，以及他们在确保组织获得成功的过程中扮演的角色。敏捷实施有两个关键要素：

- 以最有效的方式传达战略意图的敏捷运营（在第 5 章中讨论）。

- 变革的过程是执行战略意图时不可避免的一个方面（在第 11 章中探讨）。

在敏捷运营方面，重点是速度、效率和灵活性，以及质量和创新，客户是所有活动的焦点。组织资产和系统是围绕着提高灵活性、效率和速度来设计的，以保证资源的流动性，[26] 或重新配置业务系统并快速重新部署资源的内部能力。持续改进、精益工具和敏捷项目管理方法被应用于整个业务，并成为组织文化的一部分，从而实现持续反馈，针对不断变化的客户需求反复进行调整，并快速有效地进行交付。

## 敏捷创新

在敏捷组织中，"常规业务"总是会随时转变成"新业务"。这是因为敏捷组织是通过实验和测试不断突破知识和技能界限的学习型组织。不像其他组织那样在出现错误时只会刻板地责备进行的文化，敏捷组织的文化是一种主动从挫折和成功中学习的文化。丰富的信息系统和知识流程使人们能够获取到他们工作所需的信息，并分享提升客户价值的想法。努力变革的目标是创造有意义的信息流，并让合适的人去分析和解释它们（见表 3-3）。

表 3-3　敏捷创新

| 起点 | 目标 |
| --- | --- |
| 少数人的创新 | 鼓励创新的组织文化 |
| 个人的聪明才智 | 个人和集体创意的开发 |
| 厌恶风险 | 拥抱风险 |
| 无计划的战略实施 | 严格的战略实施 |
| 组织受益 | 组织和员工互惠互利 |

高绩效的工作实践对于创新、员工敬业度和员工高水平地行使有限的自主权是有利的。在非等级团队（包括小规模企业）中工作的人员也可以在短期内实现少量明确界定的目标。员工在日常工作中得到授权，他们有机会在产品、服务和流程等环节发起并领导改进和创新。自主安排的团队工作，内部组织部门和合作组织之间相互渗透的边界，包容性的改进和创新团队，公司管理层和工会的合作伙伴关系，开放和透明度以及分布式领导等一系列出现在工作场所的最新实践，推动了问题的快速解决和在适当的层面进行决策。

## 文化与绩效之间的联系

关于文化概念的主要争论之一集中在其与企业绩效的潜在联系上。巴尼（JB Barney）在他的资源基础观中将持续卓越的财务绩效与重要、稀缺且无法完全模仿的文化联系在一起。[27] 科特（Kotter）和赫斯科特（Heskett）观察到，良好的绩效不仅与文化的"优势"有关，还与其"适应性"有关。[28] 这几位作者还提出了"一致性"[29] 这一概念，或者说组织所处的环境和它的竞争策略是"相适的"。[30]

在支持高绩效工作和敏捷的组织文化中，管理人员和领导者通常会优先考虑员工的参与。在德勤全面绩效指数榜上位居前 1/4 分位的高绩效组织具有包容性和多元化的特点；[31] 它们提供了灵活、人性化的工作环境，开放式办公室和移动空间。[32] 与位居后 1/4 分位的组织每年一度的目标审查不同，高绩效组织每个月都要审查目标。因此，人们可以快速学习，并且能够及时停止明显不奏效的工作，去做一些有用的事情。责任感和可见性来源于每天的"争球"会议、反复测试和调整产品、以及事后检查和改进（见第 5 章）等敏捷实践。反馈是持续给予的，而员工也为自己和他人设下了高标准。

在奈飞（Netflix），首席执行官里德·哈斯廷斯（Reed Hastings）根据他的座右铭"我们追求卓越"创造了一种企业文化，这种企业文化似乎吸引并留住了忠诚、敬业和高绩效的员工。就像谷歌一样，这家公司在招聘方面非常有选择性，以确保新员工能融入公司文化。在奈飞，员工有工作动力，因为他们受到了最大限度的尊重，公司付以高薪并赋予更多的责任和自由，使员工成为团队中有价值的贡献者。奈飞管理层为员工设定实现成果的期望，并相信他们能在工作所要求的时间内完成目标。管理者努力创造一个员工可以与优秀同事合作、每个人都值得尊敬和学习的环境，这是非常关键的一项员工福利。

当所有这些实践在一个相互强化的实践体系内结合在一起时，高绩效就会变得可持续，这对组织及其利益相关者的利益而言是非常重要的。

## 敏捷联系

颠覆性创新正在催生新的、更加灵活和更具互动性的组织形式、文化、工作安排和工作场所。敏捷组织结构比传统的"筒仓式"的纵向结构更不"固定"、更水平化，在职能、事业单元和部门之间存在可以相互渗透的边界，从而使合作模式和战略协作得以建立。将强大、稳健的运营，以及流程改进和团队合作作为准则全面嵌入各个层级，同时将决策权明确和下放，是将工作组织起来的一种典型做法，可以确保效率、效果和协作。这种结构要求个人具有强烈的自我管理、责任感和不断学习，以及开发和应用新技能的意愿。管理风格、沟通过程、就业和发展机会以及激励结构都反映了这一点。相关参与者之间的关系对于有效的协作至关重要。

敏捷结构具有更多可以相互渗透的外部边界。事实上，正如我们将在第 6 章中讨论的那样，与合作伙伴（通常包括竞争对手和外包商）合作的趋势正在变得越来越普遍，并且随着市场竞争日益激烈，这种趋势可能会加速。组织通过灵活的供应链、开源、协作网络和战略联盟进行外部动态连接。因此，组织的弹性也取决于合作伙伴的经营状况，以及所服务的社区，还有员工个人的弹性。

在知识密集型行业中，网络型组织正在崛起，[33] 特别是在成熟的行业，例如制药行业的公司就同时面临着开辟新市场和研发新产品的双重挑战。合作伙伴之间的关系也可以作为紧急环境变化的传感器。因此，组织可以开始着手利用所面临的机遇，整合资源和部署新的工作安排，以建立新的市场。

为了使组织内部及组织间能够有效开展工作并且不损害品牌形象，敏捷组织需要协作能力，以及在角色和支持结构上的创新。它还要求个人和集体层面健康的员工关系——包括工会和雇主组织之间的关系。员工沟通在帮助建立灵活的领导文化方面可以发挥关键作用，在这种文化中，员工在各个层面都了解并参与了组织的日常运营，尽责并愿意承担责任。

组织之间的协作联系可以使人们越过组织边界自由流动，寻找更好的就业机会。雇主通常认为这样的人才流动性不是好事情，但这种人才流动有其潜在的积极性。例如，在美国的常春藤联盟大学，即将离任的员工不是被视为学校的"失败"，而是被视为校友和未来的客户，因而是宝贵的资产。[34] 离职的员工可以预期有一个非常成功的职业生涯，因为他们与以前的同事建立了长期的合作关系。许多其他不同类型的组织在反思自己的人才管理和职业发展的方法时，可以说，都能从这种高等教育的实践中学到一些东西。

为了应对社会和其他方面的挑战，敏捷组织还需要更广泛的合作。在一个组织的生态系统中，包括供应商和不同的客户群体，乃至整个社会，对组织灵活反应的要求日益增加，以共同识别出市场、合作网络和社会中发生的事情。在这个相互关联、不断变化的环境中，任何组织都不能脱离社区。

特别是在 2008 年经济衰退期间及之后，企业本身的性质、角色和道德伦理都受到质疑。因此，任何企业都不希望被视为仅在企业社会责任的概念上做出口头承诺的组织。事实上，企业的声誉已经成为一项至关重要的商业资产，如果一家企业被视为环境污染者，或者是弱势群体的剥削者，那么该企业的声誉就会受到不可挽回的损害。而且，正如许多备受瞩目的案例所表明的，企业的声誉也可能像它们自己的做法那样，因为其供应商开展业务的方式而受到威胁。甚至早期的法律实践，比如"聪明"地使用避税计划，将其应在运营主体所在国缴纳的公司所得税降到最低的做法，损害了许多全球性公司的声誉，如星巴克和其他一些不同市场内的公司。

## 敏捷人力实践

如果一个组织想要在其文化 DNA 中拥有适应能力或"变革能力"，就需要同时具备敏捷性和弹性。[35] 这不仅仅意味着获得了变革能力而需要去改变领导能力，同时员工的态度、行为和技能也需要转变和拓展。适应变革的员工是灵活的、有胜任力的、有多项技能的、积极进取的、富有成效的，愿意并能够持续适应变化的。

在敏捷组织中，员工成为中心舞台，他们的激情、理解力、创造力、互动和关系塑造了我们组织的未来。让"正确的"人员以"正确的"方式处理"正确的"事情的重要性正在成为人力资源战略的新重点。因此，为了建立一个多技能的员工队伍，比起雇用技能单一的新人以满足暂时性的需求，领先的公司更愿意通过培训现有员工获得额外的技能来增强员工队伍的实力。它们提供职业和人才流动性，这是一种现代化的学习环境，在这种环境下发展的方式是"拉动"而不是"推动"。因此，人才管理战略是打造具备更强的敏捷性和适应能力、能够应对新的竞争威胁，并利用新机会的工作队伍的关键工具。

员工敬业度正在成为人们关注的重点领域，高绩效与员工敬业度之间的相关性至少具有一定的表面效度。《参与成功》这篇报告重点介绍了许多研究，这些研究表明，当员工充分参与并获得授权时，他们往往更能创新，更愿意分享他们的想法，更关注共同目标，更富有成效和更负责任，也更有可能成为他们雇主品牌的形象大使和推动者，更有可能比参与度较少的雇员获得更长的任期。[36] 因此，通过加深对员工敬业度的理解，组织可以更有效地提高员工敬业度。

## 必需的管理和领导

许多报告指出，在确保企业未来的增长、生产效率和竞争力方面，领导力和管理的重要性与日俱增。英国就业与技能委员会（UKCES）对英国的分析表明，管理技能对于确保高效工作至关重要，推行最佳实践管理可使组织绩效提高23%。[37] 但是，特许管理学会（CMI）和彭纳（Penna）进行的研究发现，43%的英国管理者认为他们的直线经理效率低下。领导和管理学会（ILM）对750家公司进行的一项调查显示，93%的受访者表示，低水平的管理技能对他们的业务有所影响。德勤的一份报告认为，发展各层级领导人的必要性是全世界的组织都面临的头号问题，但只有13%的受访者认为，他们的组织在发展各层级领导人方面做得非常出色。

因此，组织开始重新关注帮助管理人员和领导者，培养建设有利于工作场所创新的高绩效氛围所需的技能和能力。当管理人员支持员工，尤其是在员工比他们的直属经理更专业的情况下，长期收益将会增加。尤其是，网络型的领导需要超越早期的交易和变革领导理论的新方法来促进业务和赋权实践。

由于敏捷本身涉及变化，随着变化的环境被重新定义为"动态稳定"，组织需要变得"适应变革"。为了改变以前所"固守"的种种陋习，敏捷组织学会了设计和实施变革计划——至少在一段时间内是这样。但是，在当今竞争激烈的环境下，为了商业上的成功，员工往往被要求付出高昂的代价，这样的"涅槃"是不容易实现的。因此，如果组织和它们的员工想在不断变化的时代蓬勃发展，就必须力求在组织和个人需求之间取得更好的平衡。我们必须努力创造以信任、互助、成长和赋权为特征的工作环境。那样，每个人都会赢。

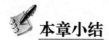 **本章小结**

对企业敏捷性的追求推动着公司管理和领导方式的变化，如果希望变得有弹性，就必须接受模式的改变。当然，变革的规模大小将取决于组织面临的情况以及当前的能力。正如我们所讨论的：

- 构建敏捷组织不仅是运用敏捷工具和方法，它还涉及一套完整的能提高质量和能力，优化模式、资源和关系的系统方法，以产生客户需要的结果。
- 敏捷组织中的领导和工作要求组织在各个层面都具备环境弹性、认知弹性和行为适应能力——这可能需要在思维方式和技能组合上做出重大转变。
- 在决定一个组织的命运时，文化可能比战略更具影响力，因此应该受到相关高管的关注。
- 在当今的市场中，人，技术的使用者，是生产力的源泉——他们必须是也理应被当作组织演进过程中的合作伙伴来对待。
- 敏捷性和弹性可以通过边缘性的"修修补补"来得到加强，但要实现可持续性的发展，就必须把它们建立在共享的目标、价值观和诚信基础上。

正如弹性敏捷理论所表明的那样，一些组织可能会缓缓向敏捷演进，而对其他组织而言，革命是完全必要的。在接下来的章节中，我们将依次研究每个象限，花费更多的时间在敏捷组织的人力和文化方面。在下一章中，我们将研究"敏捷战略制定"这个象限的内容。

## 自查清单

你的组织对敏捷性做过多少承诺呢？

在你的组织中，最受关注同时也是管理重点的问题是以下哪一个？

- 寻找新的收入或资金来源？
- 吸引新客户？
- 开发创新产品？
- 留住现有客户？
- 启用即时响应？
- 避免风险并增强安全性？
- 确保合规性？
- 提升性能？
- 加快反应速度？
- 减少支持成本？
- 有效地跨界协作？
- 增加业务的灵活性？
- 提升人员的灵活性？
- 吸引需要的人才？
- 增进了解和员工参与？
- 让人们更容易做困难的工作？
- 支持移动性的活动、迁移和外包？
- 减轻压力？

这些都是应该被关注的领域吗？可能需要从哪些领域转移注意力？这又应该如何实现呢？

## 注释

**1** Lengnick-Hall, CA and Beck, TE (2005) Adaptive fit versus robust transformation: how organizations respond to environmental change, *Journal of Management*, **31**, pp 738–57.

2  McCann, J, Selsky, J and Lee, J (2004) Building agility, resilience and performance in turbulent times, *People & Strategy*, **32** (3), pp 45–51.

3  Pettigrew, A, Ferlie, E and McKee, L (1992) Shaping strategic change – the case of the NHS in the 1980s, *Public Money & Management*, **12** (3), pp 27–31.

4  Abrahamson, E (1990) Change without pain, *Harvard Business Review*, July.

5  D'Aveni, R (1994) *Hypercompetition: The dynamics of strategic maneuvering*, Free Press, New York.

6  Teece, DG, Pisano, J and Shuen, A (1997) Dynamic capabilities and strategic management, *Strategic Management Journal*, **18**, pp 509–33.

7  Teece, DG and Pisano, J (1994) The dynamic capabilities of firms, *Industrial and Corporate Change*, 3, pp 537–56.

8  Cyert, RM and March, JG (1963) *A Behavioral Theory of the Firm*, Englewood Cliffs, New Jersey.

9  Miner, AS (1991) Organizational evolution and the social ecology of jobs, *American Sociological Review*, **56**, pp 772–85.

10  Feldman, MS (2000) Organizational routines as a source of continuous change, *Organization Science*, **11**, pp 611–29.

11  Adler, PS, Goldoftas, B and Levine, DI (1999) Flexibility versus efficiency? A case study of model change-overs in the Toyota production system, *Organization Science*, 10, pp 43–68.

12  Miner, AS (1990) Structural evolution through idiosyncratic jobs, *Organization Science*, **1**, pp 195–210.

13  Rosenbaum, M and Jaffe, Y (1983) Learned helplessness: the role of individual differences in learned resourcefulness, *British Journal of Social Psychology*, **22**, pp 215–25.

14  Coutu, D (2002) How resiliency works, *Harvard Business Review*, 80 (5), pp 46–55.

15  Collins, J and Hansen, MT (2011) *Great By Choice: Uncertainty, chaos and luck – why some thrive despite them all*, HarperCollins, New York.

16  Plsek, P (2003) [accessed 14 July 2011] Complexity and the Adoption of Innovation in Health Care, conference on Strategies to Speed the Diffusion of Evidence-based Innovations, 27–28 January, Washington DC [Online] http://www.nihcm.org/pdf/Plsek.pdf.

17  Collins, J and Hansen, MT (2011) *Great By Choice: Uncertainty, chaos and luck – why some thrive despite them all*, HarperCollins, New York.

18  Lavie, D (2006) The competitive advantage of interconnected firms: an extension of the resource-based view, *Academy of Management Review*, 31, pp 638–58.

19  IBM (2013) Reinventing the Rules of Engagement: CEO Insights from the Global C-suite Study, IBM Institute for Business Value.

20  Doz, Y and Kosonen, M (2007) *Fast Strategy*, Wharton School Publishing, Pennsylvania.

21  This view has been expressed by Booz Allen Hamilton, Boston Consulting

Group and the McKinsey Global Institute.

**22** Peters, T and Waterman, RH Jr (2004) *In Search of Excellence: Lessons from America's best-run companies*, Profile Books, London.

**23** Source: High-Impact Performance Management: Five Best Practices to Make Recognition and Rewards Meaningful, Stacia Sherman Garr/Bersin & Associates, 2012.

**24** Dyer, L and Ericksen, J (2009) Complexity-based agile enterprises: putting self-organizing emergence to work, in *The Sage Handbook of Human Resource Management*, ed A Wilkinson *et al*, Sage, London, pp 436–57.

**25** IBM, *ibid*.

**26** Doz and Kosonen, *ibid*.

**27** Barney, JB (1986) Organizational culture: can it be a source of sustained competitive advantage? *Academy of Management Review*, **11** (3), pp 656–65.

**28** Kotter, JP and Heskett, L (1992) *Corporate Culture and Performance*, Free Press, New York.

**29** Newman, KL and Nollen, SD (1996) Culture and congruence: the fit between management practices and national culture, *Journal of International Business Studies*, **27** (4), pp 735–79.

**30** Goffee, R and Jones, G (2003) *The Character of a Corporation*, Profile Books, London.

**31** Source: High-Impact Performance Management: Using Goals to Focus the 21st Century Workforce, Stacia Sherman Garr/Bersin by Deloitte, 2014.

**32** Source: The Diversity & Inclusion Benchmarking Report, Bersin by Deloitte/Stacia Sherman Garr, March 2014.

**33** Dyer, J and Nobeoka, K (2000) Creating and managing a high-performance knowledge-sharing network: the Toyota case, *Strategic Management Journal*, **21**, pp 345–67.

**34** Source: Kennie, T (2012) Disruptive Innovation and the Higher Education Ecosystem, The Leadership Foundation for Higher Education.

**35** Holbeche, LS (2005) *The High Performance Organization*, Butterworth-Heinemann, Oxford.

**36** MacLeod, D and Clarke, N (2009) [accessed 30 August 2014] Engaging for Success: Enhancing performance through employee engagement, London: BIS [Online] http://www.engageforsuccess.org/wp-content/uploads/2015/08/file52215.pdf.

**37** Shury, J *et al* (2012) UK Commission's Employer Perspectives Survey 2012: UK Results, UKCES Evidence Report 64.

# The Agile Organization

第 4 章

# 敏捷战略制定

在本章，我们讨论"敏捷战略制定"的内容。这个象限指的是高管团队如何确立理想的目标，如何制定广泛共享的战略，如何管理舆情和如何执行承诺。所有决策，包括战略，都应该从这个目的出发。[1]

在战略制定过程中，战略规划的过程不再局限于高层管理者。为了缩小战略与实施之间的差距，每个员工都需要了解组织的目标是什么，并有机会参与塑造未来的过程。同样，每个员工都需要具备有效中心组织所说的感知能力，即能够广泛、深入和持续地监测环境以感知变化的过程，并迅速将感知所得传达给需要对此做出阐释和回应的决策者。[2]

制定战略也是敏捷企业的尝试过程，在这个过程中，组织中的个体不断产生想法（探索），确定如何利用这些想法（探索），灵活地应对环境（适应），反馈并逐渐转向下一个想法（存在）。[3]最高领导层在战略制定和感知方面显然起着关键作用，但其他人也是如此。

本章将探讨：

- 战略挑战的规模——来自基业长青企业的启示。
- 高层领导在战略制定过程中的角色以及所涉及的技能。
- 让其他人参与到制定战略的过程中。

## 挑战的规模

当今社会变化的速度如此之快，随着产品生命周期缩短和成功机会稍纵即逝，许多公司发现它们的竞争优势正在迅速衰退，其商业模式也很快就被淘汰了。如果组织要生存和发展，它们必须转变商业模式和领导方式，正如海费茨和劳里所说的"适应性企业"。[4]

商业模式描述了组织为何以及如何创造、传递和捕捉价值。它反映了主要的业务逻辑，包括业务如何完成，客户是谁，成本在哪里以及如何获取利润。

这个逻辑概述了财务和非财务资源如何流经组织，商业模式的实施需要哪些组织能力。商业模式的创新需要发展新的商业结构和（或）财务模式，这将涉及战略合作伙伴、共享服务或替代性融资工具。[5]

因为商业模式的转型程度会根据组织自身的具体情况而有所不同，所以领导者需要清楚地知道在哪里发现价值，以及组织在新的环境中生存和发展需要进行什么样的变革。劳里和林奇（Lynch）认为，目前成功的企业面临着三种不同的战略情境：商业模式的保留、改进和改变。[6]不同的战略情境决定了企业亟须在哪里进行创新，以及组织设计的大致方法。在前两种情境下，创新集中在过程和产品上。在最后一种情境下，组织需要改变面向市场的整体价值主张。

丽塔·冈瑟·麦格拉思进一步指出，在当今的背景下，企业领导者假设企业拥有可持续竞争优势（SCA）是不切实际的。[7]相反，她建议组织应该重点关注通过不断推出新的战略举措实现一系列短暂优势（TA），创造可以快速建立和放弃的竞争优势组合。因此，追求短暂优势意味着组织必须能够同时运行潜在的多个尝试性商业模式，并且准备好放弃不再增值的部分，而不是保持一个固定的商业模式。尼尔森和隆德发现了五种可以拓展企业商业模式的方式[8]：一是增加新的分销渠道；二是将业务从传统的产能限制中解放出来；三是将资本投资外包给合作伙伴，这些合作伙伴实际上已成为商业模式的参与者；四是让客户和其他合作伙伴在商业模式中扮演多个角色；五是建立竞争对手也可能成为客户的平台模式。

为了实现弹性，组织需要变得灵活——既能够有效地管理组织目前的业务，也可以适应环境的变化，以确保组织明天仍然存在。[9]在某种程度上，组织在当前环境中的需求总是与相对长期的需求有所冲突（例如，现在与未来项目的投资，差异化与低成本生产），所以需要权衡取舍。虽然这些权衡不能完全控制，但最成功的组织会尽力协调矛盾，从而提升长期竞争力。

鉴于这种复杂性，领导者如何制定出足够清晰、避免混乱的战略呢？让我们看一下基业长青的公司的做法，它们可能会提供一些线索。

## 从基业长青的公司中得到的启示

在阿里·德赫斯（Arie de Geus）的一项研究中，他将基业长青的组织定义为有生命力的公司，他明确区分了这些公司与利益公司存在的目的。有生命力的公司尽力发挥它们的潜能并将自己培养成可持续的组织，而利益公司纯粹是为了给一小群人创造财富。[10] 历史悠久的公司有四个共同的基本特征：对周围环境保持敏锐的反应以便学习和适应；凝聚力强，具有强烈的认同感；允许打破常规和进行不落俗套的思考和尝试；为积蓄财力而在财政上采取稳健政策。

类似地，吉姆·柯林斯和杰里·波拉斯（Jerry Porras）对惠普、3M、摩托罗拉、宝洁、迪士尼和沃尔玛等历史悠久并且有远见的公司进行了研究。[11] 他们发现，在富有远见卓识的公司中，很少有极具个人魅力、高瞻远瞩的"报时"型领导者，更多的是"造钟"型领导者。"造钟"型领导者致力于公司的长期繁荣，这种繁荣可以跨越任何一个领导者的任期，可以穿越多轮产品生命周期，长期保持下去。而且在这些公司，管理层往往是本土化的，从而确保连续性。内部人士坚守公司的核心价值观，并且理解透彻，这往往是外部人员做不到的。同时，内部人士也是最能激发变革和进步的推动者。

以上两个研究，都强调了一家公司应该被一种核心思想所领导，这种思想不是赚钱和创造价值这么简单。在面对变化的时候，这种思想提供了强烈的认同感和连续性来壮大企业。有远见的领导者围绕自己的核心思想建立了一种宗教般的文化。例如，沃尔特·迪士尼创造了一套完整的语言来强化公司的核心思想。迪士尼乐园的员工也是演员。无独有偶，强生公司的信条在被创造出来几十年后仍然引导着员工的行为。这两项研究还发现，这些公司除了拥有维护企业的稳定性和凝聚力的核心思想外，还有不断推动变革和创新的驱动力，因此可以做到连续和变化并存。正如吉姆·柯林斯所指出的那样："公司一旦清楚了不应该改变的东西——核心价值观，那么就可以自由地尝试除此之外的任何事情。"[12]

这两项研究中的公司都认识到采用"两者兼具"而不是"只选其一"思维的重要性，同时，它们也没有将潜在的困难和选择看成需要解决的问题。

## 制定战略和复杂性

这种"两者兼具"思维是制定战略的一个关键方面。制定战略本身要与复杂性理论保持一致。这代表了与主流系统思维的背离，在组织的背景下，通常被称为"新思维模式"。这里最适用的比喻是进化而不是建造。在新思维模式中，系统思考被认为是有倾向的（即倾向于向某些方向进化）。因此，事情不会像过去一样，不再是简单的规则或依靠管理的偶然性来确定结果。在新思维模式中，这种方法涉及寻找模式，借鉴直观的方式来管理当下的进化潜力，重点从传统的结果测量转向了影响的评估。

所以，新思维模式是相互关联的，是从整体的视角，寻找根本原因和潜在的解决方案，而不是先定义理想化的未来，然后通过传统的解决问题的方法缩小现实与理想的差距这种单一的方式。在复杂性方面，"两者兼具"意味着：既有秩序也有混沌；既有模棱两可也有悖论。变革既可以是革命性的，也可以是戏剧性的；战略可以是新兴和机会主义的，多样性提供了竞争优势。

## 重新定义"价值"

根据 IBM 的一项研究，[13] 在当前的时代背景下，公司确定价值的方式出现了一个有趣的转变。大多数传统的公司几乎一心一意地专注于为组织的利益"捕捉"价值。相比之下，在 IBM 的研究中最成功的组织则对创新感兴趣，这些创新为最广泛的利益相关者（客户、员工、合作伙伴和股东等）提供了更高的价值。因此，面对更广泛背景下发生的变化，在许多企业中，股东的首要地位开始受到挑战，一种新的"两者兼而有之"的思想也许正要出现。

在敏捷方面，领导者的任务是引导战略规划，创造员工可以积极参与制定战略的背景和流程。在更深入地研究这个问题之前，我们先讨论一下当今时代复杂的领导力挑战对领导者技能和心态的影响。

## 复杂环境下的战略性领导

尽管当今全球环境复杂且不确定，高层管理者仍然被期望提供战略领导力，这种领导力被定义为"有预见性，保持灵活，并赋予他人在必要时创造战略性变革的能力"。[14] 这一转变发生在一些领导者身上，这与商学院讲授的传统感知和反应的方法，如自上而下进行线性预测和计划，是不同的。正如我们前面所讨论的那样，鉴于 21 世纪商业的复杂程度，领导者必须对环境中发生的变化保持敏感，并且更加轻松地处理矛盾和相信自己的直觉。加德纳（Gardner）认为，决定听取、忽略哪些信息，如何组织和传达自身认为重要的信息，正在成为领导者的核心能力。[15]

在普拉哈拉德（Prahalad）和克里希南（Krishnan）所说的"创新的新时代"，要帮助企业取得成功，有效的领导者必须超越公认的、规范的、已知的和流行的东西，转为寻找发展所需具备的必要条件。[16] 他们需要全球视角，了解组织所在的背景，关注关键的变化和不连续性。他们需要以好奇心、勇气、承诺、完美的关注、热情、韧性和奉献精神来做到这一点 [17]——而且还会带着人们一起来做：

优秀的领导者专注于寻找解决企业内部矛盾、缓解紧张气氛的办法，在不受欢迎、令人不适且又必要的决定与赢得人心两者间做平衡。[18]

自满对任何企业来说都是最大的危险之一，领导者的挑战是要保持团队的紧迫感。一个首席执行官有多优秀，很大程度上取决于他在激励团队方面的表现如何，以及能否激发出让人们用不同的方式去做事的热情。根据鲍勃·约翰森（Bob Johansen）的观点，VUCA 时代的领导者通过对复杂性的明确和不确定性的理解来激励员工。[19] 他们通过提出和发展整体的商业愿景和方向，解读当前现实，形成对未来的集体愿景，设定一个每个人都要努力实现的共同目标，并推动行动，抓住新出现的机遇。他们将组织目标转化为可操作的交付成果，并赋予各级员工决策权，确保每个一线人员都知道如何实现目标。[20]

事实上，艾尔兰（Ireland）和希特（Hitt）认为，在 21 世纪对战略领导力更合适的概念解释应该是战略领导者的视角要从成为"伟大的领导者"转为塑造"伟大的团队"。[21] 这使得知识变得更易于分享，从而带来卓越的财务绩效、客户满意度提升、知识基础扩大、与利益相关者的整合沟通、顺畅的流程、人员改进以及分享领导力等在内的一系列结果。

因此，领导者面临着看似矛盾的要求：战略的明确性和一致性，以及运营的敏捷性和弹性。平衡冲突的需求需要使用不同的管理思维、技能和方法，以相对直接的方式提供简单的业务模型。表 4-1 详细列出了一些可以察觉到的需要转换的管理重点。

表 4-1　管理重点转换

| 原有的管理重点 | 新的管理重点 |
| --- | --- |
| 感知、被动反应 | 预判、主动出击、创造（如新的商业模式） |
| 传统业务模式 | 敏捷业务模式 |
| 束之高阁的创新方案 | 系统创新和持续改进 |
| 客户服务 | 客户聚焦 |
| 管理全球供应链 | 管理全球价值创造 |
| 效率 | 效率和有效性 |
| 视员工为资源 | 视员工为合伙人 |
| 吸引和激励 | 授权 |
| 控制日程 | 在矛盾中平衡 |
| 驱动变革 | 建设能力和变革的能力 |
| 单一选项 | 兼而有之 |

## 以清晰的愿景对抗复杂性

敏捷领导者通过清晰的愿景来对抗复杂性，愿景即他们希望自己的组织在 3～5 年内实现的目标。他们通过合作帮助员工理解波动性，他们是能够与各级员工沟通并确保他们能够理解的优秀沟通者。创造性领导力中心的一份报告指出，如今的 VUCA 商业环境要求领导者拥有更加战略化、更复杂和更具适应能力的批判性思维。[22] 这意味着领导者必须接受不知道所有问题答案的现实。为了响应提高透明度的要求，领导者必须承认他们对企业的业绩负有责任。领导者需要有适应能力，乐于改变，并且全方位了解他们的组织，而不仅仅局限于他们的专业领域。他们必须对自己作为领导者的长处和弱点有深刻的自我认识。最重要的是，领导者必须能够快速学习——因为唯一不变的只有变化。这些技能和能力与过去领导者所需要的更加技术化、专业化的技能和能力截然不同。

和所有惯例一样，这些技能和能力随着经验和实践的增加而提高。例如，发散思维能力可以通过头脑风暴、诡辩技巧和对话来磨炼。频繁迭代解决问题的方法可以作为新想法的催化剂，并增加成功的概率，因为有更多的选择可供考虑。当应用于解决问题时，这些技术可以帮助领导者知道哪些应该严格控制，即管理项目的特定参数，包括不可谈判的部分和最终决定；而这个管理过程是松散的，这样员工就能知道他们可以在哪里发挥作用，并能得到最好的效果。

当然，并不是每个领导者都能在矛盾和模棱两可的环境中有效地进行领导。如今，最没有领导力的表现包括：在面对必要的商业风险时表现犹豫，为人傲慢和不敏感，绝对控制的领导风格，以及不愿处理棘手的人事问题。因此，领导者必须认识到自己的优势和局限，以及他们的组织需要什么。当谷歌的创始人谢尔盖·布林（Sergey Brin）和拉里·佩奇（Larry Page）意识到谷歌将取得巨大成功时，他们在 2001 年聘请了硅谷资深老板埃里克·施密特（Eric Schmidt）接替他们担任首席执行官。[23] 他们认识到，仅仅拥有世界级的产品和热情的客户不足以获得可持续的成功。他们意识到，尽管他们在开发产品（搜索引擎）方面非常出色，但他们缺乏帮助谷歌实现更高、更辉煌的成就所需的业务转型能力。

事实证明，谢尔盖·布林和拉里·佩奇是正确的，施密特有能力将谷歌从一家有前途的初创公司变成全球巨头。他能够激励员工，重塑部门和内部流程，以确保谷歌快速增长。换句话说，施密特有一种罕见的、可以影响业务转型、重塑业务，并使公司在成长中保持业绩的技能。可以认为，每个组织和 CEO 都需要这种心态和技能。

## 带领员工进行变革的能力

为了具备 21 世纪要求的大胆而成熟的领导力，领导者必须为变革创造环境，识别并应用新的游戏规则，提供清晰的战略和建立行动能力。同时他们必须对如何实现这一目标保持灵活性。领导者中还需要一个负责人来处理创新和变革本身存在的风险。传统意义上的"控制日程"等想法必须转向"促进可能性"。"推动变革"这样的表述必须转变为"建设变革的能力"。

最重要的是，领导者需要能够带领人们完成变革，并在变革势不可当的情况下创造出融合点。人际关系、诚信和建立信任是这个融合点的核心。正如 CIMA 首席执行官查尔斯·蒂利（Charles Tilley）指出的，"商业价值不是用数字可以衡量的。在商业模式的背景下，关注人际关系以及它如何创造可持续价值，有助于支持更好的综合思维和决策——从而完成更好的治理、更出色的绩效管理和更漂亮的报告——简而言之，更好的业务"[24]。这需要开放的战略规划过程，由于高质量的内部对话提高了战略意识，而领导者的主要挑战是帮助集体进行理解，于是敏捷性和弹性就会融入建立目标的过程中。

对一些长期沉浸在管理层级的领导者来说，这种工作场所的民主化是具有挑战性的。在管理层级中，冠冕堂皇的头衔和汇报层级显示了权力，并鼓励了自我驱动的行为。然而，当员工参与制定战略时，当人们开始理解为什么需要改变，并有机会贡献出他们的想法，分享集体智慧时，战略制定与实施之间惯有的差距就开始缩小了。

## 领导战略决策的过程

有效组织中心的一项研究发现，在敏捷组织中，战略有三个明确的部分：共同目标，友好面对变化的组织文化，用于阐明公司定位的强有力的战略目的。[25]

首先，领导者需要定义他们的业务和业务目的。目的需要回答"这个组织为什么存在？"根据彼得·德鲁克的说法，商业目的唯一有效的定义是通过提供价值来发展顾客，这种价值使顾客产生为之付钱的意愿。因此，"我们的业务是什么？"只能通过观察外部的客户和市场，如客户现状、价值和期望来回答。

### 共同目的感

企业通过强烈的目的感、真实的核心价值观和真诚的愿景来培育积极的、有建设性的组织认同感。共同的意义构建依赖于组织的语言（即组织的词汇和图像）来描述情境和构建意义。[26]敏捷领导者创造了战略的阐述方式，这种阐述方式能够解释变革并帮助员工看到成功是什么样子。他们用这种方式来授权、拥护和歌颂组织中的变革推动者。当领导者使用暗示能力、影响力、才干、一致的核心价值观和清晰的方向感等积极的语言时，他们就为建设性的意义建构奠定了基础。

愿景是战略阐述的关键元素。愿景的目标就是确保每个人都朝着同样的方向前进，以达到相同的结果。吉姆·柯林斯和杰里·波拉斯在他们1994年出版的《基业长青》一书中写道：有远见的公司习惯使用"宏伟、艰难而大胆的目标"（BHAG）来定义更具战略性和情感吸引力的愿景。你可以想象到你的组织实现愿景的情景，但是对你的组织来说，接近并且实现这个愿景不是那么容易。它应该提供一种意义，给员工来上班的理由，激发他们的工作热情，创造团队精神并致力于实现这一目标。例如，美国国家航空航天局（NASA）实现了他们的愿景——"让人类登上月球并平安返回"。

愿景决定组织如何激励和吸引人才，决定它们实现更高目标的空间，决定团队内如何共享信息。通过愿景，员工能更深入地理解自己为组织发展所做的贡献。所以，请关注以下内容：

- 你定义的未来简单明了、引人入胜吗？（组织的未来应该在信仰、行为和结果方面做出生动的阐述）
- 每个人都明白他们将如何为实现愿景做出贡献吗？确保团队的每个成员都知道他们和大局之间的关联。每个人都清楚如果以不利于实现愿景的方式进行生产，将浪费宝贵的时间和资源吗？

## 对话

重要的对话发生在需要变革之时。这意味着领导者根据他们所听到的内容进行信息加工并采取行动。这就要求信息在整个组织中要比以往任何时候都更加自由地流动。麦肯锡发现，有效的组织似乎正在将战略规划转变为一种持续的、特定主题的领导谈话和一年四季定期进行的预算分配会议。[27] 一些组织建立了更广泛的民主进程，通过社交和游戏化的战略规划过程推动全公司的参与。

许多组织会召集高管和刚加入公司的毕业生来讨论业务问题。新人通常精力充沛、富有创意，也可能对公司的价值观抱有强烈的想法。一些首席执行官在不同的办公室举行区域董事会会议，这样他们就可以向员工征集反馈意见并讨论相关问题。组织发展专家可以帮助推动大规模的会议，使用诸如实时战略变革（real-time-strategic-change）和未来探索（future-search）这样的方法，让员工参与到关于组织如何应对环境挑战的讨论中。

当冲突发生时，正如南希·克莱恩（Nancy Kline）建议的那样，重要的是让双方互相倾听，从对方的观点中发现要点，列出意见相同的部分。[28] 例如，在 21 世纪初，英国一家主要报纸出版商认识到，互联网和数字技术的出现将对其印刷业的商业模式产生重大影响，因为消费者希望能够持续且免费地下载内容。该公司希望在这种新的信息提供方式市场上成为领导者。记者最初并不相信，也不愿意接受新的工作方式。帮助记者们看到改变的必要性的关键是，让他们参与到有关公司面临的环境变化和适应性挑战的讨论中。该公司举行了一系列大规模的会议，向记者们提供了有关的背景和商业信息，并对该业务的影响进行了研究。之后，记者们确定了可以使新模式在财务上可行的方法，并积极配合管理新的产品。

一些领导者担心在所有战略相关的事情上展开对话会减缓决策的速度。虽然稳扎稳打的规则通常适用，但是在许多情况下，让员工参与决策是不合适的。遇到这些问题的时候，清晰的里程碑可以帮助员工判断为什么有些讨论需要他们参与，有些不用。

## 坚定的战略意图，专注核心

组织的核心就是战略意图的核心。哈默尔和普拉哈拉德确定了核心竞争力的概念——能够区分一家公司的技能、流程、资源、技术和结构的复杂组合，公司设计与制造、销售与交付特定产品和服务到目标市场中创造自己的优势。[29]

在任何行业，形成竞争优势有三条主要途径：差异化、低成本或结构性优势。[30] 在今天的市场中，战略差异化、目标客户的识别变得比低成本或结构性优势更加重要。如果没有差异化，企业最终可能会陷入被挤压的中间地带。在追求差异化战略的过程中，成功的关键在于真正理解企业独特的核心，然后聚焦资源在核心上面并创造价值。

《财富》世界 500 强企业中，绩效一直不错的公司专注于它们的独特性，并据此建立它们的形象。这是它们投资最多并产生最大回报的地方。相反，那些非核心领域可能是它们的劣势所在。专注核心可以让组织在短时间内改变，建立潜力，并拥有快速重新组合业务的能力。因此，通过关注核心，可以形成能使组织脱颖而出的特点，并且可以在市场上名列前茅。

## 识别即将面临的挑战

为了帮助组织在具有挑战性的和动荡的时代保持领先，首席执行官需要预测接下来会发生什么，并确定他们的组织可能面临的"适应性"挑战。没有可以看到未来的水晶球，领导者如何识别来自未来的挑战？海费茨和劳里用了一个足球教练的比喻，足球教练站在阳台上，从那里可以看到整个球场，密切关注比赛的进展。[31]当领导者试图创建一个更具差异化和经济上可持续的组织时，他们需要"站在阳台上"去感知周围的事物，寻找新的机会，发现适应性的挑战并做出正确的行动。

## 广泛且深入地进行环境扫描

领导者想要站在阳台上，就需要对不断变化的商业环境进行广泛且深入的环境扫描，从各种渠道收集情报，以探究公司及客户面临的全局问题。那么，领导者如何站上阳台呢？海费茨和劳里描述了科林·马歇尔勋爵如何在 20 世纪 80 年代领导亏损的英国航空公司：在调查因客户不满而产生的威胁时，马歇尔和他的团队广泛倾听来自组织内外部的意见。[32]马歇尔和他的团队认为，客户和员工相互缺乏信任是组织面临的关键适应性挑战；他们认识到，在执行团队中，存在着非当竞争，妨碍了和公司其他成员的协作。马歇尔和他的团队为企业树立了一面镜子，他们认识到自己就是组织所面临的适应性挑战，所以他们决定解决这个问题。他们创造了企业的愿景——使英国航空公司成为世界上最受欢迎的航空公司。领导团队为自己的行为制定了新的标准，并开始建立一种新的运作方式，与员工和其他利益相关者建立信任。他们也把自己考虑在内。

领导者应该反思以下问题：

- 我们现在看到的自己的位置在哪里？我们未来要在哪里？我们和其他竞争者有什么区别？
- 我们在投资什么，捍卫什么，创新什么，区别于什么？我们的输入和输出是什么？

- 我们如何实现国际化——多地战略或者多国战略？
- 我们商业战略的核心能够快速应对变化吗？我们能提高效率，降低成本，尽可能消除浪费吗？我们是在跟进还是在塑造市场？（这些不同的目标将带来不同的战略、思维和文化。）

情景规划越来越多地用于帮助企业根据潜在的环境变化发展和完善战略选择。一旦了解了行业结构和公司定位的变化，就可以根据组织的战略意图、能力和风险偏好判断：这些变化重要与否？是机会还是威胁？然后可以采取更详细的战略流程制定与建模。

要将这些实践应用到组织中，领导者需要与员工一起工作，提高员工识别环境的意识，识别并消除对客户和业务成果产生影响的系统性障碍和实际存在的障碍。在敏捷组织中，员工应该参与广泛且深入的扫描。于是，信息以一种未经过滤的方式双向流动。毕竟，不仅仅是首席执行官和执行团队对业务的关键问题有看法，员工也应该知道需要做些什么来改进和发展业务，他们会从不同角度看待这个问题。此外，员工（特别是 Y 一代或千禧一代）越来越希望从工作场所中得到满足，所以公司的目标应该与愿景紧密相连，在计划和任务、反馈和认知方面应该更有灵活性。

组织应该鼓励员工对组织本身、组织的绩效和潜在问题保持敏感。领导者需要倾听和学习。海费茨和劳里认为，领导者不应该保护员工免受外部威胁，相反，应该让他们接触一些不确定性和外部压力。管理者和员工应该通过多种渠道采集来自客户、监管者和其他利益相关者的反馈。当他们在组织中面对挑战时，员工们开始认识到变革的必要性，开始分享变革的内容以及如何变革，这样，他们就对变革做好了准备。

在俄亥俄州立大学的战略规划中，所有的社区成员都参与其中。[33] 这所大学的目标是，成为世界排名前十的公共综合研究型大学。为了实现这一目标，每个学院和支持单位应通力合作，为确定目标优先级和指导决策制订战略计划。由于所有的战略计划都建立在俄亥俄州立大学的愿景、使命和价值观之上，因此这些计划相互支持。这些计划之间的共融性体现了各个学院和支持单位对"一所大学"的承诺。

## 建设有创造力的参与行为

一般来说，思想领导者仅存在于专门的研发（R&D）团队中，但在敏捷组织中，更多员工富有创造力的贡献被挖掘出来。为了获得暂时的优势，并保持活力和领先地位，组织需要在自上而下和自下而上的过程中融入创新文化。领导者需要在思想领导、研究和创新模式上进行投资，以降低风险。因此，从一开始就把各种因素聚集在一起，包括来自企业周围的专家、传达战略意图、鼓励内部对话等都是很重要的。提出好的想法或概念可以激励员工参与进来——员工可以帮助塑造和完善最初的想法。简单的流程如下所示：

- 让一个团队针对战略重点、问题、挑战或与目标相关的具体改进措施进行头脑风暴。
- 把最重要的想法优先提取出来，暂不做深入分析。
- 每位参与者都来思考提取出来的重要想法能否转化为"可执行"的行为。
- 将最重要的想法转化为 SMART（具体的、可衡量的、可实现的、其他与目标相关的、有明确截止期限的）目标，用于持续跟踪。
- 采用管理团队的方式跟踪进展，集中精力支持与目标相关的行动，并肯定团队的积极进步。[34]

建立员工归属感的关键是要以小组的形式解决任务优先级的问题。

在一些组织中，团队被要求对具备可行性的想法进行细化，并制定实施蓝图，然后组织会提供足够的资源来协助执行。在另外一些情况下，团队需要自己发现新的想法，所以员工本身就成为新思想的主要源泉。例如，欧乐 B 公司希望找到一种方法，为其电动牙刷设计独特的销售创意。传统的方法是在内部进行头脑风暴，但是该公司采取了一个不同寻常的办法，利用 eYeka 平台进行众包。[35] 在短短 22 天内，欧乐 B 公司从 24 个国家的社区成员那里获得了 67 个创新的想法，其中三个获了奖。使用 eYeka 社区，欧乐 B 赢得了先发优势，并且帮助它们预见到了产品开发过程中需要考虑的一些问题，特别是内容、游戏化、家庭互动和社会化的重要性。欧乐 B 采纳了通过众包收集到的创意，开发出了连接互联网的牙刷，收集用户刷牙手法的数据，并在牙刷头部需要更换的时候通知客户。

## 密切关注客户

客户是任何商业模式的核心。没有能够带来利润的客户，任何公司都不能长久生存。加尔布雷思（Galbraith）将以客户为核心描述为——远离组织及其代理人在任何交易中自身的偏见，满足用户的真实需求。[36] 以客户为核心的四个关键原则如下：

- 深入洞察用户体验。
- 专注于建立客户关系，以改善客户体验并提高忠诚度（从而保持忠诚度）。
- 收集、分析和积极使用客户数据。
- 组织敏捷响应来自数据的洞察，并迅速做出改变。

敏捷组织仍然密切关注不断变化的客户需求，以客户为中心提供了创新的基础，有助于创造价值并确保灵活性。

### 由外而内的思考

一个组织对客户的关注程度往往反映其所处生命周期的阶段（初创、成长、成熟、衰落、退出）。在初创阶段，关注的焦点集中在客户身上，然而随着生命周期的发展，组织从外部逐渐走向内部。在成长阶段，组织在处理由资本不足带来的挑战时，往往会陷入解决问题的模式。通常，随着组织的成熟，它们渐渐采取从内向外的思考方式，并失去客户真正想要的东西。

以 1892 年成立的柯达公司为例，它使大众可以使用摄影技术，但未能使它自己的商业模式适应数码摄影的发展，尽管是它发明了这项技术。柯达于 2012 年 1 月申请破产保护。与之形成对比的是，富士胶片公司另辟蹊径，选择反思如何将自己的专业知识应用到新市场上。2007 年 9 月，该公司推出了名为艾诗缇（Astalift）的护肤系列产品，该产品是基于胶片的某些技术研发出来的。[37]

好消息是，2013 年柯达脱离了破产保护，收缩了产品线，并提出一个新的商业计划，专注于包装、图像通信和印刷——如果打算在这个竞争激烈的市场发展的话，公司领导需要引领文化变革，寻找新的方法为顾客提供更快、更简单、更廉价的服务与产品。

　　因此，在制定战略、工作和管理过程时，组织需要由外而内进行思考，根据客户以及最终用户的需求进行工作。正如德鲁克指出的那样，我们必须从客户的真实情况和期望出发，理解客户的想法、恐惧、感受和客户听到的事物。20世纪80年代，科林·马歇尔为英国航空公司制订的复兴计划的关键是建立真正的服务客户的文化，客户是该文化的核心。他发起了一个名为"以人为本"的培训项目，在该项目中，每名员工都被邀请花一天时间学习航空公司的新口号（了解客户眼中真正的服务）并与负责人会面。他提出的一个关键问题是恢复提供服务的问题："客户并不期望所有的事情都能一直正常运行，最大的考验在于，当出现问题时，我们如何解决。"在很短的时间内，英国航空公司实现了卓越的客户体验，并且在很长一段时间内都是世界上最受欢迎的航空公司。

## 以客户为中心的人力资源

　　向敏捷性和以客户为中心的转变为人力资源提供了嵌入战略并增强相关性的机会。以客户为中心的人力资源管理方法，需要从关注内部客户转变为重新定义人力资源与提升价值和客户体验的相关性。以客户为中心始于相信只有外部客户：购买或使用组织的服务或产品的人。在组织内工作的人员是系统的一部分，他们为客户提供卓越的体验。你的同事不是你的客户，除非他们真的购买了你的产品或服务。

　　然而，这种以"外部客户"为中心的思想可能会引发争议，并与"内部客户"文化对立，因为人力资源部门的定位是满足内部客户的需求。可以说，这种仅满足内部客户的模式，加剧了结构上的分歧，创造了一种无益的动力，分散了跨部门协同与提供一致服务的能力，扩大了人力资源与外部客户之间的距离，同时将人力资源纳入到了内部的角色。重要的是，这种外部客户的意识被远离终端客户的"后台"职能部门进一步内化，只有人力资源部门本身可以推动改变这种局面，比如举办有吸引力的沟通活动，举办可以促进外部客户和内部角色之间交流的工作坊，指引人力资源部门一线员工如何充分利用与其他部门接触的机会，以及重新定义角色和流程等（详见第8章）。

虽然技术是推动"人力资源向敏捷性和以客户为中心转变"的关键因素，并且本身可以作为变革的关键因素，但是，变得敏捷需要建立（或获取）新能力，重新设计角色和组织，简化不必要的官僚体制并嵌入新的文化规范，以创建一支充分认识到客户重要性的员工队伍，并让他们感受到自己有能力并且已经得到授权为客户提供支持。这需要改变员工的行为和态度，领导观念，角色描述以及更广的文化领域——人力资源实践的合法性。在以下四个重要领域，人力资源应该处于最前沿：组织和工作设计、员工授权、发展领导能力、绩效管理。虽然转变为"以客户为中心"的过程可能会让人感到笨拙和复杂，特别是在大型传统产品集中的组织中，人力资源部门可以通过更灵活的公司实践来引领变革——在有条件的地方进行试点、测试、学习，实现快速迭代。

人力资源如何变得更加以客户为中心？首先，人力资源需要了解以客户为中心的组织的真正含义，它可以采取的形式以及支撑其实现的条件。其次，人力资源需要与有影响力的领导者（通常是主要预算负责人）和运营／IT同事密切合作，共同分析工作模式，创造机会推行新的工作设计。再次，人力资源必须是能够坚决推行促进全员参与和赋能的人力资源以及组织发展最佳实践专家。最后，人力资源在工作中必须具备边试验边学习的思维模式，也就是从实践中学习，这也是敏捷本身的要求。

## 客户细分

为了更好地理解和满足客户，公司通常会根据需求、消费行为或其他属性进行客户细分。一种商业模式可能对应各种不同的客户群体，企业应该决定服务哪些，忽略哪些。一旦决定，商业模式和客户价值主张就可以围绕对目标客户需求的精准理解而精心设计。

客户价值主张回答了为什么客户会选择某一家公司来满足自己的个性化需求。价值主张由一组为特定的客户群体提供价值的产品和／或服务组成。某些价值主张可能是由经过优化的现有产品组成，而部分价值主张也会由创新的、具有颠覆性的产品组成。

设计、品牌、社会地位、新颖性、性能、可用性和价格只是影响顾客选择的一系列标准中的一部分。企业面临的挑战是确认每个目标客户群体愿意为什么样的价值买单，愿意选择什么样的定价机制——固定的（事先定好的）或动态的（价格随市场而变，如购买机票或者火车票），这些都会对收入造成很大影响。同样，不同的客户关系维护方式（如自助服务、在线社区、专用的个人服务等）也会对客户体验产生非常大的影响，从而影响销售额和客户的获取及保留。

### 共同创造与智能产品

在当今富有创造力的时代，大规模定制和客户共同创造的概念已经变得越来越重要，开放式创新成为热门话题。客户越来越希望供应商能给他们提供选择性更多的和个性化的产品。乐高和宝洁等公司早就意识到，需要让客户参与到以前只由技术专家参与的研发工作中，定制产品和服务；而且，客户设计的产品也可以实现规模经济，这样做可以产生持久的效益。

对共创的追捧反映了社会品位的变化，最终这将改变产生的性质和商业可行性。数字革命，例如数字出版等新兴产业，改变了知识创造和印刷出版的形态。以前的内容是由专业人士制作和编辑的，但今天的内容是通过智能手机直接发向网络的——没有人编辑内容；更确切地说，受众可以对内容进行排名、实时评论。苹果的 iPod 就是一个例子，它迎合了消费者希望共创产品和服务的需求。本质上，它允许消费者通过创建播放列表和丰富收藏夹来实现他们的体验个性化，消费者可以在他们喜欢的时间和地点进行访问。结果表明，新一代消费者认为，主流电视和广播频道的固定日程安排已经过时了。

客户在开发过程中的积极参与，改变了创新的动态过程。这不再是供应链管理的问题。要想变得敏捷，企业现在需要与整个低资本密集型的消费者兼供应商的生态系统捆绑在一起——一个加强版的个体、供应商、合作伙伴和消费者网络。

## 成本管理

任何组织都需要量入为出，专注于最重要的事，并为未来的发展转型。为了优化商业模式，领导者需要通过成本管理，以及盘活非核心资产所占用的资本来降低企业的资本密集度。采用集中化策略，不仅可以界定组织将要投资的领域，还能清楚地表明组织不打算做什么，这样就可以避免资源浪费和精力分散。一种商业模式所涉及的成本主要体现在关键资源、活动和合作关系中。

## 关键资源

关键资源可以是物理意义上的、财务相关的或知识类的（如品牌、客户数据库等），可以是公司拥有的、租赁的或从主要的合作伙伴那里获得的。在知识密集型和创意产业中，人才是至关重要的资源。因此，领导者需要对吸引和动员全球人才的社群架构进行投资。我们将在第 8 章中就此进行讨论，这可能包括：明确的价值观，对技能、培训和发展进行投资，使绩效评估和奖励变得透明，建立协作和整合的能力。

## 关键活动与合作伙伴

关键活动可以创造和提供价值主张，接触市场，维护客户关系并获取营业收入。这些活动根据商业模式类型的不同而有所不同。例如，在一家生产快速消费品的公司，关键活动包括供应链管理、生产，以及解决客户的问题。为了完成这些关键活动，领导者需要确保 IT 架构与目标匹配，需要有灵活的系统、弹性的业务流程，以及有重点的评估与分析。

降低成本可以通过很多方式实现。在许多情况下，一家公司拥有所有资源或独自完成所有活动，没有太大的意义。通过与供应商或其他第三方合作完成非核心活动，例如外包或共享基础设施，可以实现规模经济，降低后台支持成本和管理成本，并通过迅速调整规模提高灵活性。在着手降低成本时，通常组织会充分利用现有的灵活性优势，并且（或者）通过扁平化压缩不必要的日常开支来降低人员成本。有些组织会通过以下方式来提高生产率，例如降低缺勤率，优化工资（包括加班费和增薪幅度），优化一些其他规定（包括工作时间、休假安排、病假工资和裁员政策）。企业的效率可以通过各种方式来提高，例如后台管理系统整合、流程改进、自动化、扁平化、优化技能组合、各种 HR 实践与流程，以及灵活安排员工数量和上班时间。然而，降低复杂性（由于同时进行的活动太多所致）、减少碎片化信息（比如通过多个相互有冲突的数据中心时）、去除冗余和不必要的层级结构，可能可以节约更多成本。

## 关注价值

在成本管理方面，很重要的一点是要弄清楚商业模式的成本结构是成本驱动型还是价值驱动型，因为这将影响投入的性质、范围，以及相应的成本管理模式。专注客户价值就是要创造感动客户的伟大产品，这就需要一种价值导向的思维。通过加快产品质量的提升进度、尽早发布产品，组织可以投入更少，收入更多。所以领导者应该扪心自问：为了更快地创造收入，我们需要哪些能力和什么样的文化？如果目标是成为响应能力一般的企业，那么，沿用现有的组织结构，但又持续不断地整合可能就足够了。然而，要成为能为客户创造更多价值的企业，响应能力就成了关键，可能就需要进行大量投入，或者在文化和结构上做出转变：例如，鼓励合作，消除部门壁垒，建立以团队为基础的组织结构。

## 实现敏捷性的标杆管理

敏捷组织会积极地将其关键流程和能力与其他敏捷组织进行比较（见图4-1）。它们从中学习但不盲目采用其他公司的做法，除非这些做法与公司的需求直接相关。比起直接使用其他公司的做法，他们更愿意从以下方面寻找问题的答案，比如：如何既不增加成本又能为客户提供更好的服务？标杆公司使用的是什么样的程序和方法？我们能从他们身上学到什么？

对标学习可能包括以下方面：

- 制度规范和业务规划。
- 基础管理架构设计和微管理系统。
- 评价和监督。
- 自我学习和知识管理。

有些行业的企业CEO越来越多地对同行公司进行访问，以便相互学习。

回顾已学到的知识有助于看清楚需要改变的地方，并且有助于回答以下问题：如何以对整个组织及利益相关者有利的标准制定绩效指标？

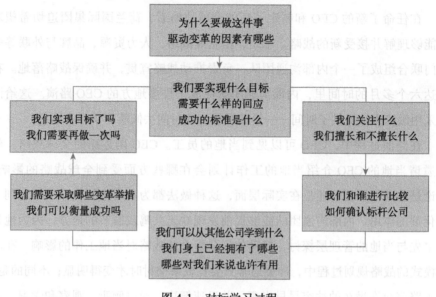

图 4-1 对标学习过程

## 敏捷计分板

2008 年金融危机暴露了渎职导致的系统性风险（如银行业）。在危机发生之后，人们开始重新思考成功的标准。挑战在于，许多标准化的数据收集方法（如员工调查）可能是非常僵化的管理工具，部分原因是这些工具对环境的敏感度低或者不够动态，而且大多过于依赖线性外推，无法容忍不确定性。因此，许多标准和评估方法的应用是以牺牲真正的洞察力为代价的，这种洞察力并没有转化成有意义的行为。

在敏捷和弹性的背景下，需要新的组织和个人指标的结合，这些指标考虑到新一代员工的需求——他们希望工作具有更多的意义和社会价值。与纯粹为了组织绩效管理而设置的指标相比，依据以上原则设计的指标可以使雇员更好地理解和管理个人发展。

## 案例研究：荷兰国际集团——战略证据点 [38]

在任命了新的 CEO 和制定了新的全球战略后，荷兰国际集团迫切希望基层能够理解并接受新的战略。于是，由企业战略、人力资源、品牌与外联等多部门联合组成了一个内部沟通团队，负责推动战略宣贯，并确保战略落地。在长达六个多月的时间里，内部沟通团队促成了许多地方的 CEO 路演。这给团队采用敏捷方法提供了时间——慢即是快，花时间去倾听、学习和适应。

在路演过程中，CEO 可以见到当地的员工。CEO 阐述新的全球战略，然后邀请当地的 CEO 介绍当地的工作计划会在哪些方面受到全球战略的影响。无论是在象征层面，还是在实际层面，这种做法都为员工接纳全球战略起到了催化剂的作用。内部沟通团队能够提前发现缺乏共鸣或脱节的地方，因为他们会事先与当地的管理层探讨，帮助他们分析全球战略对当地工作的影响。在瀑布模式的战略规划过程中，冲突通常只会在成果交付时才变得明显；不同的是，预先路演允许潜在的冲突尽早出现，并迅速解决。通过倾听、观察和学习，内部沟通团队能够在问题转化成危机之前就对这些问题有足够的了解。他们还能迅速将基层有价值的见解带回总部团队，并且适当的时候会在流程中做出反馈。

内部沟通团队没有使用传统的标准来衡量新战略被接纳的程度，而是定期查看证据点——趣闻、故事和其他一些软性的证据。从这些数据中，他们能够提取出更有意义的硬性指标。荷兰国际集团的沟通网络在收集和分析这些证据点方面起着重要作用，有助于实现战略和方法的转变。

## 百闻不如一见

有很多方法可以监测愿景实现的进展。通过云技术捕捉和分析社交媒体等渠道中存在的大量故事就是其中的一种方法。图片总是比数字或文字更吸引人，而且一张根据公司需求设计的平衡计分卡，[39] 可以帮助你清晰地表达愿景，以及从一系列利益相关者的角度来看，敏捷的回报是什么。图 4-2 所示的平衡计分卡表明，除顾客、员工等商业驱动因素外，该组织还将其在当地应承担的社区责任纳入考虑范畴。

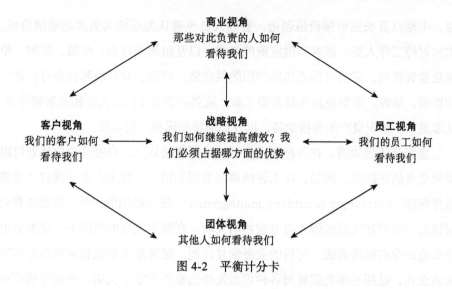

图 4-2 平衡计分卡

一家大部分业务在美国的公司衡量了自己的适应能力。[40]该公司与各种研究人员、顾问合作,按照平衡计分卡的思路,建立了一种监测和评估公司在个人、团队和组织三个层面上的适应能力的方法。该公司称之为"适应能力仪表板"。此外,该公司每年都对行业适应能力进行评估,主要目的是更确切地了解公司如何在各种重大危机中实现可持续发展。

该公司还通过技术手段来监测正在发生的事情,并将所有信息存储到公司的知识库。这是该公司的适应能力仪表板上的驱动因素之一。新的数据挖掘和人工智能应用程序,源自最初用于在海量科学数据中进行模式识别的软件,能够帮助该公司对流经组织的所有信息保持足够的敏感度。这增加了敏捷性,使该公司能够比大多数竞争对手更快地响应趋势。

## 有效治理和风险管理

随着各种企业丑闻不断曝光,以及监管和审查升级,新的风险逐步显现,组织领导者需要负起更多的责任。在一个弹性组织中,领导者需要在冒险和保守之间找到平衡,以确保企业持续创新。[41]

管理人员需要为利益相关者提供越来越多的关于组织战略焦点的深刻、支撑商业模式的价值驱动。他们需要展示战略、治理、绩效和商业前景如何在短期、中期以及长期引领价值创造。管理人员也被认为应该为更多的事情负责，比如对待工作人员、顾客和供应商的方式，以及组织的行为、价值、标准、伦理及监督机构，甚至可能还包括组织的供应链、产品、对环境和社会可持续性的影响，等等。董事会越来越希望了解：重要的资源（例如人才和未来领导者）从哪里来，知识资产的传播途径，以及如何将知识资产资本化。

董事会还想知道，在各种形式的干扰或蓄意破坏下，有哪些应急计划可以确保业务的连续性。例如，在上述的那家美国公司中，技术有助于通过"战略边界管理"（strategic boundary management）建立组织的弹性，这意味着有时该公司试图在需要的地方设立智能防火墙。在发生灾难的情况下，董事会也想知道企业有哪些高级、可行的业务恢复计划。经历重大危机和灾难后存活下来的企业，是那些事先就针对各种可能发生的意外制定了预案，并就危情可能对人员、运营和系统造成的影响进行各种恢复训练和演习的企业。

值得关注的是，董事会可能会非常在意风险，以至于创新的活力可能会被过于详细和官僚的风险管理程序扼杀。为了避免这种情况，对董事会和管理团队来说，在寻找新的想法和机会时，他们需要界定清楚真正想要的创新以及实现目标所涉及的风险。例如，该组织是想在一个具有高度不确定性的新技术类别中成为市场领导者，还是需要创新来帮助组织实现小规模增产，或者两者都想尝试？通过审视自己的目标到底是什么，高管和董事会更容易理解风险和回报的含义，并使组织具备创新能力。因此，领导者需要扪心自问：我们该如何培育一种创造力和纪律有机结合的氛围——一种鼓励合理风险的文化？这一主题将在第12章做进一步探讨，在第13章中，我们还会讨论为了适应复杂的环境，领导者需要具备什么。

## 本章小结

在目前的环境下，没有什么是一成不变的。那些认为需要变革只是一种短期现象的利益相关者，正面临令人不快的意外。敏捷性是通过不断变革来定义的，所以组织需要有变革的欲望，并且有能力以一种有纪律的、结构化的方式进行变革。因此，敏捷领导者的一个关键任务是建立组织短期、中期和长期的行动能力：

- 缩小战略实施的差距需要战略性的方法，通过制定决策为变革造势，让执行团队参与进来，并充分授权。
- 共同目标是理顺思路的关键。
- 在制订共同的竞争计划和设定战略优先级时，重点关注战略核心，以及利益相关者期望在短期和长期实现的目标。
- 好奇和提问至关重要。首要的一点是正确要理解如何与问题共存，以使组织更好地适应内部和外部环境；解决问题则是次要的。

　　所面对的挑战太大，组织太复杂，以至于变革不能只局限于某些角落，变革需要在整个组织范围内进行。随着新的惯例逐步形成，战略制定不再是偶尔的、公式化的程序，战略制定开始成为一个不间断的管理进程，而且，利益相关者也积极参与到战略制定的多个环节中，例如广泛且深入的环境扫描、数据收集和分析、测试、发展反馈循环和创新等。

　　工作现场创新的理由很明显：它对组织的生产效率、质量和竞争力会带来重大影响。为了激发创新，我们需要更高效、更协同的工作方式，以及广泛的、系统性的方法来产生和分享见解及新的想法，包括使用内部和外部网络。高管的责任是沟通和决策，为员工配备工具，发现、过滤和筛选他们需要的信息。重要的是，让员工感到有挑战性，要创新，推动变革，并对产品结果负责，而不仅仅关注产量。

　　如何将创新变成企业正常运营的一部分，是一个值得思考的问题。尽管没有意外的执行是理想的情况，但是考虑到变化的速度和实践的需要，人们并不是总能第一次就把事情做好。外部审查的增加和组织如何处理失败，都会决定人们是否愿意冒险尝试（因为可能会失败）。因此，责备文化会扼杀创新和打击员工的士气，而学习文化会助员工发挥创新潜力。这意味着领导者可以变得主动一些，为员工提供干涉度较低的风险限制，在适当时帮助员工进行决策和试验。

　　在下一章中，我们将讨论在快速变化的环境下如何在实践中缩小战略执行偏差，尤其是在敏捷运营环境下组织和发动员工的关键过程。[42]

## 自查清单

- 你的公司为什么存在？
- 谁是客户？
- 在中长期，哪些关键的环境因素可能影响你的组织？
- 业务和组织内部变革的关键驱动力是什么？
- 未来可能出现什么情况？
- 这些对你的组织的影响是什么（需要资本化或被限制的因素）？
- 这会如何影响产品和服务的未来需求？
- 如果你要在这个新的环境中生存和发展，你应该如何应对呢？
- 其他公司（如竞争对手）如何回应？
- 30年后，你的组织将达到什么样的目标？
- 在30年内，最成功的组织将会做哪些其他组织不会做的事情？
- 从现在起的15年内，在组织环境、客户群、生产方式、供应链、劳动力等方面，哪个方面的变化会是最大的？
- 你的组织哪个方面的战略对确保组织未来成功至关重要？
- 你的组织目前面临的关键决策是什么？
- 你的组织必须确定哪些机制来分析新的趋势？例如，如何系统地从员工中收集外部知识？谁负责定期扫描和管理公司所面临的环境挑战？
- 这些趋势和必要的变革是否有效？
- 什么是成功的关键因素？
- 什么是实现战略或者获得瞬态优势所需的核心竞争力？
- 你的组织需要什么样的文化来实现战略目标？
- 制定决策时，员工要参与多少？他们的想法有多少受到欢迎，得到聆听和回应？
- 员工有多希望利用他们的主动性去寻找以客户为中心的解决方案？
- 好的想法、好的做法被传播了多少？
- 组织如何管理多样性？

- 员工有明确的实验参数吗？他们知道哪里需要创新吗？
- 这个分析对于公司和各地分支机构的员工有什么关键的影响？
- 组织和文化需要在哪些方面做出改变？
- 你目前关注的领域是什么？
- 什么需要成为关键的优先事项？
- 你将如何处理这些优先事项？你需要做什么？
- 你和你的组织怎么能变得更有前瞻性？

# 注释

1　Basu, R and Green, SG (1997) Leader-member exchange and transformational leadership: an empirical examination of innovative behaviors in leader-member dyads, *Journal of Applied Social Psychology*, 27, pp 477–99.

2　Worley, CG, Williams, TD and Lawler, EE (2014) *The Agility Factor: Building adaptable organizations for superior performance*, Jossey-Bass, San Francisco.

3　Ibid.

4　Heifetz, RA and Laurie, DL (2001) The work of leadership, *Harvard Business Review*, December.

5　Marsh, C *et al* (2009) Integrated Organisation Design: The New Strategic Priority for HR Directors, White Paper 09/01, January, Centre for Evidence-based HR, University of Lancaster.

6　Laurie, DL and Lynch, R (2007) Aligning HR to the CEO growth agenda, *Human Resource Planning*, 30 (4), pp 25–33.

7　Gunther McGrath, R (2013) *The End of Competitive Advantage: How to keep your strategy moving as fast as your business*, Harvard Business Review Press, Boston.

8　Nielsen, C and Lund, M (2018) [accessed 12 March 2018] Building scalable business models, *MIT Sloan Management Review,* Winter 2018 [Online] https://sloanreview.mit.edu/article/building-scalable-business-models/.

9　Tushman, ML and O'Reilly, CA (1996) Ambidextrous organisations: managing evolutionary and revolutionary change, *California Management Review*, 38 (4), pp 8–30.

10　De Geus, AP (2002) *The Living Company: Habits for survival in a turbulent business environment*, Harvard Business School Press, Boston.

11　Collins, J and Porras, J (2005) *Built to Last: Successful habits of visionary companies*, Random House Business, London.

12　Collins, J (1995) [accessed 30 August 2014] Building Companies to Last [Online] http://www.jimcollins.com/article_topics/articles/building-companies.html.

13　IBM (2013) Reinventing the Rules of Engagement: CEO Insights from the Global C-suite Study, IBM Institute for Business Value.

**14** Hitt, MA *et al* (2002) Strategic entrepreneurship: integrating entrepreneurial and strategic management perspectives, in *Strategic Entrepreneurship: Creating a new mindset*: 1–16, ed MA Hitt *et al*, Blackwell Publishers, Oxford.

**15** Gardner, H (2006) The synthesizing leader, HBR list: breakthrough ideas for 2006, *Harvard Business Review*, **84** (2), pp 35–67.

**16** Prahalad, CK and Krishnan, MS (2008) *The New Age of Innovation: Driving co-created value through global networks,* McGraw-Hill Professional, New York.

**17** Fisher, JR Jr (2006) Leadership as great ideas, *Leadership Excellence*, **23** (2), p 14.

**18** Kakabadse, A (2014) The success formulae: the CEO's roadmap to value delivery, referred to in A Nation of Accidental Managers!, M Martin, 19 August 2014, 14:40 [Online] http://www.mmartin-associates.co.uk/index.php/our-blogs/work-issues/133-a-nation-of-accidental-managers.

**19** Johansen, R (2009) *Leaders Make the Future: Ten new leadership skills for an uncertain world*, Berrett-Koehler, San Francisco.

**20** Covey, S (2004) *The 8th Habit: From effectiveness to greatness*, Free Press, New York.

**21** Ireland, RD and Hitt, MA (2005) Achieving and maintaining strategic competitiveness in the 21st century: the role of strategic leadership, *Academy of Management Executive*, **19** (4), pp 65–77.

**22** Petrie, N (2011) Future Trends in Leadership Development, Center for Creative Leadership White Paper Series.

**23** Source: Orton-Jones, C (2014) Growth, innovation and business transformation, *Raconteur*, 14 May, p 3.

**24** Commentary on the launch of: The Tomorrow's Relationships: Unlocking value report [accessed 30 August 2014] The Tomorrow Company in collaboration with the Chartered Institute of Management Accountants (CIMA), the Chartered Institute of Personnel and Development (CIPD), KPMG and Linklaters [Online] http://www.kpmg.com/uk/en/issuesandinsights/articlespublications/newsreleases/pages/unlocking-value-in-relationships-is-key-to-success-in-business.aspx.

**25** Williams, T, Worley, CM and Lawler, EE (2013) [accessed 30 August 2014] The Agility Factor, Strategy + Business [Online] http://www.strategy-business.com/article/00188?gko=6a0ba.

**26** Thomas, JB, Clark, SM and Gioia, DA (1993) Strategic sensemaking and organizational performance: linkages among scanning, interpretation, action, and outcomes, *Academy of Management Journal*, **36** (2), pp 239–70.

**27** Bradley, C, Bryan, L and Smit, S (2012) Managing the strategy journey, *McKinsey Quarterly*, July.

**28** Kline, N (2002) *Time to Think: Listening to ignite the human mind*, Cassell, London.

**29** Prahalad, CK and Hamel, G (1990) The core competence of the corporation, *Harvard Business Review*, **68** (3) pp 79–91.

**30** Porter, ME (1996) What is strategy? *Harvard Business Review*, **74** (6), pp 61–81.

**31** Heifetz, RA and Laurie, DL (2001) The work of leadership, *Harvard Business Review*, December.

**32** Ibid.

**33** [Online] http://oaa.osu.edu/strategicplanning.html.

**34** Source: Kuppler, T [accessed 30 August 2014] How to Build Culture Muscle and Improve Engagement, Ownership, and Results [Online] http://www.cultureuniversity.com/how-to-build-culture-muscle-and-improve-engagement-ownership-and-results/.

**35** Source: Orton-Jones, C (2014) Growth, innovation and business transformation, *Raconteur*, 14 May, p3.

**36** Galbraith, JR (2005) *Designing the Customer-Centric Organization: A guide to strategy, structure, and process,* Wiley, New York.

**37** Glenn, M (2009) Organisational Agility: How business can survive and thrive in turbulent times, The Economist Intelligence Unit.

**38** Kindly provided by Melcrum based on their research report The Agile IC Function, October 2014.

**39** Kaplan, RS and Norton, DP (1996) *The Balanced Scorecard: Translating strategy into action*, Harvard Business School Press, Boston.

**40** American Management Association (AMA) (2006) [accessed 17 January 2015] Agility and Resilience in the Face of Continuous Change: A global study of current trends and future possibilities 2006–2016 [Online] http://www.amanet.org/images/hri-agility06.pdf, p43.

**41** Bell, MA (2002) [accessed 19 January 2015] The Five Principles of Organizational Resilience, *Gartner*, 7 January [Online] https://www.gartner.com/doc/351410/principles-organizational-resilience.

**42** Dyer, L and Ericksen, J (2009) Complexity-based agile enterprises: putting self-organizing emergence to work, in *The Sage Handbook of Human Resource Management*, ed A Wilkinson *et al*, Sage, London, pp 436–57.

# The Agile Organization

第 5 章

# 敏 捷 实 施

战略运营模型

管理人员一直致力于提高组织的绩效。在快速发展的时代，迅速将战略意图转化为行动才是关键。在第 4 章里，我们研究了敏捷战略制定和环境感知是如何缩小实施偏差的，在战略实施偏差上，运营才是真正见分晓的部分。缩小偏差需要新的运营方式、新的纪律、新的规范以及工作实践，这样创新和响应速度才能嵌入全新的、敏捷的却又"一切照旧"的业务中。

本章将重点介绍战略执行、快速实现产品和服务创新所涉及的一些流程。敏捷组织在管理当今业务需求时要有双元思维[1]，敏捷高效并且适应环境变化。[2]组织双元性创新通过平衡探索式创新和开发式创新来实现，让组织具有创造性和适应性，同时，依然保留传统的、经过证实的业务方法。[3]如果变化速度较慢，组织就能有足够的时间以较慢的速度发展。但是，在当今竞争激烈的环境中，创新成为新的"日常业务"。在本章中，我们看看敏捷组织如何测试可能的响应方式，以及在产品、技术、运营、结构、系统和整体能力等方面如何实施变革。

本章会探讨敏捷工作实践，以及有利于创新的学习型文化的主要特征：

- 敏捷运营模型。
- 试验——探索的方式。
- 项目制工作。
- 敏捷管理者——从控制到引导。

由此可见，战略实施也涉及组织实现渐进式变革和激进式变革的能力。敏捷实施涉及授权各级管理人员管理变革，涉及嵌入组织运营模型中的变革能力，以及支持商业模式的、明确的绩效目标和评估规则。[4]我们将在第 11 章从人员角度进一步研究变革的过程。

## 敏捷运营模型

运营模型是组织支持商业模式的主要部分：商业流程、技术方法、数据、组织结构、供应商及合作伙伴、地理位置，以及它们之间的相互关系。它是构成组织工作基础的标准和运营流程的蓝图。要做到敏捷，运营模型必须简化、标准化、敏捷化，这样公司才能紧跟市场变化，并根据需要进行尝试和改变。

有效的运营模型旨在传递组织战略。这包括在特定环境下确定任务优先级、工作实践，以及优化机制以实现产品创新和产量提升。例如，越来越多的商业战略要求创新。布德罗（Boudreau）认为，战略规划应该始终伴随着计划执行和组织目标，这些目标可以转化为绩效的四个相互关联的方面：市场、文化、领导力和人才。[5] 因此，创新战略应该通过自上而下以及自下而上的方式制定，并在整个组织内广泛传播。创新治理应包括适应创新的明确的组织结构，界定清楚的角色和责任，有效的决策过程和支持创新的 KPI。[6]

开发敏捷运营模型需要利用新方法，比如凯文·凯利（Kevin Kelly）通常所说的"时钟软件"和"群发软件"。[7] 其中，"时钟软件"包含了按照合理化、标准化的要求，有计划地采用可控性的方式来操作组织核心的生产流程。相反，"群发软件"描述了那些从实验和测试中，自主和直觉中，以及在知识和经验边缘工作中探索新可能性的管理流程。两种新方法都有必要利用，但问题就在于要如何取得理性和直觉，以及策划和实施之间的平衡。

为了有效实施运营模型，戴夫·乌尔里希（Dave Ulrich）及其同事认为某些方面的能力必不可少，比如领导力、响应速度、学习能力、责任心以及利用人力资源的才能。[8] 为了运营模型的敏捷性，将添加以下要素：协作、客户响应力、策略清晰度、共享的思维方式/文化、效率，以及稳健性、应变能力、响应能力、灵活性，创新性和适应能力等特性，这些都是由艾伯茨和海耶斯定义的。[9]

## 敏捷运营模型的要素

现在，让我们来看看支持创新战略的敏捷运营模型的一些要素。

### 员工与组织

也许，敏捷运营模型最重要的因素就是员工。如果员工技能熟练并且得到了充分的激励，在正确的流程和技术、适当的人力资源政策与实践以及有效管理的支持下，他们自然会提高生产效率。因此，员工参与应该是日常管理实践中不可或缺的一部分。然而，很少有企业拥有提高参与度，消除创新障碍，或发挥员工和组织潜在优势的清晰的领导模式。

我们将在第 10 章介绍吸引员工的要素。我认为，当人们觉得自己做的事情很重要时，他们通常会感到有动力和富有成就感。同样，为员工提供提升技能的机会也很重要，便于他们更有效地工作，获得更多成就。当员工被鼓励并且与组织中的其他人有所关联时，他们会形成志同道合的团体，愿意为共同的目标而合作。这样，组织就会变得更健康，员工更能积极参与到工作中，生产效率得以提高，企业也能有更好的业绩。

### 利于创新的文化

如果一个组织的战略意在实现多种瞬态优势，那么就需要强大的领导力和利于创新与学习的文化（即人们共享信息，对他人的想法持开放态度，CEO 驱动创新）。这种文化以客户为中心，富有企业家精神，生产效率高，支持创新。它建立在组织目标、信任和责任的基础上，在这种环境中，员工通常愿意并有权力进行实验和创新。这种文化会让员工产生强烈的认同感，可以将组织凝聚在一起，并将个人、工作团队和企业的目标统一起来。当一个创意最初被提出来的时候，虽然它的创造性思维和适应性最为明显，但在实施以及传播过程中，它的创新性会进一步发展和强化。[10]

为了使创新普遍化并成为员工做事情的方式，参与式工作和授权必须成为工作场所的核心特征。在这种环境中，任何人都可以提出自己的想法，而新的想法会得到公司流程的支持。员工创新描述了这些能使组织内各级人员比在传统等级制度下反应更快，能使员工最大限度地利用和发展他们的技能、知识和创造力的工作实践。[11]这些工作实践包括自发的团队合作，弱化的部门壁垒和职能边界，覆盖范围广泛的改进和创新团队，管理层与工会合作，开放透明，以及分布式领导力。

向员工反复宣贯组织愿景，并以运营流程为支撑，能够使员工主动承担适度的风险。当员工充分意识到公司的高层目标时，个人和组织的各个子单元就可以像兴趣社群一样运营，共享信息而不是截留数据，并检视自我的行为，不需要通过上级就可以将同级之间的稀缺资源汇集起来从而做出一致的响应。通过应用敏捷项目管理方法，人们可以最大限度地减少非增值活动，充分利用可用资源并使客户价值最大化。

## 技术

技术是创新战略的关键。哈佛分析服务公司的一项研究发现，领先的公司会采取更具战略性、更系统的方法，积极使用新兴技术，更注重成长导向。[12]因此，尽管部分公司更重视提高生产力和盈利能力，但这些领先公司将创新以及对市场迅速做出反应的优先级排在前面。这些领先公司认为，为了获得竞争优势，开发更加灵活的业务流程和技术基础设施，以及在员工之间、公司与客户及供应商之间建立更强大、更顺畅的联系至关重要。

新兴技术应用于沟通以及快速生产的例子随处可见，云计算、移动设备与应用程序，以及社交网络都为新的工作方式提供了支持。例如，在许多公司中，iPad和平板电脑在该领域的使用降低了成本，同时实现了更好的销售和客户服务；许多公司还在网上拓展业务。技术可以帮助企业跨越不同的地域、合作关系、时区，利用供应链获取和分享知识，挖掘和优化业务潜力。虚拟会议工具可以灵活地支持跨职能、跨业务单元、跨地域和时区的虚拟业务运营。一些领先的组织在宣传开放式创新（OI）文化方面进行了大量投资，以提高企业内部各种社团的创新能力。开放式创新管理力图优化跨越组织与外部创新生态系统边界的创新流，识别创新性想法和技术，或者外部创新，并在组织内进行应用，以创造价值。

## 丰富的信息系统

随着组织的共同发展以及与其他组织的协作，组织既需要获取知识，又需要快速调度资源。艾伯茨和海耶斯在《向边缘放权》（*Power to the Edge*）一书中提出，为了帮助个人和组织中的子单位理解快速变化的复杂情况，应该用信息"拉动"取代信息"推动"，用团队协作取代个人努力，用一次性信息处理取代反复操作。[13]

敏捷组织以公司层面的连通性和信息稳健性为基础。丰富的信息系统为员工提供工作所需的信息和知识。当然，如果各种系统无法进行信息交换，或者战略合作伙伴公司使用不同的 IT 系统，会使这项工作变得非常困难。特别是在兼并和收购的情况下，如果要实现预期的规模经济，就需要共同的信息平台。

## 精益执行流程

公司运营通常使用标准化的流程和系统来实现卓越运营以及成本管控。因此，对希望变得敏捷的组织来说，它们面临的挑战是将灵活性标准化：开发足够灵活的能够继续提供卓越运营和成本效益的资产、流程和系统，同时释放创新能力。

越来越多的组织正在学习精益思考。这种方式的核心思想是最大限度地提高客户价值，同时最大限度地减少各种形式的浪费。最终目标是通过完美的价值创造过程，为客户提供完美的价值，并且这一过程毫无浪费。为实现这一目标，管理层的重点必须从优化独立技术转为优化综合方案，优化横贯技术、资源和部门的整个价值创造过程中的产品流程和服务流程，使其直接与客户连通。持续改进并消除整个价值创造过程中的浪费，而不是仅仅关注某个孤立的点，创造需要更少人力、空间、资金、时间的产品和服务流程，与传统商业系统相比，其成本更低，缺陷更少。日本的准时制生产系统（JIT）力求减少制品库存和运输成本。为了达到 JIT 的目标，该过程依赖于整体流程中不同节点之间的信号（或看板），从而得知何时进行下一步生产。从 20 世纪 80 年代就开始采用这些方法的丰田等制造公司，通过消除浪费大幅提高了生产率。

因此，这样的公司能够以多样化、高质量、低成本和非常快的速度响应不断变化的客户需求。同时，信息管理变得更简单、更准确。

## 敏捷运营的探索

有效组织中心所称的"测试"和普尔塞克[14]提到的"实验"和"修剪"，都是指组织如何从实验中起步、运营和学习。这要求组织必须具有一定的资源能力（人员、时间、金钱等），才能有空间去试验新想法。[15] 在当今急速变化的环境里，知识密集型企业的商业领导者必须由外而内重塑企业，以激发组织的创新潜力。这意味着需要找出客户认为自己所面临的问题，思考应该通过什么方式帮助客户，而不是单纯地售卖基于公司现有能力的解决方案，从而切实提高组织解决客户问题的能力。

### 敏捷问题分析

将解决问题的过程设定为实验的过程可以帮助利益相关者理解，在尝试解决没有相关经验的问题时，如果不对各种想法进行验证，很难制订相应的解决方案。与精益相关的敏捷问题分析可以准确识别真正的问题，然后寻求解决方案。

使用敏捷方法分析业务问题，在实验设计过程中最困难的一项任务就是确定要问什么问题，以及在解决问题的过程中需要帮助时，需要提供多少细节。答案的质量通常与问题的质量相关。当与一个能够以非常广的视角理解问题的团队合作时，提供足够的结构和细节可以帮助不熟悉问题的人员参与进来。快速获得良好的问题陈述至关重要（了解您的潜在解决方案解决什么问题），然后创建项目章程。将表面现象与实际问题分开很重要。例如，霍夫斯塔德指出，如果管理人员发现他们反复就相同的运营问题做出决定，则表明缺失某种协调机制，导致将问题提交给管理层解决。[16]

首先，需要召集一个跨职能团队来区分出哪些是真正的问题，哪些不过是问题的表面现象。[17] 例如，一个表面上的问题可能是"需要 40 分钟才能完成入职申请表"，而真正的问题则是，由于申请流程烦琐，该公司正在错过优秀的应聘者。团队应将表面现象列入无关项目清单并进行流通，以防潜在的问题未被发现。如果需要解决的问题超出了任何人所拥有的权力，那么它就超出了项目的范围。

敏捷性取决于一次只关注一个问题——随时去除列表中已解决或错误的问题，直到确定真正的问题，重写作为项目范围的问题陈述。此类解决问题的技术依赖于频繁的迭代，因此可以作为新想法的催化剂；同时因为有更多的选择可供考虑，也增加了成功的可能性。如果成功，项目交付的成果就成为新的"和往常一样"的流程。

## 解决问题的机会

创新领导者面临着复杂且没有明显答案的问题，因此深入了解员工的不同观点、知识和见解是非常必要的。毕竟，在 Web 2.0 时代，员工应该了解市场、公司的技术和客户，而且员工也期望能参与其中。众包之类的工具可以激励员工寻找应对业务挑战的解决方案，大大提高公司的创新能力。该过程如下所示：

（1）利益相关者通过头脑风暴，提出具有挑战性的问题。

（2）将选定的问题作为挑战在全公司范围内发布，一般会通过门户网站发布。

（3）员工，包括专家，共同合作，寻找可能的解决方案。

（4）对最佳贡献者给予奖励，如小额现金、礼品券、首席执行官或研发负责人的表扬信。

例如，法国护肤品公司欧莱雅的活性化妆品部门存在某些问题，[18] 由于文化差异，该部门在英国的效益并不像其他市场那么好。例如，英国人通常不会向药剂师寻求护肤建议，除非皮肤有严重的问题，一般也不去看皮肤科医生。所以该护肤品公司想知道如何改善英国市场的现状。该公司开始研究英国员工的思维方式。研究发现，虽然很多员工渴望在工作中更具创新精神，并且超过 1/4 的员工声称自己有一些好主意，但是 9/10 的员工认为他们的老板并不认可，并且很可能会寻求其他建议。

欧莱雅意识到自己的员工会热情地帮助解决问题，因此提出让员工成为顾问来应对业务挑战。欧莱雅创建了一个名为"下一个基金"的内部竞赛，邀请员工提交对绩效不佳部门的建议。所有建议将由一个高层小组评审，奖金为 10 万英镑，以此表明公司对最佳建议的高度重视。

创造学习文化的关键因素就是利用跨学科团队中固有的多样性。例如，一家公司发现了六个业务问题，并且针对每一个挑战都成立了一个专家团队来评估征集到的解决方案。这些团队由当前的正式员工和新入职员工组成。事实证明，这种结合是至关重要的。虽然实验是精心设计的，但运用到工作中，仍然有很大的自由空间。

## 敏捷工作计划

当对业务问题和潜在创新广泛征集建议，并且关注客户和组织的预期结果时，工作就是有效的。风险和价值驱动机制用来决定哪些想法需要付诸实践。与通过产量定义成功相比，最好以结果为基础定义成功，向预期会接受结果的人描述结果会有什么不同，并在日常活动和长远计划之间取得平衡。标准化的整体结构可以根据实现结果时的情况来制定。

在产品层面，明确的目标和绩效指标是团队工作的重点。它们表明管理层决定如何分配资源和如何提供服务。精益和敏捷的工作计划确保所有工作围绕计划的商业产出展开。持续衡量预期成果的完成情况，并通过反馈循环为调整目标提供信息。计划管理需要确保多个工作流完成组织目标。

在考虑未来的同时不断审视当前的需求，可以更深入地了解长期用工需求。目标是将个体的能力与组织当前的需求进行完美匹配。

## 创建敏捷团队

敏捷组织需要在主营业务中采用学习型的思维模式，需要精益且灵活的流程支持创新。敏捷项目团队是整体运营团队的一部分。在敏捷团队中茁壮成长的人可能与那些习惯传统项目工作的人不同。例如，与传统的工作方式相比，千禧一代的员工更容易接受敏捷的工作方式。敏捷项目团队的关键特征包括：

- 灵活性。
- 适应性。
- 专注。
- 强烈的目标感。

- 关联的组织架构。
- 可行的流程。

团队根据面临的背景自行安排工作策略、组织架构和合作路径。他们可能需要经过指导才能做到这一点。能成功运营的领导者会提供正确的组织架构、流程、培训和激励措施，建立支持创新的文化，并管理风险，例如：

- 建立支撑创新努力的价值观。
- 做出明确预期的决定。
- 设定鼓励他人创新的目标，容许创新过程中出现错误。
- 制定创新预算。
- 采用新的关于成功的评估标准，奖励那些真正成功的人。
- 确定创新治理责任。
- 界定角色、主要参与者的关键职责和开展创新过程的方式。
- 划定决策权的界限，明确对创新的承诺。

领导者必须接受是在试错过程中出现的新机会，其间必定会遇到一些挫折。通过将实验与事先商定的标准结合起来，把握学习的机会，领导者可以对新想法进行有效的风险管理，并且可以使公司的能力得到持续改进。

## 创新是每个人的工作

弹性敏捷组织往往具有高度的行为弹性，包括实践行为、特定的规范、资源配置和交互模式，体现了公司对不确定性条件的反应能力。这些能力旨在提高公司的灵活性并使公司从中获益。

例如，第二次世界大战中的两位杰出飞行员和航空史创新者——埃里克·温克尔·布朗（Eric Winkle Brown）和吉米·杜利特尔（Jimmy Doolittle），尽管在战争中需要执行高难度的航空任务，并且多次面临极度危险，但他们都在这场战争中活了下来。他们在飞行前都会进行充分的准备，检查飞机的路线等每个细节，以便面对危险时，他们可以专注地去做在特定情况下需要做的事情。这些有纪律的方法，充分体现了熟能生巧的道理，越来越被人们认为不仅是技能的主要动力，也是创新的主要动力。

在西雅图的弗吉尼亚梅森医疗中心，创新是每个人的工作。[19] 组织中的每个人，从高管到一线员工，都被鼓励将精益理念和创新应用到他们的日常工作中。真正的创新文化激励员工经常尝试新事物，不用担心失败，因为多次尝试才能找到最好的创新想法。领导者鼓励团队打破精神上的常规或已建立的思维模式，这样他们才能用不同的方式看待解决方案。弗吉尼亚·梅森（Virginia Mason）通过四种方法来促进日常创新：

- 日常精益思想（everyday lean ideas，ELI）：ELI 是小型的、快速实施的迭代措施，由当地员工负责，聚焦于提高安全性、减少缺陷、组织材料或信息、节约时间和成本。一项 ELI 可以迅速实现微小的改进，同时将精益思想嵌入潜在的未来领导者的脑海中。这些想法在实施前会经过充分的测试和验证。

- 月光实验室：在日本早期的精益组织中，工作人员经常在结束工作后继续停留数小时，制造新的工具，并在第二天安装加到生产线上。月光实验室形容"在月亮照耀下工作"，设计方案、创建原型来解决手头的问题。

- 临床日常工作中的信息学：弗吉尼亚·梅森还支持一小部分员工不断借助信息学的力量改善护理。

- 创新奖励：ELI 鼓励小创意，创新奖励将颁给帮助弗吉尼亚·梅森取得卓越绩效的突破性创意。创意将在 18 个月内完成测试，奖金高达 25 000 美元。

自 2002 年以来，弗吉尼亚·梅森就开始使用精益的概念，如自动化（jidoka），或使员工在第一时间知道如何反应的知识和信息，通过这些方式防止出现初级护理错误。其中一个指导原则是为临床医生配备他们需要的重要患者信息，以便在特殊时刻照顾患者。

一组工作人员使用被称为"5S"的精益过程来组织公共区域、护理站和药房的运作。他们对区域进行分类，使区域变得简单化、标准化，以便一切都清清楚楚，在适当的位置，这样临床医生可以快速找到他们需要的东西。通过将护理区布置成 U 形，员工可以走最短的路程，工作地点的入口和出口在同一位置，增加沟通，而且更容易平衡员工之间的工作量——他们可以在不同的工作中灵活调整，互相帮助。

人们通常认为，将业务流程标准化是对创新的克制。在弗吉尼亚梅森医疗中心，情形正好相反。在实践中，设计出简单、标准化、易于理解、高效的流程使员工从某些工作中解放出来，有时间进行创新和改进服务，对客户和市场的需求做出响应。因此，创新完全能够与严谨、可重复、可衡量且众所周知的流程并存。

 ## 案例分析：加州大学伯克利分校另辟蹊径的创收方式

感谢加州大学伯克利分校卓越运营计划办公室主任比尔·赖希勒对本案例研究的支持。比尔还指导提出了加州大学伯克利分校的新税收倡议。在此职位上，他与教职员工、学生和校友合作，制订并落实为大学创建新的、可持续的创收计划。

### 一所公立大学

加利福尼亚州于 1960 年制定了一项高等教育总体规划，将现有公立大学组织重新划分成独立的机构，防止公立机构相互竞争资源或提供重复的课程，并优化加州学生获得高等教育的机会。该计划规划了社区学院、州立大学和研究型大学的三级体系。今天，被誉为研究机构典范的加州大学（UC）有 10 个校区，学生人数超过 25 万人。

10 个校区独立运行，由中央办公室进行政策指导。加州大学伯克利分校成立于 1868 年，目前拥有 14 所学校和学院，29 000 多名本科生和 11 000 多名研究生。由于伯克利分校卓越的学科建设与研究广度，它被公认为世界领先的研究型大学之一。伯克利分校的教职员工拥有卓越的成就，其中 22 位获得过诺贝尔奖。

在文化方面，加州大学伯克利分校以反对 20 世纪 60 年代越南战争的学生抗议和 1964 年自由言论运动的诞生而闻名。言论自由和抗议是伯克利文化的一部分，这种文化一直延续到今天。

伯克利分校还为家庭中第一代上大学的学生人数以及经济上相对贫困的学

生人数较多而自豪。在伯克利分校本科生中，有 32% 获得过联邦佩尔奖学金，比其他八所常春藤联盟大学获奖的学生人数之和还要多。

**变革案例**

近年来，加州大学伯克利分校经历了重大的财务挑战，主要原因是国家对高等教育的资金支持不断减少。15 年前，国家资金支持是收入的主要来源，但今天该项支持排在学费、研究经费和慈善事业之后。在过去 20 年里，由于国家拨款减少，学费大幅提高。虽然收入从 2006 ~ 2007 年的 17 亿美元增加到 2017 ~ 2018 年的 28 亿美元，但支出已经超过了收入，从 2006 ~ 2007 年的 17 亿美元增加到 2017 ~ 2018 年的 29 亿美元。

学校的大部分经营预算都用于发放薪酬。旧金山湾区的员工工资略低于市场水平，但福利待遇比较优越。尽管许多员工已经退休，现在的员工人数较少，但由于养老金成本增加，薪酬成本也在持续上升。

由于加利福尼亚州再次减少了高等教育拨款，再加上 2009 ~ 2010 年美国经济衰退，学校在财务上面临的挑战日益严峻。在世纪之交，国家满足了伯克利分校 30% 以上的成本预算需求；到 2010 年，这个比例下降到 12%。

由于额外的财务限制，伯克利分校管理预算的选择比较有限。学费由全系统的 UC 总统办公室决定；虽然市场对伯克利分校的需求可以证明提高学费是合理的，但大学无法提高学费。伯克利分校还与其他 UC 校区一起投入资金到全州系统上，例如新的全州共享服务中心。此外，伯克利分校位于一个活跃的地震断层上，在过去 30 年中投入了大量资源用于改造老化的建筑。

到 2010 年，由于财务挑战以及必须弥补的资金缺口，变革已经迫在眉睫。作为一所公立大学，人们越来越担心学费和昂贵的当地住宿费可能超过了学生的支付能力，这意味着只有最富有的学生才能上大学，否则就需要承担很高的债务。

随着学费提高，学生们希望有更多的话语权，他们对学习体验也有了更高的期望。因此，学校并没有缩减与学生相关的费用，而是持续投资以改善学生的体验（例如，用基于甲骨文的注册系统替换了又旧又慢的通过电话注册课程的系统）。

2010 年是着手应对财务挑战的好时机。学校管理层的倾向趋于一致，他们将大量的时间和精力投入校园管理上，并将财务改革引为重中之重。丹尼和德雷特勒认为，为了创建一个更具差异化和财务可持续性的机构，创新的大学和大学校长需要做四件事：

- 制定明确的战略，关注核心。
- 减少支持和行政费用。
- 盘活非核心资产。
- 战略性投资创新模式。[20]

加州大学伯克利分校选择应对财务挑战并支持学术使命的一项措施是，提高行政效率，降低成本（卓越运营计划）。

**创收倡议**

该大学采取的另一项主要措施是通过创造战略机会，将大学的知识和文化资产货币化从而增加收入。新收入计划在校园内征集意见并进行评估，部署一个小型营销、财务分析和项目管理专家团队，启动有前景的项目。可以说，该计划旨在建立校园创业文化，创造新的净收入。基于上述目的，这种收入被定义为：

- 新的，校园净收入。
- 来自外部。
- 来自新计划或原有计划的扩展计划。

新收入不是：

- 内部收入（充值）。
- 来自现有的创收计划。
- 不产生利润的收入（净额）。

**方法**

学校用了六个月的时间设计和开发该计划的结构、治理流程、工具和表格。所采用的指导思想是：百家争鸣——所有想法都会受到欢迎。创意由人们提供——在线或在活动中提交。共计收到 1000 多个创意（见图 5-1）。使用初始评估工具评估这些创意后，按 10 分制进行打分。得分为 5 分或以下的创意被退回，并给出学校提出的改进建议；而得分超过 5 分的创意则会分配资源，予以实施。在概念证明上获得 9 分或 10 分的创意会引起高层领导的关注。

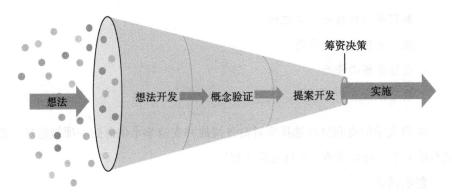

图 5-1 新收入 – 想法传递途径

资料来源：© Bill Reichle

批准的项目包括：

- 企业赞助——大学合作伙伴计划。
- 亲和力——运动场所内优质的捐赠者座位。
- 终身教育——专业验光师的继续教育。
- 热情好客——校园酒店和咖啡厅。
- 硕士学位——生物工程在线 MSSE 学位和一年制硕士学位。
- IP 货币化——制作纪录片。
- 特殊工具和工艺——高通量中子发生器和地震振动台。

对于成功的提案，校方提供支持，帮助项目设计和实施：

- 确定信贷额度（3000 万美元）——学校提供启动资金贷款。有 12 项提案获得贷款资金并付诸实施。而某些想法，学校只提供支持，例如市场研究。
- 市场研究——由专门的市场研究人员通过初级和二级研究来验证创意的

可行性。

- 项目管理——确保实施。
- 校友在工商业方面的专业知识。

迄今为止，该计划已经评估了 1000 多个创意，并批准了 12 个创意，预计年收入合计为 1300 万美元。

### 启示

- 好创意很多——如果创意过于专业或没有赞助商，这些创意很难被采纳。
- 校园政策是在一个从未想到需要开发外部收入的时代发展起来的。
- 高等教育管理有一种风险规避的文化——需要更好的个人和专业激励措施来鼓励参与。
- 众包创意——创新提案，但这种方法是否有效取决于"创意倡导者"是否支持他们的创意，显然这一点并没有实现。
- 辅助部门可以快速适应——根据定义，这些部门可以独立运行并且已经创造收入，因此熟悉这些概念。而学术单位并不擅于将资产货币化。
- 小创意与大创意——可以扩展和复制的小创意是能够绽放的花朵，尽管想让小创意成为大创意需要做相当多的工作。虽然效率理念倾向于在部门内部应用，而且这样操作易于奖励，但就其性质而言，产生新的收入需要跨界工作。在某部门产生的想法复制到其他部门时，就需要跨校区协作。

## 知识分享框架

建立清晰的知识分享框架，有助于缩短高管和员工之间的沟通距离。例如，澳大利亚软件公司 Atlassian 的 CEO 强调信息开放的文化，包括员工和系统。[21] 公司鼓励员工分享信息供其他员工使用，不鼓励独享信息。在公司生命周期的早期，它就开发了自己的"维基百科"，被命名为"汇流（Confluence）"，代表聚集起来的想法。当时公司没有传统的文件管理体系，因此新员工没有其他选择，只能使用该系统，同时公司也会培训新员工如何使用该系统。公司自己的维基百科使得信息易于获取，同时也默认信息开放的属性，这种做法使得信息管理自下而上变得民主。在这里，信息共享是常态，也促进了热烈讨论和辩论。

凯捷咨询研究发现，将最具创新意识的员工组建成一个跨职能创新团队，同时将他们带到新的工作地点，但不孤立他们，对公司有利。建立清晰的绩效衡量标准，使工作易于管理，并让团队按绩效标准来工作是非常重要的。一些公司更喜欢将创新者集中在研发重地（skunkworks），组织给予这个团队高度的自治权，不受官僚主义的影响，负责开展创新项目。例如，沃尔玛在 2011年成立了沃尔玛实验室（@WalmartLabs）——一个创意孵化器，它作为其在硅谷不断发展的电子商务部门的一部分，远离位于阿肯色州本顿维尔的总部。[22]该团队的创新包括在公司范围内使用同一的电子商务平台，这帮助沃尔玛在 2013 年实现了线上收入 30% 的增长率，超过了亚马逊的增长率。

葛兰素史克（GSK）从多个方向进行开放式创新，从创建小型攻坚团队到通过 GSK 网站征集创意。GSK 的全球开放创新团队负责开发消费者健康护理方面的创意，以及使概念落地的相关技术创新。该团队的成员包括位于全球研发中心的研发、营销和业务发展专家，他们在环境开放的、有助于协作与提高创造性的创新中心工作。他们是连接初始创意发起者与 GSK 中负责评估和开发创新理念或技术的关键人员之间的桥梁。

# 基于项目的工作方式

在瞬息万变的世界中，产品和服务的快速创新已经成了日常工作的一部分，项目制工作在许多工作场所中得到了越来越多的应用。因此，项目制工作是战略执行的关键，可以带来创新产品和服务的突破性成果。来自 IT 世界的新型敏捷科学正被应用于项目制工作，同时更广泛地成为组织文化的一部分或日常的工作方式。

## 项目管理方法的演变

传统项目管理源于规划和跟踪建筑等领域的大型复杂项目。传统项目管理涉及一系列工程方法，包括集中规划、监控追踪以及分散式执行。这些方法非常有纪律性，有条不紊，极富逻辑、理性和计划性。早在 20 世纪 50 年代，项目管理就应用于软件开发，被称为"大爆炸"（Big Bang）方法，开发人员得到一个简要的说明，根据其开发一个产品，然后必须等到交付后才能找出需要修改或软件未能满足客户期望的地方——这个过程风险高且费用昂贵。

到了 20 世纪 70 年代，阶段性的软件开发方法被引入，被称为"瀑布"模型，每个阶段完成后才会进入下一个阶段，这样的话，纠正之前阶段的错误就变得非常困难。使用瀑布模型时，项目在开始的阶段需要高管和资金的支持，包括组建团队、收集客户需求，并尽量从一开始就完全理解整个项目。项目的目标是开发一款完美的产品，并在系统没有错误的情况下进行测试，最后将产品展示给客户。这种方法通常会导致项目范围扩大（因为业务需求在长期项目中可能出现变化，并且开发人员可能会被要求继续加入某些内容），灵活性有限，因为需求一旦在项目开始时被定义，就意味着后期的调整余地比较小。与此同时，在快速变化的环境中，相对较长的反馈周期以及有限的客户参与度，意味着如果客户需求在此期间发生变化，客户可能会拒绝接收最终的交付成果。

在专业支持能够满足长期的项目需要、各种重要影响因素可以提前预判，同时组织的中心机构有能力确保适当时候采取一切必要行动的情况下，上述项目管理方法是比较适合的。近来，人们已经认识到，在快速变化的、不确定的情况下，事先制订的解决方案既不会一成不变，也不会被轻易实施，因此采用传统的项目管理方法可能会遇到一些困难。各方项目发起人提出的需求常常相互冲突，产品说明书经常发生变化，项目在交付之前资金耗尽，以上情况都有可能发生。尽管如此，这些方法仍然受到用受控环境下的项目管理（第 2 版）（PRINCE 2）以及其他相关方法和软件培训员工的大型组织的青睐。

## 敏捷项目管理的发展

软件开发人员意识到，在快速变化的环境下，缺乏反馈的长期项目开发注定会失败。他们发现，一旦产品和服务推出后，他们就需要面对竞争对手的产品、监管机构、供应商和客户反馈，这些都会导致高昂的变更费用。因此，项目执行过程必须既敏捷又精益。由于 Web 服务激增，软件开发能够在小规模团队中实施，这些团队更容易融入业务流程。通过这种方式，组织可以实现频繁的产品发布，并灵活实时处理各种变化。当然，它们也需要实现效益最大化，削减不增值的流程和管理成本。

## 敏捷作为最佳的"培育种子"

敏捷本身是一种哲学，也是最佳方法的应用结果。例如精益理念过去常用于开发和维护软件，现在却被更广泛地应用于其他类型的项目上。事实上，像飞利浦这样的公司正在把敏捷作为使其更具创新精神的一种方式。轻量级的方法包括"争球"：一种灵活的整体产品开发策略，在这种策略下，开发团队作为一个单元实现一个共同目标。[23] 虽然戴明（Deming）的计划（plan）—执行（do）—检查（check）—处理（act）循环包含在这个系统中，但敏捷挑战了传统的、按顺序的产品开发方法。敏捷通过鼓励所有团队成员进行密切的线下、线上合作，鼓励项目中的全部成员进行各种学科的日常面对面交流，使团队可以进行自我组织。从本质上看，团队拥有对项目的控制权，因为拥有共同目标和可扩展的流程，敏捷工作使团队缺陷更少、迭代更快、活动可持续且不会轻易解散。敏捷性是 20 世纪 90 年代的管理突破，使软件开发团队能够系统地执行纪律，持续创新，这是传统官僚组织无法实现的。[24]IT 部门"敏捷宣言"中描述的敏捷性原则是其思想的核心，主要包括"个人和产品与工具之间的互动""客户协作""响应变更而非遵循计划"等。

在敏捷项目中，产品经理具有双重角色，他们既是项目专家，又是客户与技术团队之间的桥梁。为了满足全局需求，他们与客户一起工作，然后将这些需求拆分为冲刺型进展的工作。全局需求由产品所有者与客户转化成简单的价值叙述，例如，我们希望成为贷款审批速度更快的部门，这样可以增加 10% 的交易量；我们不希望成为将违约率降低 10%，进行更安全的贷款审批的部门。统一交付标准，并为各种工作单位提供所需的资金。衡量的任务模块越大，准确度越低，因此全局价值叙述应该细分到日常任务级，以便员工更容易理解商定的目标。这为开发人员提供了完成工作所需的正确信息，并且可以在团队内进行追踪、建立问责制。

这些冲刺型工作的周期都在一周到四周之间，团队成员在这段时间内互相帮助完成工作。在每次冲刺开始时，产品所有者通过团队计划会议传达客户信息。通过使用大型图表，以及每日的小型会议，团队成员了解各自的进展情况和问题。同行带来的压力使得交付时间不断提前。在周会上，团队彼此（并向客户）展示他们的工作，并积极收集反馈和想法。因此测试与整合必须同时进行。

一系列冲刺工作加起来就是一个迭代，最后一个可用产品交付给用户或进入下一个里程碑。在每次迭代结束时，都需要进行快速回顾，收集学习内容，并评估哪些方面运作良好或需要改进。从某种意义上说，产品上市不代表全部完成，因为开发周期中的每次迭代都可以从前一次迭代中学习。因此，敏捷方法比以前的任何模型都更加灵活、高效和具有团队精神。

## 确认利益相关者的敏捷方法

对利益相关者的优先次序进行排序是成功的项目、组织变革战略的基本组成部分之一。利益相关者是指对项目的成功有直接影响的、受项目成功影响的个人或一群人。在设计项目和选择方法时，确定正确的利益相关者并使其参与进来非常重要。然而，很多时候，项目团队会做出错误的利益相关者排序。常见问题包括错误的评估标准，或者根据太少人的意见进行利益相关者排序。

为了确定相关的利益相关者，从资助项目的发起人（提出这个想法的人）开始，了解项目应该达到什么样的目标，以及他的政治影响力，是非常有帮助的，这可以使我们进而确定其他利益相关者。在项目早期，利益相关者的名单可以根据以上方法列出，但是这个名单通常不是最终名单。在找出其他利益相关者时，过时的组织结构图基本没有什么帮助，所以最好在挂图上按最近的现状进行更新，然后让更多人——分析师、创建者、测试人员和经理等参与寻找解决方案，让这些潜在的利益相关者进行头脑风暴。在此过程中还应咨询第三方机构（special interest groups，SIG），例如审计师，了解他们认为项目哪些地方可以变更。最重要的是，最终用户（内部和外部）应该包括在利益相关者中。项目应该将利益相关者名单发给所有确定下来的人员，一旦发现哪些人被遗漏了，就继续添加到这个名单中。通过与利益相关者的沟通，可以了解到他们对项目成果的期望。

## 将传统方法与敏捷方法相结合

一个商业项目组合可能需要敏捷方法与传统规范流程相结合。但是需要什么类型的规范、架构，需要多大程度的适应性和灵活性呢？许多公司更喜欢依靠传统的项目管理方法而不是敏捷或精益方法，做选择的依据在于公司的生命周期阶段、架构以及文化，究竟哪些对公司来说意义重大。实际上，将二者进行结合并不容易，如何取得平衡是组织将面临的挑战。确定某个特定项目是否需要敏捷，应包括以下几个关键问题：

- 组织文化更适合应对混乱和分散的决策，还是更适合自上而下的层次规划？
- 项目需求有多复杂？当进行少数复杂的重大项目时，传统项目管理是明智的选择。它可以明确要完成的工作，由谁以及何时完成。
- 需求是稳定的吗？每月会有多少变化？需求越不稳定，敏捷方法越有用。
- 项目失败的后果是什么？后果越严重，项目越趋向于计划驱动。
- 团队有多大？10人的团队可以使用敏捷，500人的团队则不能。
- 需要什么技能？从本质上讲，敏捷通过共享文化来管理人员，让拥有多重技能的人员能够自行决策，而不是通过层级结构进行决策。相反，当团队由来自不同领域的专家组成时，在不同专业之间分配工作就会变得更加困难。
- 工人的技能水平是什么？技能水平越低，需要的监督越多，团队的敏捷性就越低。
- 项目的时间是多久？权力下放的程度可以反映出项目的时间长度，可能从短期迭代到为期一年。

当需要同时应用传统方法和敏捷方法时，项目通常以传统方法开始，然后慢慢变得敏捷。项目中不同的文化也可能会导致过程中出现紧张的关系。例如，在使用传统方法的大型项目中，计划总控人员将整个计划分解为大块的工作，使用可预测的技术来监测进度和解决偏差。相比之下，敏捷项目避开了详细的计划和估算，这是为了能够随着项目的推进重新规划。这带来了挑战，例如：

- 如何在有详细计划、预算的项目和没有计划的项目之间分配预算。

- 如何既使用适应性的规划技术，同时又可以为传统项目经理提供准确的进度状态。

　　敏捷方法和传统方法之间需要有明确的界限，最好两者都能够适应这个界限。在传统方法中，资金在项目周期内分配并增加。在混合方法中，资金在一系列冲刺、结果出现后进行分配。类似地，大型项目可能会集中设定主要截止日期，而在主要截止日期之间的各个阶段性节点，团队可以自行微调。团队内部、团队与团队之间需要清晰且频繁的沟通，以便每个人都知道发生了什么，并在使用敏捷方法的用户和使用传统方法的用户之间建立信任。

　　管理传统项目和敏捷项目所需的技能不同，因此可能需要不同类型的项目经理。受过传统培训的项目经理通常对整个项目进行监督和控制，因此可能不愿意授权给团队自行决策，也无法担任团队的教练、协调人以及障碍的清除者。高级管理人员可能也不喜欢无法详细了解所有项目的进展情况。如果管理者不放弃对团队的控制，敏捷将无法开展。人力资源管理者可以帮助经理们接受这两种管理方式的转换——从自上而下的控制方式转变为更敏捷的方式，这样管理人员和团队成员就可以进入同一节奏。

## 传播敏捷经验

　　将从精益工作中学到的知识融入传统组织的更多层面，输出敏捷实践（如敏捷项目管理、测试、快速反馈和会议）是非常重要的，这样做可以逐渐改变组织中员工的做事方式。例如，零售业的变化如此之快，以至于美国零售商Gap 已经从"推动"模式转变为"拉动"模式，积极聆听客户的需求，并将其所有流程精益化以确保迅速响应。这些公司都必须调整供应链，建立透明的库存系统，设计组织内的协作方式以及重新设计工作流程。

　　不同职能领域的文化各不相同，例如研发部门和销售团队各有自己的文化。在这种情况下，如果能找出不同子文化的交集，就能够找到组织中可以接受敏捷和规范同时存在的部分。组织需要找到方法来打破筒仓壁垒，鼓励人们在不同学科之间互动、培训，以及与人分享不同条件下各种方法的适用性和内容。

　　联合利华积极采纳了包含虚拟工作在内的敏捷工作实践，彻底改变了员工的工作过程文化。该公司体会到了敏捷工作的益处，例如空间利用率提高了30％，新加坡和汉堡等办事处多次获奖，废物排放和能源消耗减少了60％。更加值得关注的是，员工效率和参与度也都变得更高了。

## 敏捷管理者：从控制者角色到教练角色的转变

创建敏捷环境对管理人员和领导者、工作结构，以及日益自我管理的团队文化的发展有根本意义。高级领导者必须管理风险与谨慎之间的紧张关系，他们必须确保团队明确其他人对团队的期望是什么，并强调对组织利益相关者（股东、客户和其他人）最重要的结果。高级管理人员必须授权给员工，特别是当员工拥有的知识资本体现出重要价值时，员工需要有权力对自己的工作做出决策。通过鼓励和奖励员工以新的方式使用知识解决现有或新的问题，高级管理人员可以促进创新、激发创造力，而沟通、培训和变革管理是成功的基础。

自我组织团队的想法是在20世纪80年代提出的，直线经理的影响力逐渐显现。管理者需要具备多重能力，既能够在适当的时候进行直接控制，也可以在需要的时候成为教练。2014年，美国服装零售商美捷步（Zappos）提出了"合弄制"（holacracy，也称为"全体共治"）[25]计划，这是一种有机的、自我管理的结构，它废除了正式的职位头衔、经理和传统的等级制度。在这种结构中，由个体组成独立或重叠的圈子共同合作完成工作。根据他们的技能，员工受邀加入某个工作团队或者离开。员工用获得的预算租赁软件、办公空间和参加培训，然后再开始工作。在这种结构中，并不是不存在领导力，每个项目仍然有一位兼任教练的领导。每个圈子都有一位项目协调员或领导，他们同样需要具备管理者的关键技能，即良好的沟通能力、激发他人和组织的能力。这种方式要求领导力有所变化，领导力不再是管理人员，更多的是需要长远的目光以及授权给员工。领导力成为一种能力，而不是一个人。透明是这种运作方式的核心，员工被队友监督。因此，该模式的重要基础是信任和双赢。

即使这种自我组织的方式在许多情况下可能不太合适，但它的某些方面，例如下放权力、共同决策、员工自由行事和共同的目标感，都是敏捷的关键。随着组织越来越分散和有越来越多的客户参与，更多项目导向的人员出售他们的技能，或者同时为多个雇主工作。组织的新模式将继续演变，其中经理角色的转变速度将会加快。

## 本章小结

本章关于敏捷实施的许多信息都适用于人力资源。人力资源的敏捷实施在某些方面是反直觉的，并且没有一个模板适用于所有的人力资源战略。人力资源需要接受战略敏捷性议程，预测新兴业务需求及其人才和文化影响。工作场所的创新和员工参与是相辅相成的，同时还有可能激发无限的创意，以及富有价值的创新精神。人才优化配置以及工作场所创新对员工的学习与发展、健康与幸福产生了深远的影响。

为了开辟前进的道路，人力资源部门应该接受和倡导敏捷方法，利用实验和渐进式变革来构建面向当前和未来业务需求的人力资源管理解决方案。人力资源部门应该：

- 充当创新中心——与其他部门合作分享知识，开展变革计划等。
- 由外而内地设计人力资源战略，即从客户需求出发，协同合作。
- 支持创新中心——设计空间、设备的连接，提供培训等。
- 简化人力资源政策，特别是绩效管理。
- 将敏捷工作实践和项目管理应用于人力资源管理。
- 移动化、社交化。
- 帮助组建和培养敏捷团队。
- 解决关键的"实施差距"——确定最根本的问题，使用敏捷问题分析和团队合作消除障碍。
- 制订奖励和身份认同计划，加强创新、团队合作和知识共享。
- 招募、发展、培养敏捷经理和团队领导。

人力资源可以帮助建立一个灵活的高绩效工作环境，下一章我们将就此详细地讨论。获得正确流程的公司将从中受益。在下一章中，我们将介绍弹性敏捷参考模型的"敏捷联系"象限的内容。

## 自查清单

组织拥有的知识以及创新程度如何？

- 员工有明确的指标参数吗？他们知道哪里需要创新吗？

- 员工参与决策的程度有多高？他们的想法有多少被鼓励讲出来，然后被管理者倾听并收到反馈？

- 人们期望主动寻找以客户为中心的解决方案的意愿有多强？

- 传播好想法、优秀实践的进展有多大？

- 组织如何管理多样性的能力？

- 目前的组织结构如何阻碍或促进工作效率、战略成就？

- 员工在多大程度上为使命、目的和策略提供了建议？

- 团队合作有效吗？可以通过哪些工作来进一步加强？

# 注释

1  Raisch, S and Birkinshaw, J (2008) Organizational ambidexterity: antecedents, outcomes, and moderators, *Journal of Management*, **34**, pp 375–409.

2  Duncan, R (1976) The ambidextrous organization: designing dual structures for innovation, in *The Management of Organization*, ed RH Killman, LR Pondy and D Sleven, North Holland, New York, pp 167–88.

3  March, JG (1991) Exploration and exploitation in organizational learning, *Organization Science*, **2**, pp 71–87.

4  Worley, C, Williams, TD and Lawler, EE (2014) *The Agility Factor: Building adaptable organizations for superior performance description*, Jossey-Bass, San Francisco.

5  Boudreau, J (2014) From Now to Next, i4cp Executive Thinksheet, Institute for Corporate Productivity, October.

6  Cap Gemini Innovation Leadership Study (2012): Managing Innovation: An insider perspective, Cap Gemini.

7  Kelly, K (1995) *Out of Control: The new biology of machines, social systems, and the economic world*, Basic Books, New York.

8  Ulrich, D, Younger, J, Brockbank, W and Ulrich, M (2012) *HR from the Outside In: Six competencies for the future of human resources*, McGraw-Hill, New York.

9  Alberts, DS and Hayes, RE (2003) [accessed 16 January 2015] Power to the Edge: Command… Control… in the Information Age, *The Command and Control Research Program* [Online] http://www.dodccrp.org/files/Alberts_

Power.pdf.

**10** Rogers, EM (1995) *Diffusion of Innovations,* 4th edn, Free Press, New York.

**11** Totterdill, P (2013) The Future We Want? Work and Organisation in 2020, a report by the Advisory Board of the UK Work Organisation Network.

**12** Harvard Business Review Analytic Services (2014) The Reinvention of Business: New operating models for the next-generation enterprise, p 2.

**13** Alberts, DS and Hayes, RE (2003) *Power to the Edge: Command and control in the information age*, CCRP publication series.

**14** Plsek, P (2003) [accessed 14 July 2011] Complexity and the Adoption of Innovation in Health Care, Conference on Strategies to Speed the Diffusion of Evidence-based Innovations, 27–28 January, Washington DC [Online] http://www.nihcm.org/pdf/Plsek.pdf.

**15** Worley, C (2014) *The Agility Factor: Building adaptable organizations for superior performance description*, Jossey-Bass, San Francisco.

**16** Hoverstadt, P (2008) *The Fractal Organization: Creating sustainable organizations with the viable systems model*, John Wiley and Sons, Chichester.

**17** Dijoux, C (posted 7 April 2014) [accessed 15 January 2015] Bug Fixing Vs. Problem Solving – From Agile to Lean [Online] http://www.infoq.com/articles/bug-fixing-problem-solving.

**18** Orton-Jones, C (2014) Growth, innovation and business transformation, *Raconteur*, 14 May, p15.

**19** Phillips, J, Hebish, LJ, Mann, S, Ching, JM and Blackmore, CC (2016) [accessed 26 April 2018] Engaging frontline leaders and staff in real-time improvement, *Jt Comm J Qual Patient Saf*, 42 (4), pp 170–83 [Online] https://www.ncbi.nlm.nih.gov/pubmed/27025577#.

**20** Denneen, J and Dretler, T (2012) [accessed 15 March 2018] The financially sustainable university, *Bain Brief*, Bain and Company [Online] http://www.bain.com/publications/articles/financially-sustainable-university.aspx.

**21** Rotenstein, J (2011) It's the culture, stupid! How Atlassian maintains an open information culture, *Management Information eXchange*, 15 June, 5.09 am [Online] http://www.managementexchange.com/story/its-culture-stupid-how-permeating-information-culture-leads-corporate-success.

**22** Olanrewaju, T, Smaje, K and Willmott, P (2014) [accessed 30 August 2014] The Seven Traits of Effective Digital Enterprises, *McKinsey & Company* [Online] https://www.mckinsey.com/business-functions/organization/our-insights/the-seven-traits-of-effective-digital-enterprises.

**23** Takeuchi, H and Nonaka, I (1986) The new new product development, *Harvard Business Review*, January–February.

**24** Denning, S (2013) [accessed 15 March 2018] Why Agile can be a game changer for managing continuous innovation in many industries, *Strategy & Leadership*, 41 (2), pp 5–11 [Online] https://doi.org/10.1108/10878571311318187.

**25** Crush, P (2014) Managing without managers, *Edge Magazine*, May/June pp 32–37.

# 第 6 章

# 敏 捷 联 系

在第 5 章中，我们研究了敏捷实施的本质，并思考了管理者、领导者和人力资源部门在发展敏捷组织结构，推动组织文化促进开放式创新、学习、民主知识实践方面所扮演的角色。

在本章中，我们将探讨组织在追求组织敏捷性、灵活性和弹性过程中形成的一些内外部联系的类型，以及它们对组织形式的影响。这些灵活的组织形式横跨多个以前固化的组织内外部界限。合作伙伴组织之间各种形式的合作安排（包括许多与竞争对手之间的合作安排）明显体现了企业之间日益深入的相互依存关系。随着企业从纵向一体化向专业化转变，企业正在将非核心业务外包。因此，战略联盟（有些联系"紧密"，有些"松散"）正在改变商业格局。综合考虑这些因素，企业就必须制定积极、创新和灵活的人才管理战略。

我们将研究在这些更灵活的工作安排中，工作和管理方式对参与到其中的人员的重要性。在这种联盟中工作的人员必须学习各种复杂的技能，包括信任建立、关系管理、团队建设、风险管理等方面的技能，以及管理复杂性的能力。我们将思考如何确保灵活性在组织及员工层面发挥作用，以及如何建立对成功的关键联系有重要影响的协同能力。

我们将研究：

- 更灵活的组织形式。
- 虚拟工作的兴起及其对管理者的影响。
- 在战略联盟中工作。
- 建立联盟文化。

## 追求灵活性

"灵活性"一词适用于组织根据商业环境的变化调整其雇用管理模式，也适用于个人根据变化确定自身工作时间、地点和工作方式。同时，它也适用于组织对自身结构的调整。

## 更灵活的组织形式

在企业内部，典型的金字塔型组织结构正逐渐变为更加去中心化的内部组织形式，从本质上来看，这类组织形式通常比传统的官僚形式更扁平、更精简、层级更少，也更灵活。对管理者和员工来说，所面临的挑战就是要有效开发工作所需的思维方式、管理技能（如合作、授权和问责机制等），以使更灵活的组织结构和跨组织联系充分发挥作用。

### 横向组织

越来越多的企业采用了横向的组织结构。这种组织结构也就是去中心化的结构，在这种结构中，群组和部门在同一层级上协同工作以实现共同的目标。例如，共同管理整个客户流程，而不是各自作为单独和独立的实体运行。横向组织结构形式通常被纳入现有的纵向报告结构。协同工作的安排取决于群组之间的协作和非正式关系，在此过程中需要协调和磋商，而这通常会通过矩阵来实现。在当今的数字经济时代，企业越来越倾向于采取利用信息技术并建立团队的横向组织结构。这种横向结构与传统的横向结构相似，但管理成本更低。不需要经过冗长的流程来获得上级对创意或业务模式的更改或批准，团队可以及时做出必要的改变，以快速响应不同的市场条件。

横向组织结构有许多优点。例如，它们能培养员工之间共享信息的团队合作精神，从而创造一个能够迅速做出决策的消息灵通的员工队伍。同时鼓励不同部门的工作人员进行公开的沟通，并有助于打破在中心化组织结构中常见的障碍。然而，在许多全球企业中，复杂矩阵结构的运行效果并不理想，因为它们很少考虑实际工作是如何完成的，导致在实践中障碍重重。例如，工作人员在被迫向其他部门的管理人员汇报时，可能会遇到立场冲突的情况；组织内可能存在着重复工作并缺乏监督的情况。

在开发横向结构组织时，要考虑的最重要的因素之一是由谁来管理和规划部门间的相互作用。组织设计专家杰伊·加尔布雷思认为，诸如项目经理或产品经理等整合角色对于建立有效的横向关系至关重要。[1]我们需要有效的治理模式以及简单的绩效衡量标准，作为该部门的最高目标，并据此进行跨职能的权衡决策。随着横向组织的重要性越来越明显，企业权力中心的角色不再是实施自上而下的控制，更多的是建立联系、定义价值和建立强烈的目标意识，将组织各部分紧密团结起来。

### 前后端组织

例如 IBM 采用的前后端混合模式，满足了建立以客户为中心的开发单元，并将其集成到现有组织当中两方面的需要。在该模式中，组织的"后端"，包括运营、研发和供应链是为提高效率和运营能力而构建，而"前端"则是为了客户亲密度、响应能力、实现收入增长而构建的。

### 双元组织

正如第 4 章和第 5 章所讨论的那样，"双元组织"涉及为探索性活动建立的独立经营单元，比如开发新的商业模式，确保发展创新型业务的需求不被忽视以支持核心业务。在获得企业资源的同时，双元组织可以发展自己独特的文化和操作规范。双元组织通过一个紧密整合的高级管理团队管理各个分离的业务单元，并建立跨部门的联系。

敏捷组织具有足够的灵活性，能够识别出新的竞争威胁和机会，并进行快速调整，并且必须对它们做出反应。沃利（Worley）、威廉姆斯（Williams）和劳勒（Lawler）（2016）提出，组织"为变革而构建"的管理系统首先必须与目标契合：必须根据需要改变等级结构，资源配置方式也必须因需而变。[2] 工作实践也必须与组织的目标和敏捷性相匹配。这有利于重视个体间的相互联系，而不仅仅是冰冷的流程和工具；工作产品而不是单纯的文档输出；重视客户协作而不是简单的合同谈判；响应变化而不是循规蹈矩。在一整套以客户为中心的管理实践和价值观、要求，以及通过自组织、跨职能团队和客户之间的协作形成的解决方案的指导下，逐步形成了迭代和渐进式发展。[3] 这种文化强调客户服务集约化、不断迭代以及支持实验和创新。

然而，缺乏稳定性的敏捷会导致混乱。因此，比起完全放弃官僚制度，适度采用有利的官僚制度，可以帮助组织实现创造性和高效率活动的完美结合，从而获得长期的成功和适应性。为了实现快速适应，一系列官僚特征，包括资源分配、目标设定、结构，以及其他系统和过程，必须与战略紧密联系，并保持一致，且不断加以改进。换言之，如果一个官僚制度（职能正规化）能够支持结构、程序、分工和风险管理，那么就可以为企业提供稳定的基础，使产品和服务能迅速发展而不出现混乱。

### 整合团队

今天的许多挑战都超出了任何一个专业团队能独立有效应对的能力范围。因此，不同专业的个人和团体越来越愿意就重大项目，特别是那些涉及战略变革的项目进行合作，以实现更为一致的目标。然而，直到最近，这些专家社区都可能仍在筒仓中运作，不同专业背景的人以前可能没有在一起工作过，或分享过创新方法，或使用相同的沟通语言，因此，实践中可能缺乏一种共同的方式来描述、协商和处理手头的问题。

在这当中有许多文化、结构和概念上的原因，例如专业和职能（如人力资源、财务、管理）的不同"语言"（即语言表达、产品、习惯和惯例），尽管这些"语言"都有一些共通之处，但还是存在显著的差异。特别是，财务的"语言"在组织中似乎比"人"和人力资源的语言更强大，更具主导性。这可能不利于全面理解人如何成为价值创造的核心，以及组织如何成为人才发展的核心。

开放式创新挑战或实验可以将来自不同但相关专业的人员，与对相同的问题感兴趣的人聚集在一个共享的在线空间中，通过共同探索来帮助组织克服前进的障碍。

### 移动办公

创建"灵活的办公场所"通常是为了让员工进入市场建立业务关系，并赢得业务，同时也可以降低办公场所成本。随着移动技术的发展，以及满足不停联系市场的需要，昂贵的差旅费用和固定的办公场所逐渐受到质疑。卫星办公室是灵活办公的一种可选方式。这类办公室可以将大型的集中式办公场所分解成一些小型工作场所，这些小型工作场所通常离客户更近。特别是一些小企业正在越来越多地选择"酒店"式办公场所或共享办公室，其中，"酒店"式的工作空间可以为企业提供典型的办公场所所需的设施和服务；企业可以按小时、天、周租用，无须购买该办公场所。使用这类办公室的人通常都会获得可移动的文件柜，用于存放重要资料；根据需要，"酒店"式办公室还可以为个人提供计算机系统、电话和电子邮件等。酒店往往是与客户见面、合作和建立关系的理想场所。它们也日益成为集中处理紧急问题的场所。因此，酒店是已经成了除家庭和办公室外，人们完成工作的第三个重要场所。

### 全球团队

为了成功，企业比以往任何时候都更需要全球化，因此，组织必须跨越文化、大洲和时区进行沟通，以满足全球客户的需求；这些客户需要即时交付和24 小时服务。由于拥有庞大而成熟的通信网络，业务、项目、任务和工作正在转移到在不同地区具有专业知识和技能的组织中。全球分布式开发、生产、销售、物流和职能管理现在已是司空见惯。如今全球经济形势依旧不容乐观，企业差旅费用预算被压缩或者完全取消，虚拟工作团队越来越受到国际企业的欢迎。但最重要的是，这些公司希望获取的是专业技能和国外资源。

跨国公司尤其需要寻求建立多样化、多文化和跨地域的团队，在靠近产品生产地或者在当地子公司的地方建立研发中心，以快速响应当地市场和顾客需求，同时降低海外的固定成本和可变成本。因此，管理者和人力资源部门必须寻找、联系和协调多元文化的全球劳动力，而这项工作通常是在虚拟的网络中进行的。

分享知识的能力对于想要充分利用跨境创新的项目至关重要，而在线沟通可以迅速响应全球市场的需求。全球员工必须能够作为一个有针对性的、无缝衔接的团队来为客户提供服务并实现收入最大化，因此，管理者和员工必须具备艾米·埃德蒙森（Amy Edmondson）所说的团队合作能力——即使没有稳定的团队结构也能进行协调和协作的能力。[4] 但是，推动和管理跨国研发创新过程并非易事，有很多因素会阻碍协同创新。凯捷咨询公司的一项研究发现，典型的挑战包括在跨文化创新项目中管理者的领导力不足，以及缺乏跨国界的知识交流或分享。[5] 我们稍后会探究如何有效地实现远距离管理（请参阅"管理虚拟团队"）。

## 跨边界领导

为支持跨系统工作的团队，以及开发有吸引力的协作工作方式，需要跨部门领导，这涉及获取和分配团队外部的资源。领导者需要系统地思考和理解系统本身是如何工作的。他们必须立足长远，理解和处理来自不同组织的不同目标、文化和业务的冲突。他们需要培养在组织中起到承上启下作用的中层管理人员。

在当今全球经济中，组织由来自不同文化环境的员工组成，因此在文化领导方面可能没有"放之四海而皆准"的方法。人们逐渐意识到，以各种形式包容多样性，正是创新和社会公正的关键。文化参与往往是跨文化交流中最需要发展的维度，但同时也是决定人们投入多少精力才能改善当前现状的关键所在。通过在情感维度上的合作，领导者可以克服沟通中的障碍，在舒适区外也能创造商业利益。

这可能需要许多领导者转变他们的心态。塔伦·康纳（Tarun Khanna）认为，如果跨国公司不根据环境调整甚至重塑它们的经营模式和文化，那么它们不可能在陌生的市场上取得成功。[6] 在全球化组织中，植根于总部文化的思维模式可能会导致领导者对事物在不同文化背景下的运作方式下提出简单假设。"情境智力"的概念对人才培养来说至关重要。一个具有文化智慧的全球领导者能够放下习惯性的刻板印象，将人们视为有细微差别的个体，发现不同团队的众多差异中所蕴含的商业潜力。因此，领导者应该对需求保持警惕，并且认真倾听不同意见，做好及时调整的准备，这是促进真正对话和相互理解的关键。

## 虚拟工作的兴起

虚拟或远程工作可能是上述所有组织形式的一个共同特性。在某种程度上，虚拟工作只是一种灵活的工作方式。员工从中受益，他们节省了通勤成本；而雇主则留住了那些被在家办公的灵活性所吸引的经验丰富的员工。各种研究表明，在产生经济效益方面，采用虚拟工作方式的员工通常比采用传统方式的员工更富有成效，因为他们学会了如何通过在一天中其他任务间隙完成日常任务，以最大限度地减少等待时间。同时在虚拟团队中歧视也变少了，因为团队成员不用面对面接触，因此更关注团队产出，而不是成员的个体特征。[7]
而在许多情况下，采用虚拟工作方式是为了节约房地产成本。例如，英国电信
的零售部门，几乎所有层级的人都在家办公。

更广泛地说，虚拟团队也被称为跨地域团队，是一组跨越时间、组织和地
理边界进行协作的人员。卡西欧（Cascio）[8]认为虚拟工作的其他潜在好处包括：

- 节省时间、差旅费和日常费用。
- 更多且更快捷地接触到学科专家。
- 不需要现实中的接触就可以组建团队，因此避免了冗长的会议和停工时间。
- 扩大了潜在的劳动力市场。

虚拟团队可以是灵活的、动态的，通过将员工安排到多个不同的团队，它
可以改变团队成员构成以适应项目需求。虚拟团队可以缩短项目周期，提高创
新能力。[9]他们往往更有创造力，比传统团队更善于学习。

### 挑战

虚拟团队管理者所面临的挑战与传统团队管理者的挑战有些不同。在矩阵
结构中，虚拟团队管理者不仅可以领导他们自己的团队，还可以为其他人领导
的团队提供资源。也许其中最大的挑战是建立信任——这同时也是虚拟团队有
效运行的关键因素，但当人们没有实际接触时，很难建立信任。由于虚拟团队
管理者无法看见其团队成员，所以有些管理者很难相信员工正在工作；管理者
可能会尝试在一天当中的不同时间打电话来检查他们是否正在工作。这反而会
破坏管理者与员工的信任与合作关系。

虚拟团队成员可以说是身心远离组织，所以管理者必须处理团队孤立和沟
通困难的问题。英国电信的零售部门发现，虚拟或远程工作并不适合每个人，
因此公司还为虚拟团队成员提供机会，让他们在不同地点真正见面，以满足社
交和商业需求（请参阅上文的"移动办公"）。

英国的一个公共机构在 4 年内将其办公室的数量从 100 个减少到 40 个，将
1900 名员工中的 1500 人调动到完全灵活的岗位上。该组织为所有员工提供 4G
笔记本、黑莓手机和电子案例管理系统。这些设备可以确保员工能获得在线支持

和学习，也有助于"文化转变"。该机构特别关注工作的社交方面，无论员工的工作地点在哪里，都确保每位员工能参加每月的团队会议。同时该机构与合作伙伴组织达成协议，使员工能够与所服务的用户见面，进行必要的沟通。该机构还引入罗伯逊·库珀（Robertson Cooper）的健康与幸福工具，以便他们深入分析高绩效的影响因素，并发现那些喜欢在办公室工作的人出现的问题。

### 管理虚拟团队

英国智囊培训机构罗菲帕克调查了虚拟工作的本质，包括虚拟团队管理者的角色和全球团队的角色。[10] 下面的观察结果来自这项研究。

合作型文化专注于结果，支持员工的自主权和价值观的多样性；有效的虚拟团队管理者是合作型文化的主要构建者。文化障碍和差异通常可以通过合理的团队建设和文化认同练习来解决。团队成员间相互了解和理解，可以减少冲突，提高预期和归属感，从而提高团队的效率和生产力，同时还需要明确的规则、程序和决策过程，通过界定团队成员可以运作的边界来赋予团队成员权力并加快信息共享。有效的虚拟团队管理者应具有全局领导力，而不是一位微观管理者，并能有效地进行授权。

### 建立信任

对虚拟团队管理者来说，由于失去了和团队成员共处的优势，他们必须能够建立信任与关系——无论是远程的还是面对面的。例如，在访问区域办事处时，虚拟团队管理者可以集中精力，花费更多的时间与远程团队接触，从个体和组织层面了解团队成员，而不是简单地与他们进行"日常接触"。

### 交流

沟通对任何团队都是至关重要的，但虚拟团队采用电子邮件、电话、skype 等方式进行交流时，可能会遇到更大的困难。虚拟团队管理者需要确保与成员有定期互相交流的时间。这是为了与团队保持联系，不仅是为了正式工作或个人发展，也是为了日常工作。同时，他们需要留意潜在的疲劳迹象，对字里行间表达的意思要敏感。卓有成效的管理者要能够懂得其团队成员的沟通偏好，并有针对性地采用适当的方法和途径应对，例如，电话也可以用来聊天，而不是只发电子邮件来传达指令。

### 结果导向

同样，有效的虚拟团队管理者也是结果导向的。他们善于计划、协调和组织，并能同时推进多项任务。他们擅长远程管理绩效，以及制定明确的目标和绩效衡量标准。更重要的是，他们注重的是结果，而不是过程。在远距离评估绩效时，虽然没有常规的非语言线索，但是管理者仍然能够提供适当和及时的反馈，因为他们有定期的计划和对话监控，可以随时更新和检查项目进展情况。他们认可和奖励员工良好的表现。无论是在明确组织目标和"战略愿景"方面，还是与组织网络的连接方面，他们在组织内部都保持着广泛且良好的联系。因此，他们成为团队边界管理者和大使。虽然这些技能和特性对于大多数管理者来说是可以选择的，但对虚拟团队管理者来说，它们却是必要的。

## 工作联盟

越来越多的组织正在跨越组织界限，与战略联盟中的第三方和合作伙伴组织合作，其目的在于：

- 充分利用外部资源网络，及时调整组织规模。
- 在"后端"业务中实现规模经济，同时在"前端"维持与客户的关系和及时响应。
- 减少官僚主义对组织的影响。
- 及时获取关键技术。

因此，建立联盟的动机大致可以分为节约成本和促进增长创新两类。组织建立联盟的目的将决定所选择的联盟形式的性质、运作方式和利益主体。

### 什么是战略联盟

战略联盟有多种形式和规模，罗菲帕克的研究发现其中有一些明显的共同

之处：[11]

- 联盟都是战略性的，合作伙伴通过一系列的战略意图或目标联结在一起。
- 合作伙伴可以交换或共享资源和资产，如可以共享设施等实物资产，也可以共享营销、品牌管理成果、技术知识或流程专业知识等无形资产。
- 联盟可以促进合作组织中的成员进行交流与协作。

战略联盟不仅仅是大公司通过合资企业形式形成"紧密"联系。协作还可以通过各种各样的"松散"的组织形式实现，包括从关键成员或联合团队之间的交互再到共享公司实体等多种形式。联合行动既可以是被精确定义和高度结构化的，也可以是临时和机会性的。

我们普遍认为战略联盟具有以下共同特征：

- 合作——两个或多个的具有法律主体资格的合作伙伴一起在一个共同界定的领域内合作。
- 每个合作伙伴都希望通过联盟实现关键的战略目标。
- 如果联盟没有产生预期效益，每个合作伙伴均有权退出联盟。

常见的联盟组织类型如图 6-1 所示。

| 松散 | | 紧密 | | 松紧结合 |
|------|------|------|------|------|
| 非正式 | 契约式 | | 共享实体 | 融合 |
| 支持 / 学习 | 外包 / 供应商 | | 合资企业 | 多重联系 |
| 联盟例如<br>交叉销售 | 特许经营 /<br>授权经营 | | 共享服务 | 网络化组织 |
| | | 虚拟团队 | | |

图 6-1　联盟：一体化的范围

资料来源：罗菲帕克的研究，"战略联盟：让人们做正确的事"。

从非正式的一端来看，小公司的发展正导致许多新的商业网络兴起。个体经营者和微型企业可能会因为缺乏大型公司拥有的很多资源，从而选择与志同道合的伙伴共享业务发展机会、资源和学习机会。同样，咨询顾问越来越多地通过合作来解决客户的问题，共享资源（包括知识产权）和共同营销（成功的）结果。

与第三方订立的合同包括特许经营、授权经营、外包和离岸外包，可能还包括兼并和收购。其中存在着各种不同的联盟安排，如部分所有权、与优先受信任的供应商的关系、多个供应商合同、合资企业、财团和共享服务。例如，在英国的公共部门，各机构正在越来越多地为人力资源和 IT 支持人员开发集中式共享服务操作，作为其新型交付模式的一部分。

很多员工会在联盟中工作，有些可能是短暂的，而另一些人的工作时间可能会持续很多年。

## 外包和离岸外包

外包是指将企业非核心业务交给第三方专业机构，重新部署自己的人员和组织资产安排。这种形式的分包往往是建立在可以提高效率的假设之上。典型的外包业务包括餐饮、安保、清洁和设施管理、信息和通信技术、停车场、工资 / 人力资源服务、仓储和分配、营销、客服中心（投诉处理、售后服务）、财务和会计。如今一般的制造商会将产品的 70% ~ 80% 业务外包。[12] 有些外包合同是短期的和交易性的，旨在实现灵活性；而在其他情况下，外包可能是长期的，甚至可能会发生兼并的情况。

离岸外包是指将资产和工作流程外包给那些劳动力成本较低的发展中国家。这正是斯沃特（Swart）、珀塞尔（Purcell）和金尼（Kinnie）所说的"分包模式"的例子，[13] 它更多的是一种技能的重新配置，而不是真正意义上的技能互补的整合。[14] 这些安排（或至少是他们的合同）通常是"严格"管理的，因为有效管理外包关系本身就是企业的一种核心竞争力。许多被低成本劳动力市场吸引的公司，选择将部分产品或业务外包给那些劳动力成本明显较低的发展中国家，以减少企业短期内的预算成本。但是，如果他们对国内外包知之甚少，甚至对离岸外包的了解更少，就很有可能出现问题。

这就引出了另外一个问题：哪些资产是核心资产，哪些是非核心资产？答案并不总是那么容易给出。例如，许多公司都将人力资源流程外包给外部机构，比如招聘。但后来企业才意识到招聘是一个战略性的流程，因此企业又将招聘业务收回。有时，外包比以前的集成模式成本更高。在外包过程中也会出现一些其他的典型问题，包括不能令人满意的服务交付，不合作的供应商行为等，这些都导致从外包中获得的竞争优势不复存在。[15]

### 劳动力影响

在进行外包时，公司往往对员工的需求考虑得比较少。从公司的观点来看，如果外包能带来经济效益，那就是一个合乎逻辑的举措。然而，对于工作被外包出去的员工来说，这笔交易可能并不那么好。他们可能还会从事与以前相同的工作，但是工作的条件可能会发生变化。他们可能会发现自己需要与来自新兴市场的员工竞争，从而创造了一种不安全的环境和有限的工作承诺。[16]

在上述情况下，雇主和雇员之间的支持性社会契约就不复存在了。许多被解雇的员工最终会感到被背叛了，对失去福利和工作环境的变化感到愤怒，并对新公司的变化感到焦虑。当他们感到压力和不确定性时，许多人会陷入不理智的状态，从而导致生产力下降。由此产生的情绪创伤甚至会影响那些没有被外包出去工作的人，当他们怀疑自己是否会被"抛弃"时，他们的忠诚度可能急剧下降。因此，外包很容易对员工的工作动机和绩效产生负面影响，从而增加无形的成本，如失去宝贵的知识等。

另外，外包也会对一些人产生积极影响。如果外包出去的员工在以前就职的公司是被忽视的，他们可能会发现自身的技能现在被认为是有价值的，且可能会有职业发展和晋升的机会。他们可能还会比以前接触到更多的员工，并有机会发展新技能。正如韦恩·卡西欧所指出的，与重组战略将人视为需要削减的成本不同，更负责任的战略侧重于将人作为待开发的资产。[17]

## 战略联盟：创新模式

加入战略联盟的第二个主要目的是促进增长和创新。特别是数字化工作正在推动公司内部和公司之间的协作以实现互利共赢，这在大型建筑和汽车制造等行业更为明显。通常，建立联盟是为了实现仅靠企业自身无法完成的创新。在这种情况下，投资是指结合独特的技能获得竞争优势。这类企业包括利用潜在机会的"紧密"合资企业和"松紧结合"的"网络化组织"。

## 网络化组织

在知识密集型行业中，越来越明显的趋势是建立所谓的"网络化组织"，即一种松散耦合的形式，旨在为网络创造价值。网络或虚拟结构是所有形式中最灵活敏捷的形式。这包括一个小型的指挥部，它雇用外部公司作为职能部门。例如，它可能将制造部门、呼叫中心和分销部门外包。这可以降低管理费用，因为公司只雇用必要的服务人员。它可以通过快速调整供应商网络，轻松适应市场。由于外部公司控制流程，组织丧失一些控制权是不可避免的。基于这种情况，一部分解决方案是与供应商保持密切联系，以确保取得理想的结果。这种沟通网络常常由资源丰富的公司主导。如果主导企业的目标是创新，它将与拥有不同技术的公司或其他实体建立联系，并与它们共享知识、共同合作开发产品。在网络文化中，正发生着从"我的信息就是力量"到"分享就是力量"的转变。

例如，联合利华和葛兰素史克在其一半以上的研发项目中都加入了开放式创新元素，并且正在积极开发其开放式创新流程，使它们能够在复杂的全球市场中进行竞争。对联合利华来说，合作关系对于实现它们所谓的"三大目标"至关重要，即帮助10亿人改善他们的健康和福祉、减少产品对环境的污染，并使他们的农产品百分之百可持续供应。研发战略的重点是联合利华各中心主导的创新生态系统。其中包括围绕各中心的科学网络（大学等）、更广泛的科学和技术界、战略商业伙伴（私人）和热点区域（公共和私人）。在创新和盈利方面，合作伙伴关系对于创新和盈利的成效已经初步显现，它被认为是建立未来获胜能力所不可或缺的关键因素。

2007年，葛兰素史克公司开设了"GSK创新"网站，邀请人们将他们的技术或创新成果提交给该公司评估。葛兰素史克称此过程为"想要—发现—获得"模型。它们"想要"有助于自身成长的创新。它们通过与创新者建立联系网络来"发现"这些"需求"，然后与创新者一起"获得"技术。葛兰素史克公司还与英国政府和维康信托基金合作，为开放式创新提供了另一条途径。现在来自世界各地的科学家聚集在葛兰素史克位于英国斯蒂文尼奇的一个园区里，建立了一个全球生命科学产业中心，同时从葛兰素史克的资源和设施中获益。

## 在联盟中工作：主要特点和挑战

不管性质如何，战略联盟所带来的管理和人才的挑战是巨大的。联盟的核心是企业愿意消除组织间和人们心中的界限，并向具有不同技能和工作方式的合作伙伴学习。

### 模糊性

联盟以共享所有权 / 治理权为基础，具有模糊、复杂的控制线和职责。而合并意味着公司的所有权是明确的，"新秩序"已得到法律批准，形成新的公司实体和管理结构。与合并不同，联盟更具流动性、临时性和复杂性。因此联盟是脆弱的，它容易受到问题的影响，与固定的组织形式相比，员工的工作通常会面临更大的不确定性。

联盟需要得到范围更广泛的个人和员工群体额外的承诺与合作。因此，联盟治理的一个重要部分就是不断进行协商，管理期望、处理冲突和建立共识。这就要求管理者能在控制与合作中保持平衡，了解他们应该在哪些地方严格管理联盟，在哪些地方只保留少许控制权，并允许产生协同效应。

### 权力机制

虽然驱动企业建立联盟的因素可能是明确的，但联盟企业的权力机制可能不那么明显。这是一个平等的伙伴关系，还是一家独大？人们在联盟中的感觉如何？他们是舒服的还是不舒服的，或者在联盟中有没有分歧？不管联盟的理由是什么，即使在战略形成与合作伙伴选择阶段，也可能会有思想和情感的激烈碰撞。在许多情况下，联盟产生于关键人物之间的紧密关系，即使联盟最初的目的已经实现，但如果还是同样的人参与，联盟也会继续。相反，尽管有强大的因素驱动企业进行联盟合作，但是如果其中有企业选择离开，或者在联盟中有企业失败，那么联盟往往也会失败。

毋庸置疑，即使在联盟中，企业都有各自的长期战略目标，在联盟关系中一定程度的冲突也是不可避免的。企业往往对它们"隐藏"的期待讳莫如深，这是可以理解的。例如，它们可能计划从它们的合作伙伴那里窃取专业知识，或者暗中收购合作伙伴。与其希望能够避免这种冲突，不如围绕共同点建立联盟，并建立有效解决分歧的机制。现在企业面临的挑战是如何建立信任和友谊、促进合作和创新。

### 关键成功因素

不管交易双方之间的关系多么紧密，信任通常都是通过明确的合同和角色规范来体现的。约翰逊（Johnson）和斯科尔斯（Scholes）认为合资企业的关键成功因素如下：[18]

- 对承诺、信任和文化敏感的积极态度。
- 清晰的组织安排。
- 所有合作伙伴都希望能从联盟中学习，而不是被作为缺乏能力的替代品而被利用。
- 允许联盟发展和改变，而不是一开始就过于狭隘地规定它的范围类型。
- 合作伙伴需要共同努力建立强有力的人际关系，包括与不断变化的环境保持联系和灵活性。
- 决策权非中心化，企业双方都有充分的自主权。

需求、短期目标、期望、长期目标和结果应明确表达出来，并与合作伙伴达成一致。同时还需要明确双方相互竞争的领域，以便就日后如何处理潜在的利益冲突达成共识，包括明确分享信息和知识的重要性。当规则明确，并有共同承诺时，出现误解的风险就会降低。

### 关系

联盟伙伴之间的关系是"联盟"的基本概念。但问题在于，在联盟中组织之间并没有关系，只有个人才有关系。所以在很大程度上联盟主要是人际现象的集合，有效的人际关系是联盟成功的关键。[19] 联盟失败的原因通常是关键人物已经离开，没有其他人与联盟伙伴形成新的密切关系。

由于联盟关系可能充满了不确定性和紧张关系，因此，参与联盟的人彼此间建立良好和信任的关系显得更加重要。联盟越开放或非正式，关系就越重要，因为没有正式的合同将合作伙伴紧密联系在一起。无论是在组织层面还是个人层面，联盟成员都必须努力建立合作和融洽的关系，但始终要注意的是，联盟的核心是两家独立的企业之间的临时商业协议，它们各有自己的利益和优先事项。似乎正是这种关系的人性特质，才使人们更好地处理联盟中的模糊性和不确定性。

联盟为组织和个人提供了新的合作和竞争轴心。当它们沿着这条路线前进时，人们需要摆脱旧的确定性，拥抱新的不确定性。传统的控制机制，无论是正式的还是非正式的（报告结构、薪酬体系、文化规范）在联盟中都可能不复存在了，这要求个人和团队在如何实现联盟目标的问题上有自己的判断和选择。巩固联盟、填补流程和结构缺失时的空缺，需要个体承诺，以使联盟发挥作用。在联盟中，个体占据着中心地位。

联盟伙伴需要理解彼此的目标，追求"共赢"的解决方案，这往往需要彼此妥协。如果设定了明确的目标，那么联盟伙伴就应该有标准来衡量成功。这些高层次的目标需要在团队和个体层面转化为明确的短期目标。在正式的管理流程和联盟正在形成的"精神"之间，需要达成一种平衡。在联盟早期，太多的官僚主义意味着缺乏信任，扼杀创新。如果人们对新机会保持开放的态度，就会产生意想不到的协同效应。

### 关键角色

联盟中有很多关键角色，但其中最重要的两个角色是拥护者和"联盟经理"。资深的拥护者在联盟早期阶段是至关重要的，在维持企业对联盟的承诺方面也是如此。联盟经理的角色可能会出现在不同的职位中，是为联盟提供"黏合剂"的关键角色。他对业务负责，在合作伙伴之间工作，代表所有利益相关者。

联盟与母公司的关系可能更难以管理，有些母公司的控制欲较强。在某些情况下，联盟经理的精力更多放在协调母子公司之间的差异上，而不是处理联盟业务。一位管理者形容理想的联盟经理是真正理解"双赢"解决方案的人。联盟越松散，对其他合作伙伴的直接控制力就越小，因此，在没有直接控制权的情况下，影响、谈判和说服是联盟经理必不可少的技能。

高效的联盟经理是天生的还是培养出来的？斯佩克曼（Spekman）等人认为，非常成功的直线经理不一定能成为优秀的联盟经理，因为他们"须身兼数职……他们必须能够轻松应对运营、战略和政策层面的问题，并能够在这些层面之间轻松地采取行动，因为每一个层面都会对联盟生命周期的一个或多个阶段产生影响"[20]。他们认为，有些技能可以传授，如职能和管理技能；其他技能可以获得，例如守信和尊重、个人关系网络，甚至是人际交往技能，比如机智、敏感和跨文化意识。然而，某些关键能力，如"虚拟思维、创造力、实用主义、质疑，似乎是不能传授的，更多地与他们能以不同的方式思考和看待世界有关"。

另一个关键的联盟角色是"微型交易者"。[21] 联盟各方员工在日常和每周的互动中会有各种各样的微型交易。这些微型交易者在推动合作交流过程，保护和防止关键技能转移到合作伙伴，以及充分利用学习机会方面都扮演着重要角色。

此外，"看门人"这一角色则负责监督各种知识的转移，并全权负责准许合作伙伴接近相关的组织及其人员和流程。朗（Lang）描述了边界管理人员的重要作用，他们"帮助创造和重建行为模式，这些行为本身就成了关系的标准"。[22] 担任这些角色的人员创建和保护联盟边界，并确保合作伙伴之间可以进行对话。

## 建立联盟文化

建立联盟需要企业发展各自的文化，通常有别于任一种父辈文化。就人类而言，联盟就是合作，相互依存和互惠互利，即便利益和复杂性会不同。一些在多个联盟工作的人提出，有一种更通用的"联盟文化"正在发展。它包含源于某种文化的行为模式，联盟员工会在不同情况下表现出来，如对与他人间的积极关系会关注得异常强烈，有些方面也表现得谨慎小心，包括个人的善举或者慷慨行为，以及尝试友好解决问题方面。此外，联盟"文化"体现在日常工作中，也就是说，使用共享的业务活动中的操作程序，关注业务目标和事务优先级，有效利用会议安排和目标设定。

## 行为的基本准则

"文化"的概念似乎非常抽象，那么如何将这种对联盟关系的理解转化为人们可以使用的东西呢？与虚拟工作一样，最简单的解决办法是将调解差异和冲突，以及建立信任的策略转化成某种行为形式，比如建立行为"基本准则"，这可能是讨论和商定人们合作方式的一种更为实际的手段。

高级管理人员在鼓励双向沟通方面发挥着关键作用。他们需要参与到日常运作中去，这样他们才能随时掌握事态的发展。通常，在联盟的早期阶段，沟通是自上而下的。但更为理想的情形是鼓励员工更多地参与，管理者应尽快建立自下而上的沟通过程。

每个联盟的决策过程都不一样，而且往往很困难，因为报告路线复杂，需要在合作伙伴之间达成共识。决策过程必须在联盟正式形成之前达成一致。在合资企业中，如果有大股东，决策过程可能更容易达成一致。最初，由于参与决策过程的人太多，决策过程可能会很慢，因此需要足够的时间来建立信任。首先需要明确的是哪些决定需要提交给母公司，哪些可以由联盟经理在当地处理。决策过程本身也可以成为竞争优势的来源，组织可以通过了解问题解决思路来更多地认识它们的合作伙伴。

## 冲突与建立信任

由于组织具有不同的战略和长期目标，大多数联盟都存在组织间冲突。此外，信任是逐步形成的，但很容易被摧毁。联盟伙伴出于自身利益的考虑，是选择比较信任还是很少信任它们的合作伙伴？[23] 共享相关信息对于合作伙伴履行其在联盟中职责的能力至关重要。然而，在高科技和一些更复杂的国际性制造业联盟中，控制竞争信息是一件非常困难的事情。敏感的市场信息可以通过当地规范的变化来了解，而对那些决心学习的组织来说，所有信息都可以用来深入了解潜在竞争者的能力和市场。由于这个原因，有时很难实现对更加开放的文化的改变，而且会产生猜疑。因此，联盟的目标不是绝对信任，而是建立一种环境，在这种环境中，合作伙伴的信任程度足以避免在整个联盟过程中彼此互相猜忌。

在个人层面建立和保持信任是解决潜在冲突的关键手段。信息交流的程度体现了合作伙伴之间的信任程度。分享的信息越多，信任程度就越高。然而，人们还需要清楚他们应该保护哪些信息。帕克赫（Parkhe）提出了一些实用的建立信任的方法，比如避免意外、开放沟通和关键人员之间频繁的积极互动，然后进行绩效评估和检查。[24] 同样，阿克塞尔罗德（Axelrod）强调通过公平竞争和为了长期利益放弃短期收益来"与人为善"。[25] 路易斯（Lewis）还建议"发现问题"，即联盟伙伴主动提出潜在的问题，从而减少意外情况的发生，并帮助建立每个合作伙伴都在关注对方利益的信心。[26]

 ## 案例分析：创意联盟中的曼彻斯特联合商学院

非常感谢曼彻斯特大学曼彻斯特联合商学院卫生领导学教授兼项目主任安·马洪所做的领导力发展案例研究。本案例讲述了曼彻斯特联合商学院与伯明翰大学作为毕马威领导的创意联盟的一部分，如何与世界第五大雇主——英国国家卫生服务局（NHS）合作，共同创建旨在改变 NHS 文化的领导力发展计划。

### 通过创意联盟设计创新和有影响力的高管教育项目

如今，NHS 是世界第五大雇主，在英国有 170 万名工人，其中 120 万人在英格兰。然而，它也面临着巨大的劳动力挑战。自 2010 年以来，除管理和后勤职能部门外，其他部门的员工群组都有所增加。护理人员也严重短缺，而英国脱欧对英国医疗体系的影响仍不确定。目前，英国有 10% 的医生、5% 的护士和更多医护人员来自欧盟国家。[27]

近年来，一系列备受关注的病人护理失败丑闻导致了媒体对 NHS 的报道充满敌意，公众对它的管理和领导失去了信心。特别是，弗朗西斯（Francis）在 2005 ~ 2009 年间调查了斯塔德福郡国民保健服务信托机构提供的病人护理情况，发现尽管有一些特定的个人对此负有责任，但问题是系统性的。病人护理失败，和从董事会往下的区域性系统内所有 NHS 组织的领导失败有关。[28] 另一项针对 NHS 领导力的重大研究发现，占主导地位的领导风格是标杆式领导。这也许可以解释斯塔福德郡领导层的一些失败，因为尽管这种风格可能基于良好的初衷，但是它产生了负面效应，扼杀了创新，削弱了护理人员对组织的责任感，并降低了护理标准。[29] 因此，改变 NHS 的管理和领导文化所面临的挑战非常巨大。

忽略全局的局部改正不是好办法。这一问题的严重性意味着，NHS 的领导层需要接受彻底的调查。当时的政治氛围是有利的——联合政府执政，财政紧缩尚未成为现实。NHS 刚刚建立了一个新的领导学院，该学院有动力，有雄心，有激情，希望有所作为。

### 创意联盟

正是在这一背景下，2012 年，NHS 领导学院呼吁为向 NHS 的各级管理者和领导者提供领导力发展计划筹集资金。[30] 从该笔资金的使用范围、影响和水平来看，该计划的雄心是前所未有的。为设计和实施领导能力发展计划，有人号召供应商或财团与 NHS 领导学院合作。这一呼吁不是要求制定计划蓝图，而是要求供应商或财团以一定的速度、规模做出回应，并共同开发一个定制化的创新设计。

曼彻斯特联合商学院希望回应这一号召。不仅仅是它，其他商学院也常常因未能为工业、公共服务提供所需的技能和人才而受到批评。技能差距和技能转移差距都存在。霍尔（Hall）和罗兰（Rowland）通过对英国管理教育的研究得出结论，传统的教学大纲并没有为领导者提供发展组织所期望的敏捷领导技能的机会，因为这些课程的特点是强调内容而非过程——现在看来，这种方法既不可取，也难以接受。[31] 除过时的教育学的弊端之外，商学院也被认为是孤立和排外的。除非它们进行创新，变得更加灵活和敏捷，否则其他供应商将取代它们。

与他人合作的能力是关键。如果要通过创造社会价值的方式解决"重大挑战"，柯里（Currie）、戴维斯（Davies）和费利（Ferlie）呼吁商学院"降低门槛"，与其他大学部门加强协作。[32] 然而，如果商学院要保持其高管教育重要提供者的市场地位，这种合作就需要超越大学伙伴关系。[33]

2012 年年底，应 NHS 领导学院的招标邀请，毕马威与曼彻斯特联合商学院、伯明翰大学、哈佛大学公共卫生学院及其他机构建立了合作伙伴联盟。在组建联盟之前，创意联盟的每一个合作伙伴至少曾与联盟中的一个伙伴合作过。NHS 领导学院也成为创意联盟的一部分。2013 年 2 月该联盟正式成立。各方的期望很高，紧迫感也很强。该联盟本身必须敏捷：从获得合同到 2013 年 10 月招募第一批学员，仅有 8 个多月的时间。

### 创意联盟在行动

创意联盟的成员共同参与了标书的编写过程。许多因素对这一联盟的建立和维持产生影响。个人和组织价值观是成功的关键因素之一，这为建立融洽关系、包容和努力发展一套共同的价值观奠定了基础。我们在组建联盟期间以及整个投标过程中都这样做了。我们花了许多天共同工作（面对面或虚拟）探索可供选择的设计方案，但更重要的是形成我们共同的价值观、信任和一致的工作方式。在准备、排演和为期两天的推销阶段，我们都投入了大量的时间和精力，这次投入很重要也很密集。它有助于建立一个合情合理的可信的创意联盟，并建立基于信任、挑战和共同价值观的个人和职业关系。

我们面临着各种挑战和紧张的局势，速度、规模、期望和我们自己的集体价值观，都加剧了这些挑战和紧张的局势，这同时也使我们与众不同、追求卓越。例如，从商学院和大学的角度来看，学者们是在设计和交付自己的教育模块，同时他们需要接受来自学术同行、外部审查员和其他标准化的大学质量保障流程的挑战和批评。在联盟采用的共同创作模式中，内容和教学方法的设计工作虽然由大学主导，但它们是与 NHS 领导力学院和联盟的其他成员共同合作完成的。此外，紧密的项目管理也增加了过程的强度，这是特别具有挑战性的。

从与 NHS 领导学院的共同愿景、共同价值观和密切的工作关系中，我们学会了保持好奇心，认识到响应能力、挑战性和灵活性的重要性。我们也深入了解了不同的组织文化、工作方式、约束和自由的关键点，这使我们能够很好地彼此合作以发挥各自的优势，并在一个紧迫而苛刻的时间框架内灵活而快速地做出反应。

### 安德森方案

在此期间诞生的卫生保健领导学硕士（也被称为安德森方案）就是这种共同努力的产物。这个为期两年的国家项目提供了理学硕士学位和高级领导发展奖的双重奖励。参加者来自不同学科、专业和 500 多个 NHS 组织。该方案在设计方面的挑战主要包括如何实现以参与者为中心的学习，如何实现超越个人影响力，以及如何将领导力开发方案与学术方案相结合。

该计划的目标是在一个总体框架内开发与创新相关的关键敏捷领导力属性，该框架着重于三个关键要素：

- 从客户、顾客、供应商或消费者那里产生新的想法或需求——创新之前或触发创新的社会环境。
- 将这些需求付诸实践或实现。
- 随后为客户或顾客创造价值。

该方案的设计以四项核心领导原则和两条黄金思路为基础。它们定义了在NHS中，高质量领导应该关注什么（见表 6-1）。

表 6-1  支撑设计的原则和思路

| 核心领导原则 | 黄金思路 |
| --- | --- |
| · 实现以人为本的协调护理<br>· 创造质量文化<br>· 改善患者体验的质量<br>· 认识自我，提高护理质量 | · 聚焦患者体验<br>· 聚焦质量、多样性及包容 |

这些原则和思路为设计方案的内容及教学方法提供了依据，也是在方案设计的早期阶段与病人和护理人员的协商中逐渐形成的。教学方法是混合学习，强调多学科和综合内容、经验学习，以及对内容和过程的思考。与学术要素相比，方案的经验要素也得到了同等的重视。混合学习还包括通过虚拟在线校园，以及一对一和小组辅导的教程交付模块。

**实施**

该课程自 2013 年 10 月推出以来，已有超过 2500 名学员注册，超过 1000名学员获得了双重奖励。尽管该项目规模庞大，但通过导师三人小组和群组授课模式，以参与者为中心和个性化的关系得以实现。

该联盟所创造的价值通过内部评估，以及领先的英国市场研究公司益普索莫利调查机构（Ipsos MORI）的独立评估，进行了确认。有一些证据已经证明了该联盟在组织层面产生的影响，但由于缺乏来自参与者和组织的支持，这种影响受到了抑制。该方案在个人和团队层面影响最大，已有证据表明它对职业发展和晋升有很直接的积极影响。实际上，参与者已经学会了如何成为敏捷领导者，并能承担需要他们做出积极改变的职责。他们正将自己的学习成果应用于自己的工作中，培养一批渴望提高学习敏捷性和积极变革动力的伙伴。

因此，正如本案例所示，商学院作为创意联盟的一部分，可以在领导能力发展计划的设计和实施方面提供创新，这些项目能够满足日益增长的对定制化、提供综合干预措施和以真正敏捷的方式施加影响的需求。

## 有效联盟的关键技能和行为

可以说，联盟是敏捷工作中最具流动性和模糊性的代表。因此，为了使这些组织联系发挥作用，员工和管理者应具备使所有能够成功进行敏捷工作的技能。具体包括以下内容：

**建立一种开放的领导风格**（特别是高层领导）联盟的工作似乎需要一种非正式的和更为开放的个人领导方式，而不是传统的层级分明的组织模式。这表明组织不会隐藏问题，并且鼓励个人主动采取行动。提倡联盟的开放管理风格符合一种更普遍的转变，即从太慢而无法有效运作的"命令和控制"行为方式转向支持授权的行为方式。

**了解合作伙伴的需要**要与其他组织合作，你必须真正了解他们从哪里来，并表明你对他们的理解。如果没有这种商业和文化上的理解，谈判和解决问题几乎是不可能的；所以，文化敏捷性是必不可少的，即对其他人行为的敏感，以及在适当的时候改变自己行为的能力。友谊也尤为重要，它能够帮助你快速建立良好的人际关系。

**聚焦目标**每个成员都需要清楚地了解联盟的意义和价值。由于联盟可能是模棱两可的，所以人们需要更加努力地确定共同的临时目标。他们需要对自己和伙伴的业务有广泛的了解，也需要从更广的视角来看待联盟。这可能会将对战略业务的理解向下推进到组织结构中较低的层级，而非泛泛的理解。

**管理差异，通过协商迈向成功**一般来说，自身需求与合作伙伴的需求可能会发生冲突。联盟工作人员和管理者需要多种管理技能来处理大大小小的冲突，需要注意的是，过多地讨价还价可能会使联盟破裂。成功的联盟员工知道什么时候该坚定立场，什么时候该让步。这同时也需要耐心，有时需要创造力以及经典的谈判技巧，即在不破坏关系的前提下解决困难和冲突的能力。

分歧和紧张关系必然会出现。成功的联盟运作需要在对彼此关系的基础造成的损害最小的前提下提出并解决问题。公开处理分歧，总比任由事情进一步恶化要好。

**运营效率**　各项工作需要分工明确，并有相应的流程来确保在复杂和不断变化的环境中实现交付。与传统业务相比，良好的日常工作流程在联盟中更为重要。在构建联盟员工的技能组合时，一般的团队工作流程和规程会有所帮助，尤其是对在项目团队和跨职能团队中工作的人，因为他们来自不同的组织。采用项目管理规程可以在很大程度上弥补文化差异带来的弊端，项目可以满足每个人都拥有共同的目标、时间表、责任表以及定期审查进度的需要。在大多数的非正式联盟中，这种项目管理方法使效率得到了大幅度的提高。

**沟通与信息**　正式和非正式的沟通都对避免误解和加强信任至关重要。沟通需要开诚布公，但是联盟伙伴也需要判断他们将分享什么信息。

**容忍模糊性**　管理复杂性，比如处理许多问题和许多信息，特别是对联盟关系管理者来说，可以反映出其业务水平和忠诚度。尤其是，联盟工作者需要较高的情绪适应能力。他们可以感觉到他们给了联盟很多情感能量，这是组织可能看到也可能看不到的。对联盟中的成员来说，对其他人的耐心和友好都消耗了大量的个人能量。人们需要找到让自己继续前进的策略，能够从别人那里获得支持，而且不需要个人承担任何失败的风险。

### 联盟技能或终身受用的技能

这些技能和行为与人们通常所说的工作中的技能转变有着惊人的相似之处。文化敏感性和谈判技巧在不同的国家、工作组、职能领域和部门中的应用与在联盟伙伴之间的应用同样重要。也许我们应该把联盟工作者看作当今工作技能潮流的引领者。员工也应该把在联盟中工作的机会看作学习不同的工作方式的机会，这有助于他们的发展。

参与联盟的个人可以从他们的经验中学习如何更广泛地了解业务，以及如何处理更复杂的人际关系，尽管这不需要与组织中的其他人讨论，积累的是个人经验。在联盟中，他们的学习目标是为个人工作而建立的，在绩效评估和团队会议中也会讨论学习内容，从而可以提高个人学习能力。在此过程中，联盟应注意建立学习、分享和保护信息的流程。

一些人力资源团队正在通过记录联盟的经验来提高组织学习和主流的联盟技能，以期在未来能形成良好的合作伙伴关系。其他人根据过去的经验为联盟工作人员提供了资源包。组织也可以通过更广泛的联盟评估进行学习，包括文化评估和业务成果评估，确定哪些是行之有效的，哪些存在问题。

## 本章小结

与拥有完整团队和指挥控制管理风格的传统结构相比，这些更灵活的组织形式和工作安排说明了应如何为组织和员工提供敏捷性。它们有许多共同的挑战，尤其是建立信任的困难和管理的模糊性与冲突。同时，它们是新方法和技能快速发展的沃土，企业应该利用它们，抓住新方法：

- 形成共享愿景和共享知识的过程至关重要，处理冲突和处理模糊性的过程也至关重要。
- 更灵活的组织形式要求更为复杂的人际关系技巧和工作实践。
- 信任（或缺乏信任）是决定联盟能否取得成功的重要因素。信任可以通过坦诚并提供适当支持来建立。
- 员工是组织之间的桥梁；他们应当有权在基层做出决定。

考虑到这些跨界联盟的发展，以及虚拟团队和联盟团队工作所需技能的相似性，组织可能会考虑是否应该将这些技能（或许应称为"与合作伙伴一起工作"）主流化，用于大多数员工的培训和开发。组织学习可以在对商业联盟成功的更正式的评估中进行，特别是通过跟踪业务指标或关键指标来评估初始目标的实现情况，也可以通过更全面的评估和学习经验的记录来提升。

在下一章中，我们将继续研究如何使组织结构变得更加敏捷，并考虑如何设计组织敏捷性。

## 自查清单

你们的联系如何运作？

- 目前的结构在多大程度上促进或阻碍了对工作过程 / 能力、职能、产品、方案、客户、地域或伙伴的灵活管理？
- 高级领导层对联盟工作负有多大的责任？
- 你现有的人力资源实践是否促进或阻碍了协作和整合？
- 团队成员是否在一开始就接受了有关文化差异和沟通障碍的培训？
- 冲突浮出水面和处理冲突的过程是什么？
- 如何管理不同方法间的差异？
- 各方之间的沟通有多有效？
- 人们在学习新的技能和方法时获得了多少帮助？
- 从合作伙伴那里学到了什么？如何应用到本企业的实践中？

# 注释

1  Galbraith, JR (1992) *The Business Unit of the Future*, CEO Publication G 92–3 (206), University of Southern California.

2  Worley, CG, Williams, T and Lawler, EE III (2016) [accessed 13 March 2018] Creating management processes built for change, *MIT Sloan Management Review Magazine*, Fall [Online] https://sloanreview.mit.edu/article/creating-management-processes-built-for-change/.

3  Denning, S (2013) [accessed 15 March 2018] Why Agile can be a game changer for managing continuous innovation in many industries, *Strategy & Leadership*, **41** (2), pp 5–11 [Online] https://doi.org/10.1108/10878571311318187.

4  Christensen, K (2013) [accessed 30 August 2014] Thought leader interview: Amy Edmondson, *Rotman Magazine*, Winter, pp 10–15 [Online] http://www-2.rotman.utoronto.ca/rotmanmag/ThoughtLeader_Edmondson.pdf.

5  Miller, P *et al* (2012) [accessed 30 August 2014] Innovation Leadership Study: Managing innovation – an insider perspective, CapGemini Consulting [Online] http://www.capgemini.com/resources/innovation-leadership-study--managing-innovation-an-insider-perspective.

6  Khanna, T (2014) Contextual intelligence, *Harvard Business Review*, **92** (9), September, pp 58–68.

**7** Wilmore, J (2000) Managing virtual teams, *Training Journal*, February, pp 18–19.

**8** Cascio, WF (2000) Managing a virtual workplace, *The Academy of Management Executive*, August, **14** (3), p 81.

**9** Lipnack, J and Stamps, J (2000) *Virtual Teams: People working across boundaries with technology*, John Wiley and Sons, Chichester.

**10** Smith, A and Sinclair, A (2003) *What Makes an Excellent Virtual Manager?*, Roffey Park, Horsham.

**11** Garrow, V et al (2000) *Strategic Alliances: Getting the people bit right*, Roffey Park, Horsham.

**12** Corbett, MF (2004) *The Outsourcing Revolution: Why it makes sense and how to do it right*, Dearborn, Chicago.

**13** Swart, J, Purcell, J and Kinnie, N (2005) Knowledge Work and New Organisational Forms: the HRM challenge, Working Paper Series 205.06, University of Bath.

**14** Dyer, J and Nobeoka, K (2000) Creating and managing a high-performance knowledge-sharing network: the Toyota case, *Strategic Management Journal*, **21**, pp 345–67.

**15** Moran, J (1999) Outsourcing successful if bottom line improves, *Computing Canada* **25** (34), pp 27–28.

**16** Kakabadse, AP and Kakabadse, N (2000) Outsourcing: a paradigm shift, *Journal of Management Development* **19** (8), pp 668–778.

**17** Cascio, WF (2002) Strategies for responsible restructuring, *Academy of Management Perspectives*, 1 August, **16** (3) pp 80–91.

**18** Johnson, G and Scholes, K (1999) *Exploring Corporate Strategy*, 5th edn, Prentice Hall, Harlow.

**19** Spekman, R et al (1996) Creating strategic alliances which endure, *Long Range Planning*, **29** (3) pp 346–57.

**20** Ibid.

**21** Hamel, G and Doz, Y (1998) *Alliance Advantage: The art of creating value through partnering*, Harvard Business School Press, Boston.

**22** Lang, JW (1996) Strategic alliances between large and small high-tech firms (the small firm licensing option) *International Journal of Technology Management*, **12** (7/8), pp 796–807.

**23** Parkhe, A (1998) Understanding trust in international alliances, *Journal of World Business*, **33** (3), pp 219–40.

**24** Parkhe, A (1998) Building trust in international alliances, *Journal of World Business*, **33** (4), Winter, pp 417–37.

**25** Axelrod, R (1984) *The Evolution of Cooperation*, Basic Books, New York.

**26** Lewis, J (1989) *Partnerships for Profit*, Free Press, New York.

**27** Kmietowicz, Z (2016) [accessed 15 March 2018] Brexit – not EU membership – threatens the NHS, 60 eminent doctors say, *British Medical Journal*, 353 [Online] https://doi.org/10.1136/bmj.i3373

**28** Chambers, N *et al* (2017) Responses to Francis: changes in board leadership and governance in acute hospitals in England since 2013, Department of Health, Policy Research Programme, PR-R11–0914–12–003; Francis, R (2013a) [accessed 15 March 2018] Report of the Mid Staffordshire NHS Foundation Trust Public Inquiry [Online] https://www.gov.uk/government/publications/report-of-the-mid-staffordshire-nhs-foundation-trust-public-inquiry; (2013b) The Mid Staffordshire NHS Foundation Trust Public Enquiry Press release; (2013c) Report of the Mid Staffordshire NHS Foundation Trust Public Inquiry: Executive summary.

**29** Lynas, K (2015) The leadership response to the Francis report, *Future Hospital Journal*, 2 (3) pp 203–08.

**30** European Federation for Management Development (EFMD) (2016) The NHS Leadership Academy and Alliance Manchester Business School: Cultural change on a national scale, *Global Focus*, 3 (10) pp 5–6.

**31** Hall, RD and Rowland, CA (2016) [accessed 15 March 2018] Leadership development for managers in turbulent times, *Journal of Management Development*, 35 (8), pp 942–55 [Online] https://doi.org/10.1108/JMD-09-2015-0121.

**32** Currie G, Davies J and Ferlie, E (2016) A call for university-based business schools to 'Lower Their Walls': collaborating with other academic departments in pursuit of social value, *Academy of Management Learning and Education*, 15 (4) pp 742–55.

**33** Lubeck, J, Cheng, BS, Myszkowski, G, Doedijns G, Drew, D and Snow, S (2016) Future Trends in Business Education Executive Care, Unicon Research Report, Unicon.

# The Agile Organization

## 第 7 章

# 敏捷组织设计

组织领导者都知道企业的竞争力取决于加速变革的实现和敏捷性。想要成功，组织必须进行变革，在环境需求和自身能力之间寻求新的一致性。根据艾德·劳勒三世教授的说法[1]，在当今日益动荡的环境中，这种一致性只是暂时的。

毫无疑问，随着企业采用新的商业和雇用模式，人们对重塑组织和改造工作方式的兴趣明显增加。组织越来越倾向于认为组织设计是一种强大的工具，可以用来驱动绩效改善、增加灵活性、提高效率、为客户提供服务，并降低成本。

当然，组织设计的范畴远远超出了组织结构设计；要实现敏捷性，关键是要激发人们的积极性，使他们能够以新的方式工作。这意味着整个系统的设计应该能够让人和机器协同工作以交付客户成果。主动学习、重新设计和快速实施必须成为以组织设计和运营为支撑的核心组织能力。

多数情况下，关于组织结构和运营系统的决策一旦确定，人力资源和组织发展的专业人员往往就会参与设计工作。尽管高级管理人员设定了业务策略并以行动给予支持，但他们必须拥有敏捷的思维方式，从而让设计过程更加精确和高效。在当今的数字时代，领导者需要采纳来自人力资源部门的意见，确保新的设计形式达到驱动员工实现更高绩效目标的目的。

在第6章中，我们研究了一些组织是如何实现灵活性的。在本章中，我们将考虑一些最新的敏捷结构化方法和人力资源用来推动实现有效组织设计的方法。我们将分析：

- 对更敏捷的组织设计的需求。
- 系统性授权方法。
- 组织设计的新方法。
- 敏捷的设计流程。

## 敏捷组织设计的需要

正如第1章所讨论的，数字革命通常被称为"第四次工业革命"，它正在改变竞争格局，引发了竞争大幅波动，造成市场动荡以及客户行为的快速变化。技术也在推动工作方式和组织最终交付的成果发生根本性变化。在网络融合、开创性的通信技术创新和客户偏好迅速变化的世界中，创新性解决方案不断涌现；而在以前，只有专业咨询机构才会提供此类方案。信息和通信技术的创新使得网络能够紧密相连。社交工具处于计算机、数据和人三者交互的汇合点，例如维基百科，这使得社区能够利用自身的优势识别和解决自己的问题，而不用依赖他人。最终，这些技术使自组织（self-organization）得以体现，并创造出一个集群单元网络，新的模式就此产生。这种强化智能模式与传统的人工智能形成鲜明对比，前者让机器变得更加智能。

由于数字化转型，公司的价值链和商业模式经历了重大变革，领导者面临的挑战包括明确和实施符合战略需求的结构与系统，具备在复杂的竞争环境下充分的响应能力，并且保持控制的可靠性和任务管理的效率。[2] 保持创新速度的驱动力至关重要。

与此同时，数字化正在增加客户的力量。正如第 1 章所讨论的，客户是敏捷的核心，敏捷设计当以客户为中心。这就使整个组织"由外向内"都集中在满足其产品或服务的用户或购买者的需求上。声田（Spotify）、耐克（Nike）和美捷步等公司在创建以客户为中心和协作的结构方面处于领先地位。

在这样的背景下，源自一般系统理论的常规的线性组织设计方法，似乎越来越不符合时代的需要。在"旧思想"影响下，组织如何受益于新技术的可能性？设计组织需要新的、更灵活的方法，我们必须不断发展对"组织"概念的理解。

## 需要多大的转变

敏捷性想要超越 IT 部门的影响力，成为主流，这一道路既漫长又曲折。在加尔布雷思[3] 发表关于以客户为中心的组织设计文章之后，很长一段时间，敏捷性并没有得到更广泛的应用。美国制造业采取了不同的方式：一些制造商继续追求大规模生产，通过规模经济加大了储备，而其他企业则追求"精益"制造；继续注重提高效率和降低成本[4]——这些都很难利于创新。

正如第 2 章所说，某些组织的内部结构也对其维持现状产生了一定的影响。今天，许多组织依然采用官僚式组织设计，因为该种设计有许多益处，例如高度管理控制。哈默尔和扎尼尼[5]2017 年对《哈佛商业评论》（*Harvard Business Review*）的 7000 名读者进行的一项调查发现，特别是在大型组织中，官僚主义仍在继续发展。近 2/3 的受访者认为他们的组织近年来变得更加官僚化——更加集权、更加规范、更加保守。这如何与已席卷大多数行业和企业的数字化，以及以客户为中心的浪潮所需的速度和创新相协调？人们又会在多大程度上会发挥他们的主动性，将他们的智慧倾注在有"破坏风险"的模式上？

官僚结构必然会阻碍敏捷性吗？阿德勒（Adler）和博雷斯（Borys）[6]区分了阻碍有效绩效的强制性官僚结构（通常是僵化、高度集权的）和促进组织绩效的官僚结构（"授权性官僚结构"）。在授权型官僚结构中，使用正式的规则、程序和法规能够解决问题（而不是惩罚失败），并具有更高的效率。相反，强制性官僚结构要求人们遵守严格的规章制度，不利于创新、冒险和变革。

哈默尔和扎尼尼（2017）的研究表明，强制性官僚主义在如今的企业中占主导地位。许多组织试图通过严格定义角色，并要求员工遵守规章制度来控制服务环境。这并没有提供客户所期望的灵活性和真实性，当员工不能越权行事时，往往会导致问题传达过程延迟，从而阻碍问题的解决，也会降低员工的积极性。此外，员工对获得授权的信心被削弱了，可能会感到无能为力，并且不太可能表现出角色外的行为。[7]有趣的是，在哈默尔和扎尼尼的研究中，那些认为受官僚主义影响最严重的员工，正在承担客户服务、销售、生产、物流和研发的职责，而这些人正是最直接参与创造客户价值的人。

## 向员工授权

即使在数字化的工作环境中，人也是传递被市场营销人士称为"关键时刻"这一重要因素的角色："关键时刻"包含那些赢得顾客忠诚度或失去客户信任的互动，由客户定义，通过情感而非理性反应来判断的时刻。为了满足客户的需求，需要重视一线员工的技能、行为和态度。在设计方面，员工需要有很强的判断力和相应的权力来满足客户的需求。

当认识到这一点之后，现在许多组织都在设法授权给员工，尤其是那些面向客户的员工。其中隐含的假设是，授权包括授予员工分享知识、技能和决策的权力，这样他们就能够通过自己的最佳判断来解决服务问题，从而使客户受益，而不必事事询问管理者的意见。但授权更是一种与员工有关的心态或认知，它涵盖了以下三个核心要素：[8]

- 认真对待组织的客户服务精神的内在价值和重要性的信念。
- 具有胜任工作的能力和处理问题的能力。
- 可以自主行使控制权及决策权。

因此，人力资源在敏捷设计方面的挑战在于找到为员工、客户和企业创造价值的"最佳点"。随着组织向精简机构、扁平化的管理层、采用团队工作流程和员工授权的方向发展，那些管理员工的直线经理在支持其团队方面起着关键作用。通过创造授权的工作条件，直线经理可以确保员工敬业、积极进取、高效和能干，并符合业务战略要求。在敏捷环境中，管理者鼓励团队中的知识共享——这强调了将直线经理培养为推动者的重要性。教练式领导风格是激发员工工作热情的理想方式，并使员工有发言权。因此，管理者直接影响员工的工作支持感和成就感。

在强制性官僚结构中，人力资源部门可以帮助管理者逐步实现授权；同样，人力资源部门也可以使用测试加学习的方法，例如定义战略和政策、建立框架和系统，使管理者能够以新的方式进行管理。通过鼓励以工作为基础的学习，人力资源部门可以使直线经理掌握必要的技术知识，以及支持团队、有效管理和发展人员所需的"软"技能。

## 系统的授权方法

比较彻底的做法是嵌入一种被授权的思维方式，并与相关的行为、表现和组织文化相匹配，这需要系统化的方法来设计一种更有效的授权性官僚结构。组织必须按照加尔布雷斯的恒星模型（战略、文化、结构、技术/工作流程、员工/行为）对各方面进行相应的调整。

### 战略

是什么推动了公司外部环境的变化？战略目标是什么？关键客户群是谁？实施战略需要哪些新的能力和行为？由于组织需要快速转换战略，关键的组织能力包括快速调整执行方案和高频学习的能力（这些应该是关键的设计标准之一）。因此，设计应该能够使最佳创意在部门间快速传递，人们可以协作并快速整合各自的意见。

### 文化

正如我们将在第 12 章中讨论的那样，敏捷文化推动组织在所处的环境中进行变革。员工愿意并能以可持续发展的方式在组织中尽其所能，在主营业务上有积极的学习心态，通过潜在的敏捷流程和日常工作驱动创新。组织建设文化时会结合一些人力资源实践，如员工培训和开发，来传达以客户为中心这一价值观的内容和理由，并传授积极的行为和实践。

灵活官僚结构的特点是共享的领导风格和下属的高度责任感，这有助于创造性思维的传播 [9] 以及角色外行为的培养。[10] 领导力培养应该传授在行动、信任实践、非指导性管理中建立以客户为中心这一价值观的重要性，以及指导如何建立和嵌入胜任力。目标设定、奖励和表彰活动需要强化和激励以客户为中心的行为，并传达价值观（参见第 9 章通用电气案例研究）。

### 结构

以客户为中心的设计关键要求是理解和响应客户体验、对数据采取行动，并快速嵌入变革。这将需要重新设计结构、职能、工作、问责制和流程（见下面荷兰国际银行集团的案例），以允许员工自主判断和决策，并最大限度地精简为了满足客户需求而向上级请示的程序。在结构上，授权和自主性是关键：过程数字化必须与员工授权和相关的绩效管理相匹配。这是将权利与需求相匹配，让合适的人担任合适的角色，以及确保协调一致的横向流程。

想要实现并嵌入一个由外向内的、最大化客户价值的导向，可能需要重新设计管理角色、工作实践、价值和沟通。[11] 为了带来更大的商业优势，组织需要更有机的设计，如网络，它们具有高度的灵活性和适应性，能够通过不断创新为企业带来更大的潜在商业优势。有机设计有以下几个特点：

- 强烈的客户导向。
- 非标准化的工作和活动。
- 流动的、扁平的、团队式的结构。
- 精简的流程。
- 清晰的目标。
- 少许的直接监督。
- 共同创造。
- 最少的正式规则。
- 集成角色。
- 开放的通信网络。
- 授权员工。
- 共享和分布式领导。

在更有机的结构中，管理者的工作是优化团队支持并专注于能力建设。管理者必须关注局部优化，并认识到团队合作、灵活性和敏捷性的重要性，因此必须努力防止出现"筒仓效应"。管理者还应促进多元化和改善员工福利。

### 技术 / 工作流程

组织提升敏捷性的各种常见的方式，都会对工作和员工造成影响，具体包括：

- 共享工作和移动工具的自动化。
- 将整个公司的流程、数据和系统集中起来。这通常是高度以 IT 为中心的，但它加速了变革进程，并确保只需执行一次更改。它也消除了出错的可能性。
- 智能采购。尽可能将产品组件标准化，并通过分包商来生产和交付这些组件。这可以大幅度缩短新产品的开发时间，因此，公司可以快速响应市场的趋势性变化。

- 控制渠道。即时库存的概念在这里至关重要。如果该组织监控整个价值链，它可以对不断变化的购买模式做出即时反应。比其他产品销售速度快的产品可以立即补货。这种方法还减少了资源浪费和产能过剩。
- 模块化。计算机、汽车和电器制造商一直处于模块化设计的前沿。模块化在这里指的是可以分离和重组的业务。模块化可以使工作更有效率。

### 员工 / 行为

只有当人们愿意并且能够实施新的设计时，组织设计才是有效的。通常，影响组织绩效的问题往往不存在于宏观（组织）设计层面，而存在于工作设计层面水平，从人力资源和运营管理角度来看，这一领域往往被忽视。许多挑战都与"软"问题有关，比如能力、员工流动率和敬业度。

系统诊断可以帮助识别正在发生的事情，以及要解决的问题。调查和分析有助于查明哪些运行良好和哪些有问题。重要的是从战略和运营绩效水平（宏观）开始，然后再看工作本身是如何设计的。它关注的是组织能力，以及从整体到团队和个人层面的文化。每个层次都需要人力资源部门的关注，尤其是团队的性质和功能，相对个人能力而言，这是一个人力资源容易忽略的重点领域。例如，在团队层面，团队是否对目的和目标达成共识？团队的工作方式是否统一？团队中存在何种程度的信任？

要想向敏捷性、以客户为中心和创新的组织成功转型，可能需要以下几点：发展（或获得）新的技能和工作实践、重新设计角色和职责、简化不必要的"繁文缛节"，并嵌入新的文化规范，以创建一支能够认识到客户重要性、能胜任工作和被委以重任的员工队伍。

有时，改变常规可以产生有益的结果，而不用改变结构。如果想要员工感觉到已经被授权，就必须建立新的惯例，以加强对员工自由创新的支持力度。支持一线授权的举措有很多，例如给予联络中心的员工预算自由让他们能够为顾客提供折扣，通过为顾客提供"忠诚卡"给客户带来惊喜（商店发给顾客记录其每次购物价款以便给予不同折扣优惠的身份卡），或为客户提供补偿。一家公司给一线呼叫中心的员工提供手机（这远远低于通常规定的工作级别），因此他们可以直接打电话给客户，听取反馈意见，改善服务。针对将其视为风险的其他员工和管理人员的抵制，人力资源主管将该行为定位为一项实验，制定了可追踪的有效措施，并聘请一位抵制该做法的领导者来指导项目。结果表明，该做法对客户和业务结果产生了积极影响，员工敬业度也有了意想不到的改善。[12]

## 人力资源部门在促进授权方面的关键作用

这种组织人员和工作的方法嵌入了人力资源和组织发展的许多最佳实践，包括自我管理、直接坦诚的沟通、个体变革代理人和基于团队的决策制定，并将这些实践更好地运用到为终端客户提供更好结果的服务、业务和员工参与中。人力资源也可以通过以下方式提高组织效率。

- 确定需要进行哪些文化变革，发展（或获取）新的能力并嵌入新的文化规范。
- 确定并支持与战略一致的智能工作，其特点如下：
  ◆ 高度自治；
  ◆ 授权的哲学；
  ◆ 团队或工作组的虚拟概念；
  ◆ 基于成果的绩效指标。
- 引入灵活的工作地点和工作时间——这需要灵活的物理工作环境和条件，以支持协作和高度信任的工作关系。
- 确保领导者能够适当地引导这些转变——领导力发展是必要的，它教授了在行动中建立以客户为中心的价值观的重要性、践行信任、非指导性管理，以及指导如何发展和嵌入胜任力。
- 目标设定、奖励和表彰，可以加强和激励亲近客户实践，并传播价值观。

大型组织面临的挑战在于如何利用规模优势，使重要的决策贴近客户需求，整合结构、工作流程、新系统和人员流程，使之与关键客户相通，从而让关键客户对决策产生影响。正如本章案例研究将表明的，公司可以通过采用更敏捷的实验性实践来实现变革——尽你所能地工作、实验和学习、快速试错又向前迈进。

# 双元性组织

在前面的章节中，我们讨论了组织双元性的框架，这是一个能在敏捷性和官僚组织之间搭建桥梁、使二者达到最佳状态的可能的方法。[13]该框架描述了利用现有产品、技术和服务与开发新产品、技术和服务之间的紧张关系，并使组织能够同时做到这两点。[14]例如，在新产品开发等领域，自由创新是关键需求，提倡的应该是自主性、小团队和组织敏捷性。然而，一些需要达成一致结果，并且执行的速度取决于采用常规方法、最佳实践和强制执行的领域，则可能受益于标准化方法，这些领域的重点是流程的可重复性及效率。

## 双元性设计

组织可以被设计成双元性的——有些部分是专门为效率和优化而设计的，而其他部分则是为创新、敏捷和网络而设计的；两者都需要协同工作的横向设计系统。每一个都需要不同领域的速度、创新与执行，并以不同的方式实现这些结果。

双元性组织需要具备以下四项能力：[15]

**优化**　重心在于通过损益表现网络来优化收入表现。至少对短期而言，这种做法是必要的，通过此做法，重心可以同时放在收入的优化及创新上。双元性方法使组织在市场中可攻可守。

**共享服务**　职能部门应该以集成方式协同工作，为各损益单元增加收益。在提高敏捷性的过程中，许多组织采用了基于项目的管理方式。职能专家应该为项目提供"指导教室"，以便共同创建和共享学习。如果人力资源和信息技术等职能部门可以根据战略计划的需要灵活部署，被局限于僵化的部门结构中，就可以迅速地建立和解散团队，以此抓住机遇或应对威胁。

**孵化器**　大多数组织都在进行某种形式的创新，但通常还不够。组织所面临的挑战是提高数字创新的组织能力，而目的则是通过实验来产生一系列的创新，这些创新包括：

- 渐进式创新，旨在改进现有的系统、产品或服务，使它们更好、更快、更便宜，并随时准备投入市场。
- 过程创新——实施新的或显著改进的生产或交付方法。
- 积极创新，即试图超越竞争对手，在现有市场中占据更大份额，通常会通过供给和价格的边际变化来实现。
- 商业模式的创新产生了一类全新的公司，它们不仅仅在产品的价值主张上竞争，还调整其利润构成、资源和流程，以此强化它们的价值主张、占领新的细分市场，并甩开竞争对手。

孵化器应该有自己独立的运作模式；如果公司大规模采用的经营模式被破坏，那么在孵化器里的项目也应该是安全的。

**构建网络**　层级结构位于后台，以网络支持模式工作。执行团队总体负责组织决策，但在执行团队中，两到三人的节点或小团体最多可连接四个网络。这样，如果出现问题，管理者就可以进入战略选择调整模式，并组建一个快速设计小组，对新出现的问题进行压力测试。

## 组织设计的新方法

当组织将新技术融入其运作方式时，组织将如何被设计？新的组织形式正在出现，通常出现在技术主导的环境中，这些形式为构建面向协作、创新和持续适应的组织环境提供了框架。采用协作、非层级组织结构的公司包括维基百科、声田、耐克、美捷步和谷歌。工作不是通过固定的结构，而是通过活动网络和团队来完成。这样的公司结构是可以改变的，可以实现敏捷工作并提高生产力。它们具有弹性，拥有强大的系统和学习方法。

### 围绕用户体验组织敏捷业务

将客户与某些技术联系起来，迫使企业更专注于围绕客户群体进行组织，而不是采取传统的思维模式，注重产品、地理位置等方面。例如，有些组织可能是总平台，客户通过一个连接用户的应用程序访问平台，而组织的其他部分与应用程序没有关联。一旦您专注于供应商、竞争者和利益相关者在环境中的客户体验，工作系统就会成为分析单元。如果客户被连接起来并参与到共同创建产品或服务中，则高层决策的性质会改变，中层管理可能会消失。因此，在真正意义上，客户与组织共同创造，并帮助组织在社会技术系统中进行组织塑造。随着工作的变化，业务模型和工作系统也在变化。

　　系统的工作设计需要专门的时间和清晰的愿景，而且，应该以人而非技术为驱动。工作系统必须围绕"提供更优质的服务、关心或其他结果给客户"这一点进行调整。由于可以预见到大量的不连续变化，因此以客户为中心的重点应该不仅仅是预防问题，而且还包括持续改善客户体验。在操作层面，由于可以获得更多信息，技术可以帮助实现分散决策。具有适当的分析 / 数字能力的员工有权采取行动，持续的客户改进成为规范并改变了价值主张。

　　技术赋能环境的典型结构特征包括：

- 以客户为导向、围绕客户体验进行设计。
- 敏捷团队。
- 扩展角色和高风险的工作越来越多地在共同定位的单元中完成。
- 扁平化，具有集成角色。
- 迭代项目工作。
- 无边界——可以包括合作伙伴，客户和供应商。
- 虚拟团队或工作组。
- 灵活的工作方法。
- 高度信任的工作关系。
- 自我管理。
- 明确目标。
- 高度自治和持续反馈。
- 共享（和分布式）领导力。
- 高度的员工所有权和责任。

## 敏捷团队

　　敏捷结构应通过授权和激励团队持续发布新产品来实现业务优势。技术支持的工作环境中，跨组织的敏捷开发团队（scrum）可以集中在一起解决特定问题。然而，工作系统的关键因素是多个完整的、自我管理的敏捷团队，与敏捷开发团队不同，敏捷团队应该是稳定的，围绕特定的客户群体进行组织，并在组合中使用正确的功能组合。客户拥有数据，这些数据会被发送到云端进行精炼后反馈回来，由此，敏捷团队可以分析大量的数据，以确定从哪方面改进客户体验以及如何改进。当团队做出实时决策时，事情可能会迅速出现好的变化。

这种组织方式不仅适用于 IT 部门或初创公司。鞋业零售商美捷步在运营和呼叫中心使用自我指导团队。管理人员不用直接监督，因为随着技术—应用程序—管理的不断应用，团队本身就可以看到他们自己的进展情况，然后这些数据被反馈到基于结果的绩效管理系统。

## 小组和部族

提高敏捷性的方法是通过使用新型"结构"来减少内部控制和协调需求，以处理外部复杂性。例如，银行面临着削减成本和管理数字化创新的巨大压力。一些银行正在采用由声田和奈飞开创的敏捷团队合作模式。澳新银行（ANZ）已经彻底改革了其澳大利亚分部的管理结构。新的运营方式（"新的工作方式"）包括削减官僚机构和等级制度，取而代之的是创建多学科团队，这些团队应该能够更快地应对竞争威胁、改善银行响应客户需求的方式、授权员工并提高生产率。重组旨在让该部门拥有 150 个敏捷团队，这些团队看起来更像是初创企业，而不是大型银行的传统部门。这些变化将缩短推出新产品所需的时间，并使银行更适应技术、市场和监管带来的颠覆性转变。

同样，总部位于荷兰的荷兰国际银行（ING），之前采用的是传统的银行结构，有着传统的层级结构，在过去 5 年里，它在整个组织中采纳了敏捷原则，从根本上构建了一个以客户为中心的组织。[16] 考虑到数字革命推动的客户期望变化的速度，ING 需要放弃传统的产品营销思维，并开始理解这种新的全渠道环境下的客户体验旅程。如果使速度、创新和优秀的客户成果成为常态，就需要一种全新的组织方式。

ING 的领导者认为从核心开始非常重要。因此，他们成立了一个由以前的独立部门，诸如市场营销、产品管理、渠道管理和 IT 开发等部门组成的团队，以此思考敏捷工作的方式。ING 从声田等其他行业的先驱组织中吸取经验。他们发现，在 ING 快速变化的商业环境中，采用迭代的方法进行变革、高水平的培训、团队自我管理和授权能够产生更好的业务成果。正如作为变革设计师之一的首席运营官所描述的："我们放弃了传统的等级制度、正式会议、过度设计、详细计划和'输入导引'，取而代之的是授权团队、非正式网络和'输出导引'。"17

在 2015 年引入的敏捷结构和工作方式，最初是针对集团总部的 3500 名员工。新的结构、角色和团队构成（小组、部落和分会）将"以客户为中心"和"共享学习"正式化，并最大限度地减少官僚作风的阻碍。小组作为敏捷组织的基础，他们不超过九人，都来自不同的职能部门；他们是自我指导和自主的，一旦任务结束就会被解散。产品负责人是小组成员，而不是领导者，负责协调小组活动。部落是有相互联系的任务小组集合，包括大约 150 个赋予了部落权力、领导确定优先事项和分配预算的人。敏捷教练帮助个人和小组创建高效的团队。分会培养各小组的专业技能和知识。每一个分会的领导负责一个分会，并代表小队成员的等级，例如用于绩效管理。声田采用了类似的结构，鼓励松散耦合但紧密结合的"小组"在分享信息方面做"好公民"。

## 简化

组织可以通过简化或删除不必要的"繁文缛节"来提高敏捷性。因长期在强大的人力资源文化中实施的战略、投资组合和人才互联方式而备受推崇的美国通用电气公司，已在简化或删除繁文缛节这一领域取得了突破性进展。如今，随着 VUCA 环境的不断发展，美国通用电气公司的目标是成为一个敏捷的、以客户为中心的组织。该公司的总体业务战略方向是通过创新实现增长。为了实现这一战略，员工需要相互协作，快速有效地做出商业决策，为客户提供优质的产品和服务。简化是一个关键的工作原则。要在通用电气公司实现这一点，就意味着要减少官僚主义作风和"筒仓效应"，引入新的工作方式，亲近客户，为客户更快地提供更好、更有效的成果，并采用新的绩效开发方法（见第 9 章）。

美国通用电气公司用于创建产品并将产品推向市场的快速工作（FastWorks）平台，便借鉴了大量的敏捷技术。快速工作在很多方面都是六西格玛的后继者，并有意识地模仿硅谷公司的工作方式。快速工作是一个严谨的过程，它花费了大量的时间在挖掘客户上，以了解客户实际需求和价值取向重视什么。在整个过程中应用的精实创业方法包括将问题分解成需要理解和验证的解决方案。快速工作采用的另一个精实创业方法是开发最小化可行产品（minimum viable product，MVP），即以速度最快、成本最低的方式开发产品雏形。MVP 可以验证或否定某个推断或假设。它注重快速而频繁的实验、从市场中学习、关注最核心的产品流程，接受失败并从失败中走出来。

正如美国通用电气公司人力资源主管苏珊·彼得斯（Susan Peters）所指出的：“我们正要努力做的一个非常重要的部分，就是使公司的文化朝着简化、更快地为客户带来更好、更有效的成果的方向转变。”

## 集成功能

重新设计可以实现诸如质量、速度、增长和创新等性能，但前提是必须将敏捷性嵌入人力资源和金融等基础设施领域，以支持软件驱动的业务。一所世界顶尖大学对其行政服务进行了全面改革。其目的是设计一个卓越运营的组织，使该机构具有灵活性，能够适应环境挑战和机遇。随着时间的推移，许多部门都已建立了自己的系统和做法，由专门的行政人员维系，但行政环境的复杂性使得完成工作变得非常困难，正如下面所说的：

- “我们的流程非常复杂，每次签字都需要多次审批。”
- “服务分散在多个部门。”
- “我们的工作是重复的——整个学校的各部门都在思考如何做同样的事情。”
- “没有几个流程是标准化的；每个部门都有自己的行事方式。”
- “自动化程度不够：许多人仍使用纸质考勤表。”
- “我们的动机不一致——个人以损害大学利益来满足自身利益。”

随着时间的推移，该大学面临的挑战是简化这种复杂性，以创造有效且高效的工作环境、创造财务可持续发展的未来、逐步建立持续改进和高绩效的企业文化，以及为职业发展提供更多机会。

### 创建集成共享服务

一个单独的综合共享服务中心（SSC）由研究管理、IT、人力资源、商业和金融服务这四个智能领域共同进行"可共享工作"组成。人们认识到，成功不仅与技术有关，还与人员以及技术实施有关，因此，系统和行为都需要变革。人们需要拥有以新方式工作的工具、方法、实践和思维，并将新的方法融入日常活动。

搬迁到新地址的过程是一波三折的，需要提前六个月通知各个单位为搬迁做准备。随着移交期限临近，每个月都会有新的沟通和重大事件，以确保服务和人员能够按计划迁移到综合共享服务中心。大约有 500 名工作人员被重新分配了 50% 的可共享工作。在该服务中心里，人力资源业务合作伙伴仍与客户保持密切联系。

激励员工使他们的行为符合组织的战略（战略一致性）并尽自己最大努力（员工敬业度），是高级领导面临的一个关键挑战。[18] 由于人力和手工流程被技术和自助服务取代，许多员工会感到失落。新的安排也增加了教员的工作量，他们现在不得不输入自己的数据。实际上，年度员工满意度调查显示，一旦共享服务中心启动并运行，许多综合共享服务中心的员工会怀念校园生活，感到与大学的使命脱节。此外，人们对综合共享服务中心员工的态度在他们离开校园后发生了变化。

为了提高员工敬业度，该大学一直有意并持续注重帮助人们感知到与他人有联系。例如，教职员工开始来到综合共享服务中心举办午餐活动。每季度都有"员工大会"，人们可以随时随地参加。一个鼓舞士气的指标是现在参加员工年度野餐的人比以前多了。总的来说，工作人员对大学的宗旨仍然十分忠诚，而该种忠诚已被证明是组织寻求进行变革、提高效率和节约成本的统一理论基础。

### 重新设计的过程

围绕业务目的进行协调是组织设计的一个基本特征。组织在宏观（整个系统）层面的重新设计关系到业务单元结构，并反映了不断变化的业务模式：企业进入市场的方式、产品和客户、年度预算等。

常规设计过程源于一般系统理论，该理论假设设计应包括：

- 线性的、有计划的变化。
- 设计的主导地位。
- 环境优先。
- 官僚制度。
- 动态平衡。

虽然有许多设计组织的方法，但是大多数的重新设计都是根据授权进行的——自上而下，由高级管理人员负责流程。有时，一个核心设计团队由高级管理层授权，与组织各个部门的少数员工合作，分析、重新设计和制订实施计划。但是，通过在设计过程中积极地让更广泛的员工群体参与进来，可以获得许多好处，尤其是对变革的支持。可以使用会议模式让来自组织各部门的大量人员参与实时分析。这就可以动员人们进行变革，其中的核心设计团体致力于有意义的设计项目。

### 宏观设计：明确设计目标

传统的组织设计过程涉及利益相关者和环境分析，通常是大环境分析模型（PESTLE），以确定结构如何满足其不同的需求：

策略是什么（它是否足够清晰以指导设计）？

新的战略增长选择是什么？这些为组织决策设定了框架。

为了实施该战略，组织绩效、素质和能力方面需要做出哪些改变？

### 一致的标准

"理想"设计应该完成、实现或促进什么？

在新设计中有哪些限制或"给定条件"？

新的设计必须在现有的结构中进行吗？

设计是否需要实现特定的财务目标？

根据组织的规模和复杂程度，宏观设计对话可能会持续数天。参与者概述"理想"组织，以及整个组织的理想流程、结构和系统。他们将优化和简化核心流程、结构，并重新配置业务单元、职能部门和团队围绕这些流程进行组织的方式。

将上述问题的答案输入以下过程：

### 组织设计诊断

一个从跨部门参与者中收集有关当前组织设计的有效性信息（包括工作流和流程）的全面组织评估，应该使用星形模型（Star Model）或其他分析框架作为模板来识别无效的工作流、结构和系统。诊断应该：

- 与预期结果（策略、标准和有价值的结果）相联系。
- 确定所需的能力和素质。
- 关注组织做得好与不好的方面，通常通过深入的流程图分析以确定差距和根本原因。
- 参照设计框架和原则，将结果汇总、解释并可视化。
- 就要解决的问题达成一致。

### 选择结构

例如，围绕核心流程定位工作：

- 重新配置围绕这些流程的业务单元、部门、支持小组和团队的组织方式。
- 整合来自组织 scrum 团队中的所有角色；最小化项目经理的角色。
- 确定所需管理方法的含义。

### 过渡计划

确定在整个组织成功嵌入新设计所需的所有过渡和实施活动：

- 员工沟通。
- 领导力培训。
- 在启动之前可能需要进行人员调整。
- 团队发展——培训员工授权。

- 站在个人和公司层面积极交流项目里程碑和福利，限制关键员工流失。

应为新设计确定追踪措施，这些措施将在构建敏捷组织的启动过程（或更早阶段）中实施。这些措施应该在主实施时间表上进行排序。对于每项任务或每组活动，都应包括行动计划大纲。

### 实施新的设计

公布新的工作和岗位变化。

团队同地协作，开始新的报告关系。

培训与发展。

资源变动。

调整奖励制度。

调整、改进包括沟通和信息共享在内的协调系统。

### 嵌入和重新审视

确保进行以下评估：

- 有哪些成功的措施？
- 我们是否取得了进展？
- 我们学到了什么？

在为你的组织选择结构时，请考虑其环境和战略目标，并尝试在控制和适应性之间取得平衡。敏捷组织经常会遇到缺乏同步性的问题。在建立官僚机构方面，规章制度有助于提高一个组织的业绩；标准可用于提高员工的能力和转移执行任务的最佳方式，提供不同工作间的一致性，并促进了组织重新设计工作流程。我们面临的挑战是在维克（Weick）[19] 的“松散”耦合形式（即工作被设计成灵活的、能够即兴发挥的）和“紧密”耦合（通常通过集中化）之间取得恰当平衡，这可以使人们在某些角色中保持密切管理和“拥有”决策。过多的固定化会带来僵化的风险，而紧密耦合的系统在出现问题时往往会崩溃。

虽然松散耦合可以实现授权，但是过多的灵活性会使决策变得困难。为了避免这种情况，耐克拥有以中心为主导的设计和品牌营销职能，这些职能在敏捷技术网络的中心发挥着集成商的作用。一些组织的投资组合治理团队由跨职能的领导团队组成，以批准组织层面投资组合的投资增量。

在组织中更重要的是要审视整个系统并思考："为什么是这样的结构？数字化将如何改变工作交付的方式？这对工作和技能意味着什么？员工是否拥有适当的资源，是否与组织的其他部门有正确的联系？整个系统中可以采用哪些横向流程来解决任何影响绩效的问题？这些结构是否适合快速变化的环境？"在选择所提出的结构时，衡量组织的变革准备情况并评估管理能力也很重要。

## 敏捷的设计流程

虽然传统设计的一般原则仍然有效，但展望未来，设计流程可能会进一步发生变化。敏捷性设计越来越多地采用复杂性理论[20]，这种观点主要关注通常在混乱的边缘产生的动态模式。[21]从复杂的自适应系统角度来看，人们认为"组织"与"边缘"实际上是不断变化的、动态的、相互关联的模式。[22]复杂的自适应系统受到非线性变化和迭代、敏捷变化的影响，它们是自我组织的，有简单的规则，并且优先考虑关系和共同进化。

### 层级结构仍具有现实意义

即使在数字化创新的背景下，层级结构依然具有现实意义。高级管理层仍然需要知道是什么驱动了竞争优势，并确保组织正在开发和推进正确的活动组合。他们需要确保正确的团队在做这件事，并将创新图景整合在一起。顶级团队仍然需要确保生产力水平正常，并确定如何以及在何处部署资源。所有这些都必须以某种方式加以管理，因此仍然需要公司治理。

我们首先要设计战略架构——高管团队和中低层，然后必须根据业务和运营模式重新定义中低层的层级结构，即组织中为客户创造价值的部分。

### 社会技术视角下的设计

越来越多的组织被设计为平台和网络。因此，组织设计过程必须包括整个社会技术系统，即人与机器之间日益重要的关系，以共同优化为目标。特别是，设计的重点必须是人；我们需要技术来分析数据和帮助设计，但技术不应该是首要的驱动因素。智能机器必须与智能员工相匹配，才能为客户提供新的解决方案、提高竞争力。如果公司的竞争立场是防御性的和过度控制的，那么人们和组织如何才能快速学习？在这种情况下，所需的社会技术系统变革的性质涉及一个能够快速响应、学习并使公司能同时采取进攻性和防御性战略立场的组织结构。该设计适用于整个组织，而新兴的组织将是一个充满活力、由团队组成的团队。

关键的设计原则应该源自敏捷——以客户为中心、原型设计、迭代和审查。设计项目应该在透明公开的基础上进行。设计工具，诸如利益相关者参与、组织范围的协作设计（在任何大型团队中）和快速原型设计都可以作为完整的工作系统，而不仅仅是一个事件。组织重新设计的关键在于，在新的工作方法与"我们为什么这么做"（清晰的愿景、价值和相关的文化）之间建立清晰的联系，并与我们所做的工作——业务使命和战略重点紧密联系。这就为新的工作方式提供了理论基础——我们如何组织自己向客户交付成果。

## 利益相关者参与敏捷设计

在处理组织设计的特定方面时（无论您发现什么问题／事件）谁是该问题的关键利益相关者？这些利益相关者，包括最终用户／客户、所有员工和当地工会，都应该尽早参与组织设计项目。加尔布雷思的 4D 模型，包括对话、决策、设计和开发，巩固利益相关者对新兴设计的"所有权"。如果正确的利益相关者作为网络参与讨论问题的解决方案，则从设计过程开始就会发生这种情况。

考虑到许多人将参与到设计过程中，明确的目标、价值和策略作为黏合剂，能使所有这些多功能协同设计人员围绕一个共同的目标和明确的成功标准进行合作。过程负责人需要撰写被称为"产品愿景"的定义语句／设计概要。然后团队进行迭代工作，过程负责人将这些迭代纳入包含一组指标的稳定状态。当你正在开发的系统各个部分都有一组指标时，它们都可以生成指标集。

全面参与至关重要——首先在敏捷团队和变更管理资源之间需要有参与，以确保人员跟得上技术变化的步伐。高层领导的参与，无论是支持主动性还是将敏捷作为一种方法，都是至关重要的。最后，通过持续的沟通和对成功的庆祝，让有影响力的员工参与进来，这就为保持工作的进展创造必要的动力。

### 社会技术设计过程的例子

美国咨询师斯图·温比（Stu Winby）在传统的美国医疗保健体系中策划了一项组织设计（Parker，2016）。[23] 其目的是利用技术来改善患者护理，使有长期慢性疾病的病人能够更好地在家治疗。该过程大致如下：

**研究**　患者的旅程和如电子邮件等的沟通渠道都被绘制成一张生态系统图，其中包含了为收集人种学的相关数据所进行的访谈 / 接触点分析，通过方差分析识别出关键的基因的重复和缺失，并开发一个概念图，来显示从患者的角度看，什么是"更好"的。

**设计实验室**　这是团队所有成员（包括患者和技术专家）共同设计的。重点是如何消除在研究中发现的问题。该设计带来了生态系统中不同人的角色和责任的转变。负责软件开发的编码人员将社会和技术系统整合在一起。

**原型设计**　测试阶段，一款应用程序改变了护士的角色并创建了新的角色。这需要改变母体结构并带来中心转型，在组织内部进行五种项目实验，以改变工作系统的团队设计。这次实验帮助组织者了解了可能遇到的阻力以及人们接受新技术和原型设计所需的条件。

**转出**　经过测试和工作后，新的实践被扩展到 70 个中心，实际上成为新的组织。

下面的案例研究描述了一种系统而深刻的人性化方法，世界上最受尊重的设计、工程和项目管理咨询公司之一阿特金斯公司（Atkins）通过组织设计来提高敏捷性。

## 案例研究：SNC– 兰万灵集团（SNC-Lavalin）旗下的阿特金斯公司（Atkins）

非常感谢阿特金斯公司总裁尼克·罗伯茨（Nick Roberts）提供了关于英国和欧洲地区组织重新设计的案例。

SNC-兰万灵集团旗下的阿特金斯公司是全球最受尊敬的设计、工程和项目管理咨询公司之一，在英国、北美、中东、亚太地区和欧洲拥有约 18 300 名员工。SNC-兰万灵集团是一家全球综合性专业服务和项目管理公司，与阿特金斯公司共同帮助客户规划、设计和实施重大投资项目，并提供涵盖项目全生命周期的专家咨询。

尼克·罗伯茨自 2018 年 1 月起担任 SNC-兰万灵集团的阿特金斯公司总裁。在此之前，他负责管理英国和欧洲地区的阿特金斯业务。尼克在该公司工作了 20 年，在多个部门担任总经理一职。他还是阿特金斯北美区战略总监和基础设施业务的总经理，负责领导重大收购的整合和转型。

在担任英国和欧洲区的 CEO 期间，尼克对阿特金斯进行了重大变革——包括结构上的，更具体地说是文化上的。尼克认为变革是必要的，那些停滞不前的公司最终会倒退。虽然在尼克担任 CEO 之前，该公司已经有一些变革，比如卡罗琳·布朗（Caroline Brown）在核能行业所做的行为变革工作。但现在变革的步伐和规模都在加快。正如尼克所承认的："在过去三年这一段相当漫长的旅程里，公司发生了一些根本性/痛苦的变化。"

尼克关心的是如何让公司在日益动荡的商业环境中生存和发展。变革变得更有针对性，其重点是提高运营效率、提高流程效率，并提供更有效的工作方式。然而，尼克认为仅仅关注效率并不足以创造一个更敏捷的组织，事实上，"如果你不小心，你可以通过提高一个垂死的组织的效率来强化旧的做事方法"。

推动采取更具战略性的方式进行变革的动力，主要来自影响公司客户的市场力量。直到不久前，客户还能在五年的基础上提前预测其资本项目的形式和规模。"我们可以预见开支，只要我们有效地完成工作，我们的生意就会很成功。然而，现在我们的客户，尤其是在水运和铁路行业，正在以他们无法控制的方式发生变化。"为了建立组织敏捷性，需要更大的延伸，创造新的思维和做法，使阿特金斯能够预测和应对变化，以最快速度满足客户需要，并使其领先于竞争对手。

虽然阿特金斯过去和现在都是一个非常成功的企业，但考虑到商业环境的巨大变化，它的运作方式和社会体制变得越来越难以在内部运作。尼克在衡量所需变革的规模方面处于有利地位，因为正如他所指出的那样：在许多方面，我是旧社会体制的成功产物——在旧的社会体制中，有着强大的垂直等级制度、以工程／科学学科为中心的文化和作为领导者的自决权。我们有多个利润中心团队，有以纪律为中心的小团队负责外部客户。如今，为了更好地为客户服务，我们需要能够跨学科／市场界限进行合作，因此垂直边界正在成为一个限制因素；不幸的是，组织变得非常不灵活。如果团队需要协作以满足客户的需求，这可能会引起谁"拥有"客户的摩擦。因此，如果客户失去了预测能力，而我们又无法跨界合作，那么我们一不小心就可能失去业务。

### 动员变革

要按照尼克设想的规模进行变革，需要得到广泛的支持，而且因为公司之前是成功的，所以最初并没有出现为定义新的社会体制而"火烧眉毛"的状态。最高层的普遍看法是"如果它没坏，为什么要修复它？"此外，阿特金斯的业务是全球性的，但它的文化底蕴是英国的，温暖而模糊，很多员工认为没有必要改变。大家的共同假设是，本组织将能够继续满足市场的期望。此外，相当一部分员工是工程师，他们对组织的宗旨投入了大量的精力，致力于解决复杂的问题，而且不太可能受到为股东创造商业利润的想法的激励。

在尼克看来，这种普遍缺乏对更敏捷方法的需要的认识是一个风险因素。尼克曾在在阿特金斯美国公司担任过职务，那家公司当时已陷入困境，并且大家都认识到情况已经迫在眉睫。然而，他现在是在一家英国公司，规模更大，在这种情况下，公司没有明显的紧迫感。企业需要的是更广泛地认识到变革的必要性，并愿意接受新的工作方式。尼克着手创造紧迫感——激励人们完成任务："因此，当我成为区域 CEO 时，我的工作是说服大多数资深同事和更广泛的群体，让他们相信变革、重新定义社会体制和我们的经营方式的必要性。有价值的是我们开始创造一种需要改变的想法——我们一直都在强调这一点。最初的 18 个月是困难的，要让人们意识到这一点，需要付出很多努力，要让很多人做出改变也需要付出很多努力。"

### 构造敏捷转型

尼克旨在使用具有适应性的方式来设计整个组织，以创建一个无缝的、无摩擦的运作方式和高度连接的组织。但为了实现所需的变更，尼克有意避免将变革委托给变革领导团队的做法："直觉告诉我一个变革交付团队将是错误的。人们很可能对一个小的变革团队采取消极的抵制态度，而这种变革将被终止。相反，我希望这是因人而异的变革。我采用了海费茨和劳里的适应性领导变革方法。"[24]

尼克利用结构变化为一个新的社会体制营造了非常明显的"火烧眉毛"的迫切感。"我知道结构变化很少成功，但在这种情况下，我认为需要彻底瓦解组织以实现协作。所以，我不得不彻底改造这个组织，取消了350个以利润为中心、垂直的、各自为政的机构，并建立了一个完整的矩阵——拥有贯穿整个业务的共同、一致的结构。这是打破讨价还价和建立新的社会体制的第一个信号。"

### 向敏捷转变的阻力

当然，这种性质和规模的结构变化对一些管理人员来说是一个巨大的威胁，但敏捷的领导者需要灵活性：善于授权他人，但在必要时准备挺身而出，果断行事。尼克直面这一阻力，他认为自己必须"心狠手辣"，并坚持要求高管们采用新方法，否则改革就会失败。

然后，主要的阻力来自中层管理阶层："他们不相信我，一个在旧社会体制取得成功的人，竟会做出如此巨大的改变。为了改革成功，我必须坚定、勇敢、顽固和残忍。"然而，和通常一样，变革对一些人来说是一种挑战，而对另一些人来说，变革是一种期待已久的、令人欣喜的解放。随着新结构的实施，很多员工都加入了改革的行列，并开始感到自己获得了更多授权。"在最初的三个月里，我知道在组织中前500名员工队伍中，我们有一个庞大的支持变革的群体。"

### 运营原则

尼克希望阿特金斯公司成为一个更敏感、更有感情、更能自我修复的组织。然而，文化变革的一个共同挑战是，新组织实践中包含的价值观和文化是否可能与公司现有的文化相冲突。企业需要积极鼓励那些支持其新目标的行为。这不仅仅是制作关于公司价值观的新海报的问题。要真正忘记现有的行为模式，必须既有对建立在所期望的价值基础上的新行为的需求，又提供实践这种新行为的机会。

思考新的管理实践将如何（或者不会）与现有的文化相适应，是实现变革的重要的第一步。在尼克·罗伯茨的案例中，他组建了一个团队，与整个公司的人合作，制定了八项高级运营原则，这些原则将充当行为上的"保护原则"，在未来几年里，公司将以此对自己负责。这些是创造了"我们如何在这里运作"的新方法的核心术语。例如，一个原则强调，人们的健康和安全是不容讨价还价的，而其他原则发出新的指示，比如"人人平等，人人都有平等参与的机会"。

尽管这些原则需要一些解释才能落地，但它们现在已被广泛接受，并已成为实现行为改变的重要标志。为了将这些原则付诸实践并实现这些改变，阿特金斯实施了一系列简短的冲刺项目（最初需要 100 天）。随着行为改变的势头逐渐增强，后来的冲刺只花了 10 天。到 2015 年夏天，一种更有活力的结构和一种对人们更民主的新的行为社会体制正在顺利发展。与此同时，企业业绩持续表现良好。

### 新的沟通方式

对于授权者来说，最重要的是敏捷沟通。为了发展可感、可知、能自我治愈的新型社会体制，需要采用与以往不同的沟通方式：以更智能的方式领导，以开放的方式进行信息共享。

麦克里斯特尔将军最为人称道的是在阿富汗的联合特种作战行动。麦克里斯特尔认为，纯粹的垂直指挥链式领导风格和自上而下的"逐级传达"的沟通方式，在需要知情的情况下太慢，使他们无法及时接触到战场上的部队，从而让这些部队置于危险之中。麦克里斯特尔的共享领导力模型和文化——逐级传达法（team to teams）启发了尼克。尼克采用了新的沟通方式，该方式通过开发一个有规则的"节奏"来尽可能广泛、自下而上、自上而下地共享情报信息，然后，团队能够利用这些情报来指导他们的实际行动。这一平台的建立，让所有的高级运营原则都变得生动起来，特别是"分享知识就是力量"，这为"知识就是力量"这句古老格言带来了现代化的改变。这带来一个节奏更快的组织，其士兵被授权在敌对环境中使用他们的主动权。

尼克认为，在商业环境中，这种方法同样有价值。毕竟，商业环境不稳定，客户需求也在不断变化。对尼克来说，敏捷性的关键是建立一个相互关联的组织，这个组织能理解任务，但在变化时刻存在的情况下，它不会受制于一种强硬而快速的策略。因此，在英国和欧洲地区，最优秀的前 300 ~ 400 人每个月都会聚在一起，召开视频会议，分享客户情报和新举措。每周，尼克的总经理们与 3000 名事业部和职能负责人都会召开"运营和情报"（O & I）电话会议，而他们的负责人与他们的数百名团队成员也有类似的电话会议。在这些电话会议中，每周的情报和问题以一种比过去更快、更灵活的方式被分享。与此同时，通信平台 Yammer Feed 也在运行，人们能够提出问题并得到他们需要的答案。这些电话也有助于人们互相联系。因为人们可以在视频通话中看到对方，所以无论他们在哪里，他们都可以互相了解，并就具体事宜联系特定的人。因此，社交媒体系统成为新的社会系统。

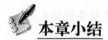 **本章小结**

即使在大型和传统的企业，如 SNC– 兰万灵集团的阿特金斯公司，也是可以实现敏捷性的。强有力的领导愿景和目标的结合、通过新的沟通方式动员人们进行变革、提高他们对商业环境变化方式的认识，加上新的组织形式和尝试的意愿，使人们能够迅速适应新的经营方式，发展更加敏捷的文化。在这些及其他一些方面，SNC– 兰万灵集团的阿特金斯公司已迅速朝着更敏捷的方向发展，同时也产生了很好的实效，其股价也大幅上涨。

总之，组织将继续在形式和文化上以同样的速度发展，为那些接受它们的人带来机会。创建真正敏捷的、以客户为中心的组织需要技术、运营和人员之间的合作。在官僚主义的机械论假设下，我们不需要建立伙伴关系，因为每个部分的作用是明确和完整的。而在客户和技术需求日益增长的情况下，这种假设即使曾经有效，也不再有效。

正如 SNC– 兰万灵集团的阿特金斯公司的案例所说明的，组织可以将设计作为一种工具来创建支持敏捷性和以客户为中心的授权性官僚结构与文化。人力资源可以在很多合法的领域通过它的专业知识来增加价值，所以，现在是从业者拥抱敏捷性和以客户为中心的时候了。通过与营销、销售和其他领导客户体验项目的外部职能的同事进行协作，人力资源可以利用其专长来实现授权，培养赋权的领导能力和适合目标的绩效管理。在这一过程中，人力资源更接近终端客户，改进自己的实践，并提高其相关性和声誉。

在下一章中，我们将讨论弹性敏捷模型的第四部分：人员实践。特别地，我们将探讨"敏捷人员"的含义，并思考诸如人才管理等与人相关的过程如何变得越来越敏捷。

## 自查清单

战略是什么？它是否足够清晰来指导设计？对于该战略是否有共同的理解来指导整个企业或职能部门的协调活动？

- 当前结构如何促进或阻碍工作效率／战略的达成？
- 需要哪些设计特性来支持业务逻辑？
- 核心结构是什么？中心有什么？
- 有哪些下级层次结构？
- 各单元和／或客户、供应商、合作伙伴之间是否存在适当的联系，以便能够有效而高效地进行决策、整合工作并解决问题？
- 组织的各部分是否通过信息技术系统紧密联系在一起？
- 正确的信息是否传达到了有效执行所需的位置？信息是否在整个组织内共享？在哪里出现问题？
- 哪些主要工作流程、功能目前运行良好（或已经整合），哪些需要改进？协调／整合在哪里被打破？
- 可以建立什么样的横向角色／结构来实现核心单元间的集成／同步？
- 需要在组织中横向构建哪些能力？
- 需要哪些跨业务团队和治理？
- 应该利用什么？
- 应该鼓励哪些企业家行为？
- 是否有一个很好的过程来培养新的角色？
- 绩效评估过程是否关注所需的关键个人和集体表现？
- 奖励制度是否激励并奖励所需的个人、团队和业务部门绩效？
- 奖励制度是否足够灵活，以适应业务单元／工作的多样性，同时促进所需的组织间协作？
- 公司是否在各个层面上发展了正确的领导力，以及所需的横向领导力？

# 注释

1  Lawler, EE III, Mohrman, SA and Ledford, GE (1998) *Strategies for High Performance Organizations*, Center for Effective Organizations.

2  Mangiofico, G (2013) Using trans-organizational development and complexity theory frameworks to establish a new early childhood education network, in Christopher G Warley and Philip H Mirvis (eds) *Building Networks and Partnerships (Organizing for Sustainable Effectiveness, Volume 3)*, Emerald Group Publishing Limited, pp 35–63.

3  Galbraith, JR (2005) *Designing the Customer-Centric Organization: A guide to strategy, structure, and process*, Wiley, New York.

4  Denning, S (2013) [accessed 13 March 2018] Why Agile can be a game changer for managing continuous innovation in many industries, *Strategy & Leadership*, 41 (2), pp 5–11 [Online] https://doi.org/10.1108/10878571311318187.

5  Hamel, G and Zanini, M (2017) [accessed 13 March 2018] What we learned about bureaucracy from 7,000 HBR readers, *Harvard Business Review*, 10 August [Online] https://hbr.org/2017/08/what-we-learned-about-bureaucracy-from-7000-hbr-readers.

6  Adler, PS and Borys, B (1996) Two types of bureaucracy: enabling and coercive, *Administrative Science Quarterly*, 41 (1), pp 61–89.

7  Raub, S (2008) Does bureaucracy kill individual initiative? The impact of structure on organizational citizenship behavior in the hospitality industry, *Journal of Hospitality Management*, 27 (2), pp 179–86.

8  Peccei, R and Rosenthal, P (2001) Delivering customer-oriented behaviour through empowerment: an empirical test of HRM assumptions, *Journal of Management Studies*, 38 (6), p 839.

9  Adler and Borys, *ibid*.

10  Saparito, PA and Coombs, JE (2013) Bureaucratic systems' facilitating and hindering influence on social capital, *Entrepreneurship: Theory and Practice*, 37 (3), pp 625–39.

11  Denning, *ibid*.

12  Moody, D (2018) Customer-centric HR, *Croner-I* (unpublished at time of writing).

13  O'Reilly, CA and Tushman, ML (2013) Organizational ambidexterity: past, present, future, *Academy of Management Perspectives*, 27 (4), pp 324–38.

14  March, JG (1991) Exploration and exploitation in organizational learning, *Organization Science*, 2, pp 71–87.

15  Stu Winby in Parker, L (2016) Dialysis care: out of clinics, into the home, *Silicon Valley Business Journal*, 34 (18), pp 4–5 [Online] http://stsroundtable.com/wp-content/uploads/2016/01/SatelliteHealthcare.Business-Journal.2016.pdf.

16  Mahadevan, D (2017) [accessed 9 December 2017] ING's agile transformation, *McKinsey Quarterly*, January [Online] https://www.mckinsey.com/industries/financial-services/our-insights/ings-agile-transformation.

**17** Mahadevan, *ibid*.

**18** Stallard, ML (2009) The force of connection: boost employee engagement, productivity and innovation, *Developing HR Strategy*, Croner, Issue 29, November, pp 5–8.

**19** Weick, KE (1976) Educational organizations as loosely coupled systems, *Administrative Science Quarterly*, Johnson Graduate School of Management, Cornell University, 21 (1), pp 1–19.

**20** Burnes, B (2005) Complexity theories and organizational change, *International Journal of Management Reviews*, 7 (2), pp 73–90.

**21** Beeson, I and Davis, C (2000) Emergence and accomplishment in organizational change, *Journal of Organizational Change Management*, 13 (2), pp 178–89; Haigh, C (2002) Using chaos theory: the implications for nursing, *Journal of Advanced Nursing*, 37 (5) March, pp 462–69.

**22** Gleick, J (1988) *Chaos: Making a New Science*, Penguin Books.

**23** Parker, L (2016) [accessed 13 March 2018] Dialysis care: out of clinics, into the home, *Silicon Valley Business Journal*, 34 (18), pp 4–5 [Online] http://stsroundtable.com/wp-content/uploads/2017/08/Silicon-Valley-Business-Journal.pdf.

**24** Heifetz, RA and Laurie, DL (2001) The work of leadership, *Harvard Business Review*, 79 (11), December, pp 131–40.

# The Agile
# Organization

第 8 章

# 敏捷人力实践

　　在前几章中，通过分析组织如何制定策略、实施战略并与合作伙伴和其他关键利益相关者建立合作关系，我们探讨了组织的弹性敏捷的概念，组织实现弹性敏捷的原因及方式。同时我们分析了一些使组织能够适应和尝试新事物的能力及日常工作程序。我们还讨论了绩效管理从短期转变为长期的方法。而贯穿弹性敏捷模型其他三个象限的则是"敏捷的人"，即员工如何变得敏捷。

　　虽然我们迄今为止所讨论的组织能力都非常重要，但是促进组织发展的不仅仅是投资新的 IT 和高级工具包，或者开发新的项目管理实践。在知识密集型和服务密集型工作中，员工是生产的源泉。正是这些人向组织提供愿景、想法、产品、服务，完成日常工作，才能使企业获得成功。让正确的人专注于正确的事情是企业成功的关键。在快速变化的环境中，自动化等趋势可能导致角色冗余或者促使某些角色价值提升。因此，敏捷的劳动力规划、工作设计和开发成为关键。

　　在接下来的几章中，我们将探讨"敏捷"应用于人和文化时的含义。例如，我们将分析在快速变革中，创造有利于实现高绩效的环境所涉及的内容；换言之，在不破坏推动敏捷性的关键因素的前提下如何使组织文化和氛围成为"可改变"的；关键因素是指人们对他们所做的工作和为之工作的组织的敬业度。

　　在本章中，我们将探讨吸引和发展灵活的劳动力（尤其是那些被认为是人才的劳动力）所面临的挑战，并分析员工是如何改变他们对雇主的期望的。往往这些人面临的挑战是零碎的，这些问题需要单独的短期解决方案，但我们会直接采取行动去"修正"问题。为了配备现在和将来所需人员，组织需要一种基于事实的更具战略性的方法。我们着眼于人才管理领域，并思考战略劳动力规划和继任计划等流程如何逐渐变得更加敏捷，以响应不断变化的环境。我们将了解：

- 多样化的员工队伍。
- 战略性劳动力规划。

- 人才管理。

- 采用正确的技能实现人岗匹配。

- 建立人才池增长战略。

- 敏捷继任计划。

人力资源、人才管理和文化实践将如何更好地适应高度动荡、全球化和知识化的时代？

让我们首先考虑"敏捷员工"一词的含义。

# 敏捷员工

灵活敏捷的人才是高绩效的命脉，是组织竞争优势的真正源泉。同时，一个敏捷的组织需要在资源模型中嵌入灵活性。因此，敏捷的员工需要具备多种技能；人们需要有能力和意愿去适应新的工作方式，学习新的技能。这样的员工我们才能称其为"人才"。

## 多样化员工

随着当今人才市场的日益全球化，人才版图的各个边界不断融合，劳动力变得极度多样化。在欧洲，劳动力正步入老龄化，预计英国员工现在可以有更长的工作年限了。在一定程度上，这是由以下三个方面引起的：一是人口统计学的特征体现，二是养老金安排出现变化，三是默认的退休年龄为男性 65 岁和女性 60 岁。

到 2020 年，预计英国 20 ～ 40 岁的劳动力将减少 1600 万，45 ～ 65 岁的劳动力将增加 1700 万。这就导致了欧洲的劳动力年龄差异增大（"4G"的劳动力队伍，即可以同时雇用四代员工）。[1]那些原本在 60 岁或 60 岁之前要退休的人，可能将更希望获得新的发展机会，而不是退休；并且他们可能需要被转移到其他岗位，以便让更年轻的员工获得进步。

人力资源界的一些专家认为年龄差异是一个问题。[2]他们担心如何为年轻员工创造职业发展机会。他们还苦恼，由于没有义务要求员工在达到退休年龄后离职，因此当这些人工作水平不如以前时，企业可能会采取更严格的绩效管理和遣散措施，而不是在退休前让员工体面地离职。

此外，许多公司将多代人员的兴起视为红利和潜在的创新来源。例如，DIY 零售商百安居（B&Q）认为，年龄多元化的员工队伍带来了丰富的技能和经验。截至 2015 年，百安居在没有法定退休年龄的情况下运营了近 20 年，旨在为其 3.2 万名员工提供与年龄无关的福利。其最年长的员工是 96 岁，在收银台工作。该公司 28% 的员工的年龄在 50 岁以上，许多员工处于半退休状态。该公司认识到，人口老龄化后身体受限，例如容易受伤、出现背部不适，人会变得更加虚弱，因此，公司做出了调整，以便尽可能地发挥这些人的作用。

## 改变预期

如今，随着工作时间延长，员工可能会期望在整个职业生涯中至少更换五次职业。与希望在一家企业中终生工作的婴儿潮一代（出生于 1943 ~ 1960 年）和婴儿潮的上一代不同，X 一代（出生于 1961 ~ 1981 年）、Y 一代或千禧一代（出生于 1982 ~ 1995 年），以及他们的下一代——"新生代"对未来的雇主有着不同的抱负和期望。[3]

千禧一代大量涌入劳动力市场对劳动力市场动态具有重要意义。这个规模的群体不仅使他们在"员工建言"中获得了巨大的"支持"，而且还对其他几代人在工作环境中对"无法协商"的期望（如灵活性、快速的职业流动、学习、透明度）产生了重大影响[4]。通常来说，千禧一代想要让世界变得更美好，想从更广泛的意义上改善环境，而不是被纯粹物欲主义的价值观所驱动。他们是天生的客户——他们有直觉，他们想要有影响力。他们对官僚主义、等级制度和程序的容忍度很低。

在校园招聘行业，许多行业领先的公司，包括一些国际公司，已经发现一旦它们选择了毕业生，就很难吸引潜在的候选人；因为这些潜在候选人可能更喜欢在规模更小、更加灵活的公司从事更具有挑战性的工作，在那里他们可以迅速获得技能和经验。特别是，"新一代"的员工似乎对社区、环境和社会事业以及教师等职业更感兴趣，这些职业给他们机会为他人做有价值的事情，并有可能带来个人满足感。

当然，随着时间的推移，情况可能会发生变化，并且已经有一些证据表明，创纪录的千禧一代正在重新回到大型机构和政府机构，在团队合作、防范风险和实现稳定的工作生活之间寻求平衡。[5]员工开始对乐观消息和传统大品牌有新的关注。然而，如果组织想要留住这些新员工，它们可能需要考虑如何帮助员工实现其事业，并大力发展价值驱动型的雇主品牌来实现对他们的承诺。

## 战略性劳动力规划

针对这种令人困惑的情况，组织如何预测未来几个月或几年内它们的员工会是什么样子？毕竟，未来是不确定的，劳动力系统是复杂的，资源是有限的，犯错误的代价是昂贵的，我们必须做出决策，而且决策又必须是合理的。人才管理建立在人才智力的基础上——了解企业员工的技能、专业知识和素质。人才智力是公司对每位员工决策的依据，没有它，公司的决策就会变成纯粹的猜测。

因此，战略性劳动力规划再次成为一个关键工具，它使组织能够掌握其未来的劳动力需求，并开发和实施敏捷的劳动力设计。在此之前的一段时间里，老式的自上而下的"人力规划"方法采用详细的模型，并假设市场是缓慢变化的，但频繁的市场变化和并购等根本性重组使得之前的预测变得无关紧要，因此这种方法逐渐被淘汰。

敏捷人力资源规划的目标不是为未来的劳动力描绘一个明确的蓝图，而是使组织能够建立改进、创新、领导、传播、扩大规模、可持续发展的能力和胜任力。为更好地了解企业的人才需求、招聘、留人和部署方面的挑战，技术可作为一种重要工具，处理已收集的和已拥有的数据。传统的基于电子表格的劳动力规划和生产力衡量方法，操作性过强，且属于短期类方法，无法用于确定未来的劳动力需求。事实上，许多人力资源团队都在努力进行战略性人力资源规划。美国人力资源管理协会（SHRM）的研究发现，66％的美国雇主没有对人才需求进行规划，只有13％的组织善于预测未来的能力需求。[6]人力资源规划的最大障碍是缺乏方法和工具。因此，人力资源部门可能需要提升其在劳动力分析和商业智能（包括预测模型）方面的能力，或者聘用相关分析师。

## 着眼未来

敏捷的劳动力规划方法假设未来在本质上是不可预测的，因此规划应该基于情境，并考虑到长期的大趋势和当前趋势。如今的大趋势就是技术、经济、环境、政治、社会或伦理的变化正慢慢发生巨大转变，如人口增长和人口老龄化。这些是推动趋势的潜在力量，可能会持续数十年。这一趋势是一种可能影响业务和组织的新兴变化模式，企业需要对该趋势做出响应。

## 适应未来

随着业务的变化，为了适应未来的需求，人力资源部门需要监控技能和工作角色在当前及未来的趋势，并根据技术发展的情况审查人员配置策略。那么，员工数目是要增加还是减少呢？例如，人力资源总监杰克·西蒙斯（Jacky Simmonds）设计并主持了"下一代易捷航空"（Next Generation easyJet）[7]项目，该项目同时处理当前和未来的问题，审查工作环境的变化，并在以下四个关键领域实施重点行动计划：

- 客户服务和卓越运营。
- 数据和数字化技能。
- 战略和网络。
- 成本。

劳动力平台可以使组织根据业务需求变化重新进行配置，并在需要时快速重新分配人才。

在预测未来劳动力需求时，重要的是从更长远的角度来看待未来 10 ~ 20 年的劳动力需求，找出可能出现的缺口，并在这些缺口出现之前制订计划加以解决。例如，公用事业公司国家电网（National Grid）设计了一个 10 年的时间框架，每年重新审视一次，并将重点放在作为业务核心的"关键工作组"（critical job families）上。[8]

## 细分

为了更好地了解可能存在的关键缺口，确定关键劳动力细分群体很重要——某些工作群体可能比其他群体对实现未来业务战略更重要。这些人可能是未来的高潜力领导者或不可替代的专家，甚至是核心劳动力的一部分。通过细分员工数据，可以特别关注那些最关键的人员。这并不意味着可以忽略其他细分群体，因为不同的劳动力元素以不同的方式创造价值。有些员工有助于提升企业核心能力，而另一些则更有潜力推动竞争差异化。在改进核心解决方案和投资创新二者之间择其一可能没有必要，因为两者都可能是必需的。

## 风险

即使使用高质量的数据也可能无法实现准确的预测，因此战略人力资源规划存在一定的内在风险。在许多组织中，来自婴儿潮一代的高级管理人员和其他关键人员可能正考虑在不久的将来离开组织，或采取弹性退休方式。对企业来说，重要的是，不仅要弄清楚谁可能会离开，还要弄清楚他们可能会带走哪些重要的知识。企业必须尽一切努力迅速转移这些知识，以避免对组织产生不利影响。确定哪些风险是可接受的，而且，制订一个预期的风险预测方案也是重要的。同时，规划也需要进行战术上的考量，例如，如果整个团队因为公共交通系统罢工而无法抵达办公室，会发生什么情况？

一旦对当前和未来的劳动力需求有了深刻的认识并评估了其风险，接下来的问题就是自信地向相关的利益相关者阐明这一信息，并为每一项人才投资设计严格的方案。一旦就下一步需要采取什么行动达成共识，就必须根据这些共识采取行动。毕竟，要提高企业吸引和留住所需人才的可能性，最可靠的方法就是使用能令员工愿意留下来且愿意尽其所能的方式来管理他们。

## 改进测量及全系统仪表盘

制定正确的衡量标准很重要。例如，如果人才短缺迫在眉睫，那为什么要衡量旷工率？在将人力资源指标与业务目标进行协调的过程中，获得高层的支持是很重要的——董事会需要知道你在评估什么以及为什么评估。作为员工数据的守护者，人力资源部门需要能够阐明数据所表达的含义，即本组织如何履行其业务战略并履行其对股东的义务。正如英国人力资源协会（CIPD）首席执行官彼得·切斯（Peter Cheese）所说："我们（在人力资源部门）必须化无形

为有形，这样我们才能证明对员工的投资对组织未来成功的价值和重要性。" [9]

　　因此，人力资源部门需要通过回答以下问题才能缩小业务目标和员工数据之间的差距：

- 我们是否失去了最优秀的人才？
- 我们还剩下多少优秀员工？
- 我们每个月都在进步吗？
- 我们是否为员工提供了适应不断变化的业务所需的技能，如数字能力？
- 我们从内部提拔了多少优秀员工？
- 内部人才填补了哪些职位空缺？

　　组织还需要能够持续追踪其人才投资回报，因此有正确的衡量指标和（获得）分析能力是至关重要的。分析还可用于为员工生产力提供基础证据，奖金结构也可以用来反映这一点。一些推动员工生产力的因素包括：

- 管理者更好地管理员工。
- 适当的人力资源政策和实践。
- 员工敬业度。
- 改善资源和培训。
- 良好的工作设计——自主性和灵活性。
- 更有效的沟通和员工参与。
- 领导变革和角色塑造。
- 知识共享。

　　平衡计分卡能帮助选择正确的措施，能从战略的预期结果中找出重要的人才"领先"衡量标准。具体而言，人力资源需要衡量组织的领导力、文化、协调和学习能力。[10]

　　与人力资源战略的所有方面一样，战略人力资源规划并非孤立于其他战略。联合利华（Unilever）将数据分析作为其全球人力资源战略的核心。该公司现在可以将员工敬业度与离职或职业发展联系起来，分析并找出影响其人才储备的因素。而指导流程的责任可能在人力资源部门，但其他利益相关者也有责任，因为它对组织的其他方面具有潜在影响。

## 由外而内重新设计人力资源

在 SNC-兰万灵集团英国和欧洲地区的阿特金斯公司，由人力资源总监莎伦·潘普林（Sharron Pamplin）领导的人力资源团队，正在逐渐重新设计自己，以真正的敏捷方式回归终端用户体验。这就需要加强有效的沟通和榜样作用，以提高人们对变革必要性的认识。在人力资源方面，就像区域业务的其他部分一样，所有人力资源部门成员间的持续对话可以通过人力资源部门自己的定期全球"节奏"通话来实现——视频电话会议将整个人力资源系统聚集于一个讨论会上，这种讨论有助于人们了解全局，并讨论他们在其中的作用。同样，1HR 论坛帮助人力资源部门达成共识、树立目标，并建立信任。它为人们提供了一个真正获得授权并愿意改变的环境。

在重新设计人员流程时，员工的参与至关重要。例如，通过一个员工生涯的研讨会，让整个企业的员工参与进来，共同探索员工从"受雇"到"退休"的旅程中关键的人力资源体验接触点。例如，人们最初在何时以何种方式知道这家公司的？该公司作为雇主是否有吸引力？人们是如何知道职业机会方面的可用资源的？他们在第一周经历了什么？人力资源部门是否充分关注他们？

通过利用员工的实际体验，企业可以确定如何改进人力资源实践，从而在员工与公司之间建立更紧密的联系。例如，根据员工在招聘阶段的体验反馈，公司现在鼓励管理者在员工入职前，通过 LinkedIn（领英）与潜在的和新入职的员工进行互动，使他们感到受欢迎并了解公司情况。

这也促进了新员工价值主张的发展，为"公司如何立志成为优秀雇主"提出大胆且中肯的意见。一些曾被认为是反公司文化的做法，例如重新雇用前雇员，现在被接受了——企业积极地寻求、重新雇用并欢迎有经验的老将。以不同的方式思考这些过程并询问，"这增加了什么价值？"使得情况正逐步好转。印度和英国地区的人力资源团队切实地共同努力，简化了试用期结束时所需的程序。现在，管理人员只有在出现问题时才需要采取行动并向人力资源部门报告。

我们目前还在开发一种长期且更为灵活的继任计划和人才管理方法。目前正在采用的是"工作家庭"（job families approach）的管理方法，以及一项为期 12 年，名为"2030 未来的劳动力"（Workforce Futures 2030）的战略性劳动力规划倡议，最初的重点大多集中在关键价值创造者上。这项由人力资源牵头的战略举措是员工参与的另一个例子。领导团队已经提出了挑战（要解决的问题）。他们希望了解未来的员工可能会是什么样子。人力资源部门并没有采取通常的短期反应方法进行资源规划，而是在未来的几个月里，与领导者一起思考 10 年之后需要哪些技能和能力。领导团队特别想要了解，在职业生涯早期阶段需要用什么来吸引员工——他们为什么要加入 SNC- 兰万灵集团的阿特金斯公司？他们将如何与公司合作——是作为员工还是以其他方式与公司建立联系？公司将如何面对可识别的挑战？

为了应对这一挑战，来自不同业务领域的两个不同员工团队聚在一起，开展为期一天的研讨会。参加者包括资深且经验丰富的工作人员、应届生和学徒。研讨会上，人们采用讲故事的方式，发散思维，对这一挑战进行探讨。随后，这些团队进行了为期六周的挑战，并向领导团队提出了各种建议，其中三个被采纳。这些活动都是由不同的高层领导发起的，并在企业内部提供可用资源。

莎伦讲述道："我们已经走了很长一段路。人力资源的职能现在可以进行更好的转变了。团队成员站出来说：'我已经发现了这个问题，我们是需要对此做出改变。'"莎伦回答道："好极了——你们都很了解一点——你们有什么建议？"该团队使用了诸如 100 天冲刺（100-day sprints）、破壳计划（pop-up projects）、编程马拉松（hackathons）和封锁之道（lock downs）的敏捷方法，并让团队的客户参与其中。

结果说明一切。在英国和欧洲地区，不同的业务部门都在说，人力资源现在工作效率更高了，这些部门还让那些没有参与变革过程同事参与进来。正如莎伦所言："我们已经看到各级员工的敬业度和参与度都有所提高。2017 年，他们为应届生和学徒设立了"青年专业奖"（Young Professional Awards），用以表彰那些做出贡献的人。其中一个入围的学徒正在积极地传播知识，用电子记事本（One Note）记录工作场所和大学的学习情况。此外，现在还有一种有趣的做法，是通过 Yammer 平台和公司网站分享故事，让所有人都能接触到这些故事。"

## 人才管理

正如我们在第 2 章所讨论的，许多行业都长期存在潜在的人才短缺问题。因此，对组织——尤其是那些渴望建立可持续高绩效的组织而言，挖掘人才、发展人才和充分发挥人才的作用成为企业的战略重点。

"人才管理"一词大致可追溯到 20 世纪 90 年代末。当时麦肯锡（McKinsey）出版了《人才争夺战》（*The War for Talent*）一书，强调专业服务公司和其他高技能知识领域长期存在潜在的人才短缺问题。[11] 它们强调雇主需要采取以客户为中心的新方法来吸引和留住成功所需的"人才"。它们认为人才管理就是要识别人才，知道"人才"想要什么并将其提供给他们——如果不这么做，竞争对手就会这样做。这是关于员工"反规划"和"自我管理"职业生涯的一个阶段。

从那时起，人才管理已逐渐被视为战略人力资源能力和竞争优势的一个独特方面，也成为组织持续保持绩效的一个驱动因素。当 2008 年国际金融危机爆发时，人才管理陷入低迷，许多公司不再关注它们的高潜力人才，错误地认为，由于好工作匮乏，人们会选择留在现任雇主这里做事。这些假设都被证实毫无根据可言，所以导致供需失衡。

毕竟，多年前预测的无边界职业现在已经成为现实，而这与组织传统的职业生涯——单个就业环境边界的工作，是背道而驰的。[12]

### 新的"人才争夺战"

随着全球范围内对员工和客户的竞争加剧，许多行业雇主间的竞争愈演愈烈，不仅为了争夺市场份额，还为了吸引和寻找最优秀的人才。当高技能人才供不应求且员工有选择权时，"关键人才"可以挑选他们的服务对象。在西方，只有 18% 的公司表示，它们有足够的人才来满足未来的业务需求，[13] 其中有超过一半的公司表示，由于缺乏领导人才，它们的业务已经受到阻碍。[14]

因此，企业需要重新重视人才管理及其相关流程。组织试图开发有吸引力的雇主品牌，使自己从竞争中脱颖而出，以吸引最好的员工。它们为员工提供"入职"体验，帮助新员工迅速提高工作效率，然后希望留住他们。然而，随着知识和服务工作的劳动力市场变得更加活跃，过分强调对雇主的忠诚已经成为过去，留住人才成为一项重大挑战，因此，企业设立了大量的员工参与计划和奖励计划。

---

## 人才管理：一个有争议的话题

"人才管理"一词及其构成要素的定义不断演变，且（关于该问题）存在着大量的战略观点。在大多数情况下，重点是系统性地努力整合各种方法来吸引、发展、部署和保留组织现在和将来最需要的、最有晋升资格的人员。"人才"一词通常指的是由高潜力员工组成的特定骨干，这些员工经过培训，可以担任未来的高级（领导）职务，并被认为是对组织最有价值的："人才管理是系统地吸引、识别、开发、参与、保留和部署那些因为未来的'高潜力'或在业务/运营方面发挥着关键作用而对组织有特殊价值的人。"[15]

人们越发质疑这种独特的人才管理方法，许多组织正从系统性和战略性人力资源管理的角度出发，采取"一种非常广泛的人才管理概念"。[16]

该观点面向全体员工——通常被称为"包容性"的人才管理观点。（这种观点越发盛行的）部分原因是，在当今快速发展的环境下，很难根据变化的商业模式预测组织未来的劳动力需求，因此，我们难以准确判断哪些人和角色将是最有价值的。

人才管理过程通常按购买或构建人才战略进行划分。"购买"活动包括吸引、寻找、评估、招聘和"引导"新员工；"构建"过程包括人才识别、参与和保留、进步和发展。创建人才池和职业路径只是"构建"人才战略的要素之一。

关于应该把重点放在人还是职位上的争论仍然激烈。柯林斯和梅拉伊（Mellahi）认为，战略性人才管理涉及"系统地确定对组织持续竞争优势有不同贡献的关键职位，发展具有高潜力和高绩效人才的人才池来填补这些角色空缺，以及……由有能力的现任人员担任这些职位，并确保他们对本组织一直以来的贡献"。[17]

　　相反，卡佩里（Cappelli）认为，"比起考虑一个特定的继任角色，在更广泛的组织范围内培养人才更为有效。这可以防止培养员工只适应狭窄的专业角色。相反，一旦发展起来，员工就可以具备更广泛的能力，从而适应各种角色"[18]。葛兰素史克公司（GSK）使用"人才"一词涵盖高潜力人群（那些有潜力在未来成为广泛领导角色的人员）和高绩效人员（那些持续提供卓越成果的人员）。这一类高绩效人员明确了一点，即专业科学家可被视为企业和领导者的关键人物。

## 谁"拥有"人才管理

　　鉴于人才对企业成功的重要性，人才的最终责任应该由 CEO 来承担，而人力资源部门则负责管理相关的流程。在人才短缺的背景下，不确定性可能会导致知识的流失、创新的缺乏以及股东价值的下降，人力资源部门应该帮助领导者识别他们所面临的人才缺口，并探索解决这些缺口的方法。然后，人力资源部门可以推动整个流程增值，包括进行人才风险评估、监控人员离职数据、进行推断、制定和实施人才战略以缓解风险。

## 需要新的人才管理方法

　　人才管理方法不应再局限于少数受青睐的人才，也不应仅仅遵循"快速通道"发展和传统继任计划的陈旧模式。了解关键员工群体的需求、志向和动机对管理人才至关重要。诸如构建和嵌入雇主品牌，以及定制包括发展在内的调整策略，将越来越多地用于寻找稀缺人才，并为个人和组织创造更广泛的双赢局面。刺激员工自觉努力——找到激励员工的新方法、消除员工激励的障碍、提供公平的奖励和认可——这些只是灵活的敏捷人才管理策略的基础。

　　在现在的企业中，许多人才管理流程依然反映出支持旧式"心理契约"或"旧协议"的假设，即组织在雇用关系中占有优势。正如我们在第 2 章所讨论的，"旧协议"逐步消失，使得如今的员工对在一家公司内终生工作几乎没有什么幻想，而且通常也没有什么忠诚可言。今天的员工必须管理好自己的事业，许多人也希望如此。因此，即使是最周密的继任计划也可能因受高度重视的员工突然离职而被破坏。

更广泛地说，当今瞬息万变的环境需要系统化和开放性的人才管理方法，它们本质上是关系型和个性化的。非正式网络可能比正式的人才管理流程更有效，并且新兴的"新协议"需要由组织与其希望吸引和保留的员工"共同创造"。

这意味着人才战略和解决方案的创新应该有可能满足多个部门员工的需求——无论他们身处何处。同样重要的是，在设计雇主品牌时要牢记那些对所有人都重要的事情：认可和尊重，灵活性和选择，有意义的工作，以及（工作）和生活及社区之间的平衡。与此同时，企业也必须牢记需求的差异，并准备好应对"协议"，以适应不同生活阶段和环境中人们不断变化的需求。员工队伍多样性的增强也对如何交付工作以及未来领导者是什么样的有重大影响。

明天的领导者会是谁呢？如何识别并开发他们？例如，目前英国劳动力中的女性人数多于男性，但在多数行业，女性在高管或董事会中的比例仍明显不足。女性也是英国灵活劳动力的重要组成部分。更灵活的工作方式，加上虚拟工作场所的发展以及个人对工作与生活平衡的日益重视，意味着企业需要新的管理模式，以便充分利用非全职工作的个人。由此，在工作中，关注点从"投入"或工作时间转移到了"产出"或工作贡献的质量上。

## 人岗匹配的正确方法

开发敏捷的劳动力战略是一个整体过程，该过程涉及人才在整个组织中的运作方式。如果想在本质上弥补人才缺口，你可能需要改变你的雇主品牌或招聘流程和奖励策略，以继续吸引"合适"的人。

### 搜寻人才

如今的人才已经跨越国际边界，例如来自印度的工程专业学生。[19] 诸如谷歌、塔塔和微软等公司利用情报来源获取信息，在全球范围内寻找最优秀的人才。许多需要源源不断的初级人才的机构，与拥有大量外籍人士的大学，或者越来越多在国际机遇中茁壮成长的年轻人，建立了伙伴关系。对于人才的全球搜寻，雇主需要一个强大的全球技术平台，应对个别国家的需求。这意味着它必须兼具可扩展性和灵活性。优秀的海外候选人可能需要帮助才能获得所需的签证。公司可能需要支持那些想要远程工作的关键人才——无论是来自国内还是其他地方——所以企业需要提供通信技术、协作工具和系统来实现工作流程。

## 招聘

潜在的求职者越来越多地在网上寻找工作。网络招聘 Webrecruit（2014）的一项调查发现，88% 的求职者现在通过谷歌寻找工作机会，80% 的平板电脑用户在下班后通过平板电脑寻找工作机会。[20] 潜在的求职者倾向于浏览：

- 首先是招聘网站。
- 其次是公司招聘页面。
- 然后是招聘代理机构。

相反，只有20%的企业有专门的招聘页面——公司网站上专用于招聘的经过移动优化的页面。因此，那些试图仅使用传统方式招聘（如在印刷媒体上刊登招聘广告）的组织，可能会错失潜在的求职者。新一代的求职者通过社交平台寻找工作的方式已经持续了很多年，并且有可能继续这样做。因此，通过公司的招聘网站来进行社交互动是很重要的，这样可以帮助公司建立与候选人的关系，在招聘过程中增加个人因素。

雇主们也越来越多地使用大数据分析和其他新方法进行招聘工作，使其更加科学化。

## 雇主品牌

今天，许多公司开发员工价值主张（EVPs）或雇主品牌来形容它们对员工的承诺，就像它们利用品牌的力量向客户传达价值一样。[21] 建立雇主品牌的目的是既要传达提供的协议，又要使公司对求职者更有吸引力，为公司提供强有力的竞争优势。

公司品牌和其他招聘信息应该表明公司希望鼓励的行为（和文化）。因此，潜在的新员工就会很清楚公司的期望以及接下来如何表现。总之，如果企业想要最大限度地留住那些敬业和高绩效的员工，那么就需要针对不同员工群体制定多个雇主品牌，并付诸实践。

因此，传达正确的信息是至关重要的，当然，信息必须是真实的。Webrecruit 的调查发现，超过 80% 的求职者除了薪资和福利，还要考虑其他因素，如职业前景、工作环境、组织代言以及它如何为客户服务。特别是 Y 一代的员工，他们寻找专业成长的机会，比起静态稳定的环境，他们更喜欢在动态变化的环境中学习。

在下面的案例研究中，我要感谢高级经理资源合伙人罗伯特·塔芬德（Robert Taffinder）和英国建筑商协会资源管理和案例管理中心的斯蒂芬妮·塔普纳（Stephanie Tapner）的帮助。

##  案例研究：英国建筑商协会中的敏捷招聘

英国建筑商协会（Nationwide Building Society）在金融服务机构中是很少见的特例：它在 2008 年金融危机中相对安然无恙，并且声誉完好无损。作为一个共同体，英国建筑商协会由其成员（客户）拥有并运行，不需要满足股东利益（像银行那样）。然而，在 2008 年金融危机之后，与所有金融服务提供商一样，英国建筑商协会也受到英国金融行为监管局（The Financial Conduct Authority）和审慎监管局（Prudential Regulation Authority）的新监管要求的约束，以避免这种危机重演。

为了应对不断变化的环境，英国建筑商协会认识到需要建立其第一、第二和第三线风险角色，以保持其关注客户利益的传统并满足新的监管要求。同样，新一代客户希望能够通过平板电脑和其他移动技术安全、方便、全天候地进行远程交易。英国建筑商协会的创新战略很简单，它们投资于技术，使得它们的成员和员工的生活更美好。它们正在利用数字化创新来更好地将它们的成员与员工联系起来，并确保成员随时随地都能接触到它们的专家。

然而，英国建筑商协会当时的招聘做法相当传统，它们仅依靠招聘网站上的广告，以及在招聘网站上发布职位空缺或通过招聘机构来招聘人才。在当前的"人才争夺战"中，利用传统方法寻找和招募稀缺的人才将是一个重大挑战。

为了应对这些挑战，资源交付团队决定在现有的良好实践的基础上继续发展，并采用新的方式，以具有成本效益和创新的方式吸引潜在的候选人。新方法自研究以来，一直广泛听取各个群体的意见，他们都是来自不同背景，掌握不同技能和能力的人群，同时关注着新趋势下人们的表现以及对英国建筑协会品牌的见解。求职者的期望显然开始转变，生活方式和平衡似乎比薪水更重要。社交媒体正在成为潜在求职者互动的关键手段，因此数字工具将成为解决方案的一部分。需要信息技术支持来帮助招聘团队使用职业网站来获得优势，并通过招聘获得更多人员。

英国建筑商协会面临如何在就业市场上脱颖而出的挑战。讽刺的是，虽然英国建筑商协会有很好的故事要讲，但社会的谦逊文化意味着很多人不知道这件事。因此，重要的是要讲述一个关于英国建筑商协会的强大而真实的故事，一个关于什么是共同体、展示它代表什么并分享成功的故事。该公司的目的是给潜在的求职者一个惊喜，其中一项举措——为内部招聘而制作的名为"理发"的视频——当然抓住了人们的想象力，并入围了一个外部奖项。

在真正的敏捷风格中，许多其他活动都是通过三分阶段的方法开发的，这个方法允许在六个月内进行反馈和进一步的开发。新的元素根据业务的要求被添加进来。例如，传统的职业网站是通过员工博客进行互实施，以便人们可以发表他们的评论，且让他们的反馈可以被付诸实施。招聘网站 Glassdoor 出现了新变化（如候选员工的 TripAdvisor 板块，在该板块中，任何人都可以看到关于组织的评论以及当前员工对它的看法），这些变化允许团队对招聘过程中需要改进的事情做出响应，并了解人们离开组织的原因。

如今，团队本身已经变得敏捷和有能力，在短时间内取得了很大进展。同时，团队和品牌、市场营销和 IT 等其他职能部门之间，也进行了大量合作。来自职业网站上的数据分析和评论提供了有用的情报，资源顾问可以使用这些情报来选择合适的吸引渠道以实现特定的员工技能组合。

对资源调配团队来说，成功带来的挑战在于人们对你的期望更多。重要的是要管理期望，审视内部平台及其所能提供的内容，使用数据或证据，以及持续沟通或重新谈判优先事项，有必要时，还可以进行反击。最终获得资源成功的关键是明确你的立场，正如罗伯特·塔芬德指出的那样："如果人们因此而却步，那也不是件坏事。我宁愿少选一些有才能的候选人，也不愿淘汰更多在我们的文化中表现不好的人。"

## 入职

许多组织在努力吸引和招聘最优秀的人才后，往往在数周内就失去了新员工。在最初的 18 个月里，员工离职率可以高达 50%。[22]

遵照传统，组织会给新员工做上岗培训，向他们介绍公司的具体信息、合规要求和工作方法。入职也称为"组织社会化"，它比引导更进一步，指的是新员工进入公司，受到欢迎，并获取成为有效组织成员所需的知识、技能和行为的各种方式。许多公司在新员工正式加入之前就开始入职培训。

企业迎接新员工的方式，以及为他们创造的环境——沟通、塑造和形成文化。除非新员工从一开始就感到被重视，否则他们工作的动机可能会大幅下降。如果新员工感到受欢迎，为他们的新职位做好准备，他们就会获得信心和资源，在公司内部产生影响，并最终帮助公司继续履行其使命。直线管理者积极参与新员工入职培训是至关重要的。直线管理者通过社交网络或面对面与新同事交流，可以帮助他们适应公司的文化。可以指派"伙伴"和导师来支持新员工，并提供相关的信息和鼓励。这些社会化技术为新员工带来了积极的结果，如更高的工作满意度、更好的工作表现、更高的组织承诺以及减少职业压力和离职意愿。[23]

也有一些证据表明，具有某些人格特质和经历的员工可以更快地适应组织。[24] 这些特质包括"主动型人格"——该人格具有掌控局势和控制环境的倾向。我在本章的其他地方提到过一个类似的概念，即"学习敏捷"。研究人员指出，角色清晰 [25]、自我效能感、社会接受度和组织文化知识，对适应性强、受益于有效的入职制度的新员工来说，都是非常好的指标。

为了提高入职培训计划的有效性，一个人"拥有"入职流程是非常有用的，他可以监督所有部门利益相关者 [26]，并监督和衡量新入职人员如何适应新角色、职责、同事、主管和整个组织。

# 构建人才池增长战略

挖掘新的人才来源成为组织实现增长的一个关键优先事项。因此，将内部发展与外部招聘相结合，对补充人才池具有重要意义。[27]领先的公司不会雇用技能有限的新员工来满足暂时的需求，它们会通过增强现有员工的额外技能来建立一支更灵活、有能力应对新竞争威胁并能利用新机会的员工队伍。这样的员工队伍可确保组织在某个时间点具备所需的技能组合。

对这样的员工来说，以承诺为导向的人力资源系统似乎更为合适。[28]人力资源实践的重点应该是培养人才池中的那些人才的动机、承诺和发展，从短期的"交易型"心理契约转向更长期的"关系型"心理契约。[29]

## 识别高潜力员工

在大型人才池中，企业面临的挑战是区分那些现在能够在相关级别有能力完成任务的人，和那些未来有潜力担任更高级职位的人。传统的组织使用"九宫格"变量评估员工的绩效和潜力，并确定当前和未来的"明星"。然而，考虑到该衡量指标的不稳定性，使用年度评估等级来定义绩效是有风险的。此外，"潜力"往往与"准备晋升"混为一谈，这就引出了一个问题——"潜力是什么？"这个过程往往忽略了对关键业务的专业知识和职能的掌握。越来越多的公司使用心理测试来确定员工潜力的性质，而不是主要依赖于当前的绩效评估。测试提供商 SHL 认为，在识别真正的高潜力员工方面，事实证明有三个因素是可靠的：渴望晋升至高级职位，能够胜任更负责任的高级职位，致力于落实对组织的承诺并继续担任具有挑战性的角色。

## 通用电气未来领导人

通用电气（GE）审查自身领导才能的方式正处于改进阶段。几十年来，每年 4 月份通用电气都会进行一次全公司范围内的年度人才审查，这个过程被称为"C 环节"。它包括深入审查业务，从战略角度分析人才，对个人、业务部门，甚至首席执行官进行绩效评估。这就涉及对公司每个业务领导者进行优缺点分析，即分为职业发展需求和人才实力分析，而且分析要全面、公正。

人力资源部门负责 C 环节议程，但企业领导者会进行把控和实际的评估，为量化员工的表现，会将员工置于反映业绩目标实现以及公司价值观呈现这两个维度的九宫格中分析。前首席执行官杰夫·伊梅尔特（Jeff Immelt）全程积极参与。这个过程非常耗时，因为与工会领导者开展的会议，其业务成果汇报既冗长又复杂，这些都是常态。现在这个环节已经被每月一次的 Pulse 会议取代，在 Pulse 会议中，更多的是领导者之间关于人才的对话，而且对于领导力和人才问题较之前讨论得更为深入。它为首席执行官提供了整体审视企业人才池的机会。对商业领袖来说，关键问题是：我们是否有我们需要的领导者来进行我们需要的变革？

## 学习敏捷性

要在这个新环境中发挥作用，个人需要具备比以往更大的弹性和敏捷性，并能够为未来的未知挑战重塑自我。思维的多样性是必要的，领导者必须能够发展一种以包容性为基础、鼓励不同观点的思维方式的企业文化。根据米勒（Miller）的说法，学习敏捷性作为一种有意义的潜力指标正受到越来越多的人的青睐。[30]

在评估一个人的学习敏捷性时，HR 可以与直线经理一起找出以下问题的答案：

- 有前途的员工有哪些特点可以应对挑战？
- 他们如何管理一个不熟悉的环境？他们是否因为将自己的特性与任务的要求相匹配而感到兴奋？
- 个人可能的职业规划路径是怎样的？

像 IBM 这样的公司寻求一种认知、行为和态度的结合，他们希望在现在和未来的领导者身上看到这些品质。领导者应该：

- 在技术和全球商业知识方面具备足够的深度和广度。
- 成为他们专业领域的真正思想领袖。
- 能够迎难而上解决难题，知道何时向他人寻求建议和指导。

- 作为一个天生有远见的人，不畏惧承担谋划和知情的风险。
- 既能看到大局，又不会忽略那些微小而重要的事情。
- 具有多文化和多语言能力，能够为来自不同地区的全球客户和利益相关者提供成果和价值。
- 能够激发自我和他人，向别人传递意义和使命感。

除此之外，领导者还应该：

- 对代际具有"悟性"——能够在年龄多样化的员工队伍中发挥出最佳水平。
- 改变管理技能。
- 适应不确定性。
- 扭转困境的能力。
- 沉浸式学习和组织技能。[31]

## 新技能

提高技能和数字灵活性是个人就业能力的关键。人力资源可以通过成功发展新的工作方式所需的技能、系统和态度，让企业、领导者和员工实现共赢：

- 适应性。
- 容忍复杂性。
- 创新和创造力。
- 足智多谋。
- 学习敏捷性。
- 企业家心态。
- 弹性。
- 管理模糊性的能力。

各级人员，尤其是那些负责管理的人，需要"软"技能，尤其是要了解什么能激励员工，以及如何将团队凝聚在一起。在数字时代，人和机器日益协同工作，但这些活动仍然不能通过机器来完成。

　　此外，领导数字时代还需要其他技能。数字素养和能力是前提，即能够通过使用和部署数字技术来了解未来可能的情况；更重要的能力，则是能够思考并决定在何时采取何种可用的新技术和服务。由于变化是持续且快速发生的，数字领导者需要具备协作和创新的能力，以及关注客户和以客户为中心的设计能力。当然，现有领导者可以获得和发展这些能力。

## 培养员工

　　从长远来看，当人才短缺时，培养人才的成本将远低于招聘成本。尽管业务关键角色的扮演者仍将获得额外的发展支持，但转变正在发生：培养的人才更加广泛，在意想不到的地方寻找人才，排他性和包容性的人才培养方法并存。因此，通过为每个人提供实时培训，例如通过同伴指导和团队学习，以及投资于初级员工（如通过学徒培训或基于雇主的任职资格的学习机会），雇主向员工发出强烈的积极信号，告诉他们公司的优先事项，以及公司如何重视他们。

　　提供培训和发展通常被认为是创造积极工作环境的最重要因素之一，最终影响员工的绩效和留存率。发展让员工在工作场所中有进步的感觉，并有可能带来更大的承诺和更高的参与度。培训员工并提高他们的效率和生产力，有助于建立组织的灵活性和弹性，这对组织的成功和盈利能力有直接影响。这是从长远的角度出发，帮助人们和组织发展能力，以改善和适应不断变化的业务需求。

　　通过与培训提供商或其他热衷于为员工创造共享学习机会的组织进行创造性合作，公司可以控制成本并提高学习的价值。正式课程越来越侧重于技能，而不仅仅是知识，学员的选择是基于他们学习的动机和管理者对应用所学知识的支持。将一线管理人员培养为教练，提供自我评估、全面的继任计划和创新的职业管理工具，这些只是新一轮"人才争夺战"中的一些工具。培训和发展也越来越多地把提高员工的自我意识和在更流动的工作环境中成长的能力视为目标。近年来，人们对情绪智力的关注，得到了来自正念和神经科学的观点的补充。

## 培养以客户为中心的领导者

　　建立一个联系紧密、协调一致的领导团队对于组织目标的成功实现始终是十分重要的，而在转型所需的思维方式需要从以内部为中心的产品导向转为由外至内的视角（即从反映官僚"金笼子"的领导风格转变为敏捷和授权的领导风格）时，这样的领导团队可以说是更加重要了。当然，以客户为中心的策略应该由相信该种策略的人设计。然而在现实中，许多领导者所关注的东西，却传递出与客户和员工所接受的完全不同的信息。一个好的经验法则是研究财务结果报告的方式，以及客户被提及的程度（荷兰国际集团银行现在是在客户战略的背景下公布业绩的）。虽然一个有远见的领导者可能会倡导以客户为中心的策略，但如果这一战略受到同事抵制或缺乏来自同事的支持，这些同事则更倾向于坚持自己的等级制度和官僚控制，那么，这种战略不仅会延误和扰乱进展，还可能彻底摧毁进展。

正如佩切伊（Peccei）和罗森塔尔（Rosenthal）（2001）指出的，对支持客户的员工授权，最重要的影响因素之一是管理层的关注和角色塑造。[32] 致力于以客户为中心的组织，如荷兰国际集团银行，认识到了这一点并给予有意识的重视："我们已经花费了大量的精力和领导时间，试图为敏捷文化所需的合适的行为——所有权、授权、以客户为中心——树立榜样。"[33]

人力资源可以设计挑战领导者当前思维模式的领导力发展计划，帮助领导者看到并相信新的前进方式，学习如何适应和实验，并培养他人的能力；在此过程中，人力资源通过以下方式嵌入以客户为中心的领导力核心技能：

- 将积极的倾听和提问技巧作为一种基本能力进行教授，并以正式和非正式的方式加强和认可这种能力。
- 将面向客户的体验嵌入所有新的管理人员入职流程、关键人才晋升和定制化发展计划中。这对"后台办公室"或那些几乎没有机会接触前线的职能领导者来说尤其重要。
- 让领导者以有意义的方式定期与一线工人接触，例如，在分层的跨部门或全流程团队研讨会中，研究服务改进。在这个研讨会中，所有声音都是平等的。
- 让领导者接触其他领域以客户为中心的同行，以此挑战他们的思维方式并激发灵感，然后花更多的时间来挖掘从中学到的东西及其应用潜力。

- 嵌入促进"人与人之间"反馈的实践，曝光并谴责那些损害价值观或忽视顾客的行为。

## 职业弹性

职业的性质也在改变。过去，人们都希望忠于一家公司，而如今，他们可能会选择尝试多家公司来追求自己的职业目标和个人目标。当然，组织必须接受人往高处走这一点，但要降低核心人才流失带来的风险。因此，工作人员——包括那些具有关键业务技能的工作人员，他们的更替应该是预料之内的。

一般来说，企业不愿明确表明对职业生涯的长期看法，而实际上职业支持已经减少了。虽然企业可能希望员工愿意适应、接受变革并在其职业生涯管理中承担更大的责任，但似乎很少有人认识到使员工具有管理职业生涯的能力与组织敏捷性之间的联系。至少有一些公司开始觉得有必要制定一份更清晰的"职业规划"，并提供有关职业路径的更详细的信息。通过提供职业支持来让员工管理自己的职业生涯应该是组织战略的一个明确的组成部分。具有讽刺意味的是，如果你对员工进行培训，与他们签订合同，使他们更具就业能力，并赋予他们选择去留的灵活性，他们往往会留下来。

## 通用电气的职业自我管理

在像通用电气这样的大型组织中，其目标是实现敏捷，实现职业流动性是无边界组织为员工服务的一种方式。通用电气拥有雄厚的人才储备。考虑到通用电气目前的运营方式更加横向化，人们现在如何发展自己的职业？横向而非纵向的职业发展将成为许多员工的常态。全新的、更个性化的管理方式包括了诸如挑战或"泡沫"任务，灵活工作和额外福利等机会。

人们也被鼓励扮演不同的角色，在一个像通用电气这样由多家公司组成的大公司里，他们可以在不同的行业工作，同时仍然是通用电气的员工。在通用电气任何部门工作的任何人都可以了解其他业务部门的机会，以及如果需要的话，可以了解如何进入这些部门。事业心强的人通常愿意自己规划职业发展，但往往很难在通用电气的各个业务领域找到工作机会。在过去，即使了解一份新工作可能需要什么，也都是非常困难的。同样，寻求填补职位空缺的经理也很难在内部找到具备合适技能的人。例如，在创建 GE 数字组织时，就需要程序员和程序架构师。这些人在整个公司都有，但却很难从 18 000 个职位中识别出来！

以真正的敏捷方式，简化职位头衔的尝试正在进行中。在另一个试验中，技术将被用来帮助人们更多地掌握自己的发展和学习。一组算法将数据和分析联系起来，从而使人们能够获得工作和学习的机会。同样的技术也会帮助管理者更容易在公司内找到他们需要的人才！

## 敏捷继任计划

对许多组织而言，最大的风险因素与最高管理者意外离职后引起组织脆弱性有关。毫无疑问，高层职位的继任计划是公司治理的一部分。即便如此，也很少有组织能够减轻有价值的人离职后带来的影响。美国企业执行委员会（Corporate Executive Board）在 2011 年对 23 个国家的 33 000 名企业领导人进行的调查显示，近一半（41%）的企业正努力寻找合格的高管领导。最近的很多调查证实，该挑战依然严峻。

继任计划通常侧重于为特定类型的角色培养员工——尤其是通过扩展员工的职业经验和职能技能——从而使他们在真正出现职位空缺时成为可靠的候选人。继任计划还涉及更长期的人才通道开发，以满足未来的业务需求。[34] 与劳动力规划类似，它的发展目的之一是诊断——识别通道薄弱的地方，以及劳动力中缺乏的特定技能、知识或经验。然而，继任计划并不总是能够与其他人才管理计划充分结合，计划往往脱离现实，从而导致工作重复。继任计划应与高潜力的人才评估流程和领导力发展紧密结合，以确保领导力的连续性，并使其成功运作。

继任计划近年来经历了一些变化。许多组织正在将继任计划与更广泛的人才管理方法结合起来。尽管继任计划仍然主要集中在高层领导和管理职位上，但也逐渐用在组织其他薄弱之处，帮助组织不同层级的关键职位进行择人。对这些选定角色的规划应在适当的细节层次上进行——通常是针对工作组而不是单个职位——而且有相关的时间框架。应该采取混合匹配的方式来填补空缺，将开放的人才市场与职业发展管理相结合，酌情确定并利用外部和内部继任者。特别是，敏捷继任计划涉及个人规划和自身技能与职业发展的实现。[35]

企业总部通常只直接负责少数高级职位，但同时在区域、部门或职能中确保有适当的权力下放流程。继任审查或人才审查，也被称为论坛或继任委员会，在范围上变得更加具有战略意义，可以为继任候选人提供工作培训和发展行动，帮助他们获得特定技能或更广泛的职业经验——通常是在不同的职能、单元或地点。

## 正式流程

在继任规划中，典型的做法如下。

- 定义范围：哪些角色对组织至关重要？继任规划应该达到什么程度？
- 定义当前职位是什么样的，以及当前的能力是什么。
- 定义未来状态：需要哪些能力？当前人才池与未来需求之间存在哪些差距？
- 识别人才：谁是高潜力的候选人？他们的准备程度如何？
- 培养人才：发展对象符合继任要求吗？实施个人发展计划需要哪些工具和资源？
- 跟踪发展：如何根据他们的计划监控和衡量个人发展的成功？哪些外部因素阻碍或促进了个人成功？

继任计划必须与其他人员管理流程相结合，特别是对工作培训和发展的评估及行动。

## 迈向更"敏捷"的继任方法

已有迹象表明，一种更"敏捷"的继任计划正在从成熟的"发展"方式中形成。这种方法假定将会发生变化。它极大地利用了职业规划和管理，以帮助创建一个有依据的、相关的、现实的继任观点。它并不是将继任计划过于严格地与组织结构或过于复杂变化的特定角色联系起来，而是基于人和人才池，这种方法更加灵活。

同时，更"敏捷"的继任计划涉及为业务中易受影响的角色（不只是高级管理人员）确定继任者，并在适当的细节层次上对这些选定的角色进行规划，通常是针对工作组而不是单独的职位，而且有相关的时间框架。因此，除了那些短期（1～2年）和长期（通常为3～5年）的潜在人才外，"紧急"和"已准备就绪"的继任者也是主要的关注焦点。企业必须尽一切努力来确定那些难以取代的、拥有对组织至关重要的知识和技能的个人，并为他们制订强有力的参与和保留计划。同时，企业应酌情确定外部和内部继任者，认识到个人参与规划和提供自身技能与职业发展的长期趋势。在敏捷的继任过程中，职位空缺可以通过管理员工职业生涯和开放的就业市场的组合来填补。

从学习敏捷性的角度评估工作经验，为模型增加了一个"领导力指标"，并产生更好的继任计划决策。如果应用得当，学习敏捷性可以帮助公司开发深厚的人才基础，并了解如何最好地利用这些人才。

## 增加透明度

如今，组织能够管理人才的想法可能已经过时了。[36] 从员工的角度来看，敏捷继任计划必须考虑到他们的目标、愿望和偏好。因此，一个敏捷的继任计划过程应该是双向的，并且需要被选择的"继任者"和所有相关方的投入。重要的是，要就如何开展业务进行对话，并使用持续的反馈而不是间歇性的抽查。因此，企业应用多种方法，如调查、培训、离职数据、焦点小组，来掌握实情，并对这些实情进行分析。

社交媒体等工具在帮助人们理解"对我有什么好处"方面，可能会发挥越来越重要的作用。个人和直线经理或人力资源经理之间的职业对话可以帮助人们弄清他们的动机，以及他们在此阶段想从工作中得到什么，并帮助他们评估自己的学习兴趣。然而许多管理者不愿意在继任会议上谈论他们有才华的员工，因为担心他们会被其他部门挖走，或者更糟糕的是，会被其他公司挖走。[37]

面对这一问题，企业需要高级管理人员有着清晰的、明确的承诺——人才池是公司的资产，而不是高管个人的玩物。为了帮助管理者克服最初的阻力，培养他们识别和培养人才、评估他们做得如何，并奖励那些在培养和输出人才方面最成功的人，这是很有用的。用关键绩效指标和报告将这些实践制度化，通过经常向高管汇报正在发生的事情，并与他们交流成功经验，让整个过程保持"实时性"，是很重要的。如果人们能看到继任计划在现实中发挥作用，他们将更加积极地支持该项计划。这是在建立一个人才管理文化和思维模式，形成对未来"成功领导"的明确定义。

继任计划应该让未来的领导者有机会获得多种技能和经验。发展机会应该是有意义的，并允许个人证明他们的表现、潜力和动力。这样的发展机会可能包括短期高风险职位，轮岗和全球外派，项目角色，横向调动或"临时晋升"，他们可以从中快速进步，进一步发展自己的技能，并将其应用于下一段经历中。人们也可以在"真正的工作"中成长，学会处理问题，实现并证明他们的价值。

随着继任计划变得更加敏捷，它将成为一项关键机制，来管理业务风险、加快应对不断变化的业务需求和响应日益多样化的员工期望。

## 本章小结

当公司竞相吸引并留住最优秀人才时，"人是我们最大的资产"这句陈词滥调中隐含的事实变得越来越明显。有能力的、具备多种技能的知识型员工往往可以选择他们为谁工作，因此，传统组织流程背后的假设，例如旨在保护组织长期利益的劳动力规划和继任规划，现在必须进行调整，以适应更具流动性更强且要求更高的劳动力的利益和愿望。正如我们已经讨论过的，在今天的工作场所：

- "人才"和"高潜力"的定义正在扩大，而不仅仅局限于少数几位未来领导者。
- 人员流程应由 CEO 拥有，并由人力资源部门管理。
- 人员流程必须与人一起发展，而不是逼迫员工。
- 没有一个放之四海而皆准的方法。
- "分析"可以帮助寻找员工，"关系"可以留住他们。

多代劳动力将寻找新的工作安排、职业生涯路线和发展机会。这将影响到灵活的工作政策、管理风格、社会媒体公关政策等。劳动力设计也应反映职业不断变化的本质，并以员工敏捷和职业弹性的形式为发展变革做好准备。劳动力设计不可避免地融入学习、发展和职业策略以及相关的职业生涯中。既然期望保留组织所需的所有"关键人才"是不现实的，那么人才流程就必须变得更加开放、透明和包容，并朝着创建更广泛的人才池的方向发展。通过对劳动力的投资，组织更有可能从创新和高绩效中获益。

在对所需技能人员的最低供给量进行更复杂的估计时，不仅要考虑成本，还要考虑如何在不破坏人们工作与生活之间平衡的情况下满足未来的生产力需求。成功完全取决于人们的技能、能力和奉献的意愿。如果关键人物过快离开公司，那么最好的方案也会落空。因此，劳动力战略应该包括了解如何管理员工，以保持他们的积极性和绩效。

在下一章中，我们会思考雇主如何创造有利于员工敬业度的环境，这是员工承诺和绩效的重要驱动因素。我们尤其要思索高管、直线经理和人力资源专业人士如何让他们的组织成为最佳雇主。

## 自查清单

- 自动化和人工智能对员工角色和技能有什么影响？
- 你的组织所在行业所需的能力是否有所改变？你的组织的人力资源实践是否跟上了变化的步伐？
- 是否有一个良好的流程来培养所需的能力，并确保人们能够拥有有意义的、更具发展空间的工作经验和职业道路？
- 直线经理如何有效进行职业对话？
- 谁在你的组织"拥有"人才管理？
- 你的组织是否需要在各层面发展所需的领导力，以及在复杂世界中取得成功所需的横向领导力？
- 如何选择参与机会识别过程的人员？
- 在过去一年中，每一个确定的晋升职位都有哪些候选小组？
- 在去年的晋升活动中，这些选择是否反映了拥有合格候选人的人才池的情况？

## 注释

**1** Source: *The Future of Work* (2014) published by the UK Commission for Employment and Skills (UKCES).

**2** CIPD (2014) *Managing An Age-Diverse Workforce*, CIPD, London.

**3** Howe, N and Strauss, W (2007) The next 20 years: how customer and workforce attitudes will evolve, *Harvard Business Review*, July–August, pp 41–52.

**4** Aon Hewitt (2014) 2014 Trends in Global Employee Engagement.

**5** Deloitte (2014) [accessed 30 August 2014] The Deloitte Millennial Survey, *Deloitte* [Online] http://www.deloitte.com/assets/Dcom-Italy/Local%20Assets/Documents/Pubblicazioni/gx-dttl-2014-millennial-survey-report.pdf.

**6** SHRM (2012) [accessed 30 August 2014] Globoforce Employee Recognition Survey, *SHRM* [Online] http://go.globoforce.com/rs/globoforce/images/SHRMFALL2012Survey_web.pdf.

**7** Ashridge Business School (2017) [accessed 13 March 2018] Making influential HR take off at easyJet, *HR Most Influential 2017* [Online] http://www.hrmagazine.co.uk/hr-most-influential/profile/making-influential-hr-take-off-at-easyjet.

**8** [Online] http://businesscasestudies.co.uk/companies/#axzz37MJAn4W9.

**9** Couzins, M (2013) [accessed 15 January 2015] CIPD 2013 highlights: Unilever, Facebook and HMRC, *Personnel Today* [Online] http://www.personneltoday.com/hr/cipd-2013-highlights-unilever-facebook-and-hmrc/.

**10** Kaplan, RS and Norton, DP (2001) *The Strategy-Focused Organization: How balanced scorecard companies thrive in the new environment*, Harvard Business School Press, Boston.

**11** Chambers, EG *et al* (1998) [accessed 30 August 2014] The War for Talent, *The McKinsey Quarterly* [Online] http://www.executivesondemand.net/managementsourcing/images/stories/artigos_pdf/gestao/The_war_for_talent.pdf.

**12** Arthur, MB and Rousseau, DM (1996) The boundaryless career as a new employment principle, in *The Boundaryless Career*, ed MG Arthur and DM Rousseau, Oxford University Press, New York, p 5.

**13** Boatman, J and Wellins, RS (2011) *Global Leadership Forecast*, Development Dimensions International, Inc., Pittsburgh.

**14** Bersin & Associates (2011) *TalentWatch Q1: Global growth creates new war for talent*, Bersin & Associates, Oakland, CA.

**15** CIPD (2012) Resourcing and Talent Planning: Annual Survey Report 2012, CIPD, London.

**16** Tansley, C *et al* (2007) *Talent: Strategy, Management, Measurement*, CIPD, London.

**17** Collings, DG and Mellahi, K (2009) Strategic talent management: a review and research agenda, *Human Resource Management Review*, **19** (4), pp 304–13.

**18** Cappelli, P (2008) *Talent on Demand*, Harvard Business School Press, Boston.

**19** Deloitte [accessed 30 August 2014] The Chemistry of Talent, *Deloitte* [Online] deloitte.com/straighttalk.

**20** The Beginner's Guide to Careers Sites [accessed 26 April 2018] *Webrecruit* [Online] http://www.webrecruit.co.uk/employer-blog/hr-professional/the-beginners-guide-to-careers-sites-free-download.

**21** Ambler, T and Barrow, S (2008) *The Chemistry of Talent, Straight Talk Book No.10*, Deloitte.

**22** SHRM (2013) [accessed 30 August 2014] SHRM Survey Findings: Social Networking Websites and Recruiting/Selection [Online] http://www.slideshare.net/shrm/social-networkingwebsitesrecruitingselectingjobcandidatesshrm 2013final.

**23** Fisher, CD (1985) Social support and adjustment to work: a longitudinal study, *Journal of Management*, **11**, pp 39–53.

**24** Saks, AM and Ashforth, BE (1996) Proactive socialization and behavioral self-management, *Journal of Vocational Behavior*, **48**, pp 301–23.

**25** Adkins, CL (1995) Previous work experience and organizational socialization: a longitudinal examination, *Academy of Management Journal*, **38**, pp 839–62.

**26** PriceWaterhouseCoopers [accessed 30 August 2014] Best Practices For Retaining New Employees: New Approaches to Effective Onboarding, *PriceWaterhouseCoopers and Saratoga Global Best Practices* [Online] http://www.pwc.com/en_us/us/hr-saratoga/assets/retaining_employees_onboarding.pdf.

**27** Cappelli, P (2008) *Talent on Demand*, Harvard Business School Press, Boston.

**28** Lepak, DP and Snell, SA (2002) Examining the human resource architecture: the relationships among human capital, employment, and human resource configurations, *Journal of Management*, **28** (4), pp 517–43.

**29** Boxall, P and Purcell, J (2008) *Strategy and Human Resource Management*, Palgrave Macmillan, Basingstoke.

**30** Miller, M-A (2012) Seeking the Agile Mind: Looking Beyond Experience to Build Succession Plans, *Avnet Insights* [Available online].

**31** I am grateful to Bob Johansen, Institute for the Future, for the last two bullet points in this list.

**32** Peccei, R and Rosenthal, P (2001) Delivering customer-oriented behaviour through empowerment: An empirical test of HRM assumptions, *Journal of Management Studies*, **38** (6), p 839.

**33** Mahadevan, D (2017) [accessed 9 December 2017] ING's agile transformation, *McKinsey Quarterly*, January [Online] https://www.mckinsey.com/industries/financial-services/our-insights/ings-agile-transformation.

**34** Hirsh, W (2012) *Planning for Succession in Changing Times*, Corporate Research Centre, London.

**35** Ibid.

**36** Sparrow P, Otaye, L and Makramet, H (2014) [accessed 30 August 2014] How Should We Value Talent Management? *University of Lancaster* [Online] https://www.lancaster.ac.uk/media/lancaster-university/content-assets/documents/lums/cphr/WP14-01HowShouldWeValueTalentManagement.pdf

**37** Porr, D (2014) [accessed 28 August 2014] Agile Succession: HR's Toughest Challenge, *Human Resource Executive Online*, Oct 7–10 [Online] http://www.hreonline.com/HRE/view/story.jhtml?id=534354896.

第 9 章

# 人力资源在营造高绩效工作氛围中所扮演的角色

公司一直在争取更好的结果，提高生产率是许多组织变革的重点。生产力大体上可以代表投入成本与产出价值的差值。人们通常认为提高生产力有以下方式：减少员工数量，让他们更努力地工作，尽可能地实现低成本、高产出。但是，提高生产力不一定要让员工更努力地工作。正如我们在第 2 章中讨论的，这种方法很可能只会产生短期收益，并且随着时间推移可能会降低生产力，因为这种方式会破坏员工的健康、福利和敬业度。在第 5 章中，我们考虑了运营层面上的改进，如简化和改善流程，引入新产品和服务，智能化成本管理，小组式工作，增加合作和沟通等，这些都可以改善绩效。由于创新潜力的提高，公司甚至可能从中获得更多的长期收益。

本章将探讨高绩效工作实践（high-performance work practices，HPWP），这些实践能提高业务绩效，因此会被加入工作设计中。这些实践被认为是可以提升员工参与度、加强员工技能并增强员工工作动力的实践。[1]同时，他们也代表雇主为了使员工充分发挥潜力而设置的流程、实践和政策的总和。[2]通过开发这些实践，人力资源可以使业务产生巨大变革。2014 年 CIPD 调查发现，为了提高组织对变革的响应能力，许多人力资源从业人员将注意力集中在劳动力规划（64%）和培训开发（54%）上，[3]然而，很少关注使劳动力更加敏捷的组织环境的建设上。

在本章中，我们将重点介绍人力资源部可以为创建高绩效以及创新的文化做出贡献的众多方式。例如，人力资源部可以招聘和留住最优秀的人才，培养员工的技能并帮助员工适应新的工作方式。人力资源部可以制定保护员工健康、提升工作幸福感的政策，例如工作与生活的平衡、弹性工作以及各种福利政策。人力资源部可以提供自我评估和职业发展轨迹的工具，帮助员工管理自己的职业发展。培训开发应该在支持弹性工作、适应力强的技能、更好的领导、对各级任务有控制权的组织架构和文化下开展。人力资源部可以通过对经理进行高效方法培训和指导来帮助提高直线经理的技能。本章特别关注人力资源战略与开发、弹性工作、绩效管理、奖励和福利的结合如何在时代背景下转变，以及有针对性的组织战略：

- 鼓励学习实践。
- 弹性工作。
- 绩效管理。

## 激发学习的实践

愿意学习和分享优秀的实践是敏捷文化的特点。人力资源流程，特别是培训，可以帮助加快创新文化的发展。培训开发活动与战略保持一致，可以显著提高个人、团队和企业在产量、速度和生产力方面的绩效。有针对性的培训开发可以帮助员工掌握所需的技能，最终提高企业绩效。这种一致性需要系统地分析最重要的开发需求，谨慎评估实际与期望之间的差距。

技术平台可以使分享变得简单快捷。但是在一开始，鼓励学习者遵守分享知识的规则是很重要的。员工需要在安全的环境下分享知识，例如在培训中，员工可以反思与他们相关的问题，与其他人进行交流。让员工讨论学到的知识是融入新规范、传播新想法的好方法。

投资企业大学肇始于 20 世纪 50 年代，如今的再次兴起反映了企业对商业学习日益增长的兴趣。企业大学虽然与传统的学习开发有些相似，但是越发需要业务驱动和技术支持。投资企业大学向员工传达了明确的信息，即组织希望投资于他们的发展。如果有了企业大学，任何员工都能轻易地在网上浏览到在工作和课堂上可以获得的培训机会。

优百特（Unipart）的企业大学 Unipart U，[4] 在每个业务单位的工作区域都会提供集中培训和"看—学—做"式的解决问题的课程，而不是提供传统的课堂。员工使用 Unipart U 的数据库确定他们需要了解的内容，早上学习，然后立即应用。工程学是其中一门重要的课程，同时 Unipart U 的一些课程也是针对国家专业资格考试设计的。希望在招聘毕业生的时候，企业大学能被证明是有帮助的。

## 弹性工作

近年来，在英国弹性工作的比例大大增加，其中大部分是雇主驱动的。技术实现了新型的弹性工作，这可以发挥员工、雇主或两者的优势。国际象棋媒体集团的一份报告显示，现代工作者中有87％正在使用弹性工作。[5] 智能手机和平板电脑等新技术使人们能够通过电子邮件和博客保持联系，并且使人们更容易远程工作。

弹性工作有许多选择，例如偶尔在家工作，或者当他们在公司需要不断更换位置时使用的办公桌轮用制，或者更加正式的弹性工作安排。例如，英国特许人事与发展研究所（CIPD）发现，每五名员工中至少有一名员工每周在家工作一次，而1/10的员工大部分时间都在客户所在的位置进行工作。[6]

这些灵活的选择通常分为以下几类。

- 跨职能：工作分配跨越了传统的职能边界，例如，多技能、跨职能工作，灵活安排的任务。
- 数量变化：为了应对工作高峰或偶尔需要的专业性工作，员工或工人的数量存在差异，例如，各种类型的临时工人、季节工、短工、代理工人、定期工、外包员工、共享人才、聘用代表团、合同工或咨询人才。
- 时间变化：无论是采用定期还是不定期，工作时间都有所变化，如兼职、年工作时数、换班、加班、自愿减少工时、弹性上班、零时工作。
- 位置变化：这包括在正常工作场所以外工作的员工，包括工作转移到后端的办公室，例如在家工作，移动办公，电话或外出工作。各种形式的虚拟工作（如远程办公）形式将工作带到了员工身边，而不需要员工非要来到工作场所。

由于工作性质和员工期望的转变，人们对工作时间、地点和工作方式灵活性的需求越来越大，但是CIPD发现许多组织正在很费力地接受新的工作方式。[7] 阻止组织有效实施敏捷工作实践的关键因素包括缺乏信任、成本考虑以及错误的投资。例如，2008年经济危机期间以及之后，许多雇主增加了雇用的灵活性，采取可能对工人不利的"零时"合同。很多企业似乎都不能与员工的期望达成一致。

其他雇主与雇员保持积极的雇用关系，并继续采取家庭友好型的利于工作与生活平衡的举措。这种支持行动，以及旨在让任何工人拥有灵活工作权利的欧洲立法，扩大了工作的选择范围，提高了接受程度。尽管如此，大部分正式从事弹性工作的员工仍然是女性。研究表明，与女性相比，更多男性不选择弹性工作的部分原因是兼职的弊端，许多人担心选择弹性工作会限制他们的职业选择，并且在不稳定的时代，当公司预算减少时，他们的工作得不到保障。

但是，有这样一种趋势，人们会越来越倾向于选择灵活的工作，并将其作为一种生活方式。十年前，大多数劳动者看重的是职业发展，这意味着要做好必要的工作以寻求升职的机会，而如今，人们则会优先考虑追求工作与生活更好的平衡。安永在美国的研究发现，人们更喜欢选择雇主能提供弹性安排的工作。[8] CIPD 的调查显示，超过 1/3 的雇员表示想改变他们的工作安排，其中 43% 的人们最想改变上班时间和下班时间。将近一半（45%）的员工在正常工作以外的时间打电话或回复电子邮件（在这中间，超过 1/3 的员工自愿选择保持联系，而不是迫于压力这样做）。

通过让员工拥有更多的灵活性，组织很有可能拥有更高的员工敬业度、更高效的员工队伍以及更好的组织绩效。但是，为了实现这一目标，组织必须对现有的人员管理实践和流程提出质疑，并建立对个人和企业都有价值的工作解决方案。鉴于常规退休年龄的取消以及多代人员的崛起，在欧洲，弹性工作可能会越来越多地受雇员驱动，以满足个人和团体在不同阶段的需求。

## 迈向敏捷绩效管理

在本书第 1 版（2015）中，作者评论了许多创新咨询公司，如埃森哲、德勤咨询，以及 Adobe、微软等高科技公司如何开创一种与敏捷性趋势完全一致的人员管理趋势——一种新的绩效管理方法。这些先行者公司在知识和工作质量上进行竞争，并且它们的商业成功很大程度上依赖于它们的人才素质。

通常，这些公司通过频繁的、非正式的绩效对话或经理与员工之间的"签到"来简化、替换"旧"年度绩效评估流程和正式排名。例如，Adobe 在

2011 ~ 2012 年度取消了年度绩效评估。众包活动提出了由员工设计和拥有的可替代流程。该公司已经在使用敏捷方法，该方法强调协作、自组织、自我指导和定期思考如何更有效地工作等原则，旨在更快地进行实验和原型设计，并实时响应客户反馈和客户要求的变化。改变的方法是"测试和适应"；项目被分解为一个个"冲刺"段，紧随每一个"冲刺"阶段后面的就是汇报会。因此，能够快速响应变化变得比死板地执行计划更重要。年度目标这一概念在很大程度上与 Adobe 的业务运作方式无关。

这些原则改变了对工作有效性的定义——通常的做法会让员工感到紧张，这种做法自上而下地串联目标，并且每年对员工进行一次评估。相反，Adobe 明确地将持续评估和反馈的概念引入绩效管理，用经常性的检查取代年度评估。人力资源部门为管理者提供关于如何给出有效反馈的研讨会，以及视频、网络研讨会和在线会议等工具和材料。统计数据表明，新方法正在发挥作用，员工所创造的文化导致自愿离职率较低。

这个做法很快就传开了，瞻博网络、戴尔、微软、埃森哲和德勤等公司都是早期实践者。新的重点是管理优势，而不是弱点。[9] 这些公司非常重视发展员工的技能。因此，在客户约定之后，主管频繁、有意义的反馈对于培养人才变得比仅仅依靠年度绩效评估来审查发展需求更为重要。定期检查允许管理人员及时指导下属，以便更有效地反映和应用学习到的内容。

 **案例研究：美国通用电气公司新的绩效发展方法**

我非常感谢 GE 克劳顿维尔学院（GE Crotonville）的沟通和品牌高级领导约翰·威斯登（John Wisdom）帮助开发这个案例研究。

大型传统企业的绩效管理方法是什么？它们在多大程度上变得更敏捷？在本案例研究中，我描述了通用电气（GE，也许是几十年来与传统的"堆栈排名"绩效管理方法最相关的公司）本身如何用鼓励灵活性和员工成长来取代旧系统。作为一家具有重大影响力的大公司，GE 的举动可能代表了人力资源管理新时代的真正开端。

首先，让我们回顾 GE 如何为发展许多组织中评估绩效的传统方式做出贡献，据此来考虑正在发生转变的程度。从一开始，绩效管理的双重目标——追究责任和鼓励发展——往往让员工处于紧张的状态。早在 20 世纪 60 年代，通用电气引领公司开始将评估分为问责制和增长度进行单独讨论，以便不会使发展被遮盖。[10] 20 世纪 80 年代，公司的压力在于要更加客观地奖励绩效，因此许多组织制定问责制优先于发展。其挑战在于，主管经常无法区分不同的绩效水平，从而选择"平均"评估。

为了解决这个问题，GE 当时的首席执行官杰克·韦尔奇倡导精英管理原则和绩效差异化的概念。员工被设定了更高的目标，并被期望取得成功。强制排名用于奖励表现最佳者，容纳中间层次的员工，并淘汰底层员工。这种被称为"活力曲线"或"堆栈排名"的方法是员工管理系统（EMS）的一部分，并且取决于年度绩效评估。

为此，员工必须在有限数量的角色约束下，对上一年的绩效进行说明。然后，个人绩效评估被具体到一个数字，员工根据这个数字被排名，这对他们的薪酬和公司的未来产生了影响。极少数人达到"A""榜样"或"优秀"，这些人将进入顶级盒子——被选中成为高级职位的潜力股，为他们保留特殊的发展机会。大约 70% 的人处于"B"——"强大的贡献者"，他们将继续留在公司。表现不佳者（评价为"C"——在通用电气公司中占 10%）则被解雇。毫不奇怪，该系统被称为"排名和下降"，管理人员和员工都畏惧这种年度审查。

尽管如此，这种更具交易性的、其绩效评估和排名主要用于问责和分配奖励的业绩观，被广泛学习和效仿，并且，21 世纪初以来，在几乎全球各个行业的组织中，这种模式已成为传统的评估方法。

### 为什么要摆脱传统的绩效评估

到了 2000 年，必须改变方法带来的压力已经持续了一段时间。当快速创新成为竞争优势的源泉时，正如现在许多公司和行业一样，传统的绩效评估已经被视为通过创新和协作而产生增长的潜在威胁。实际上，研究表明，这种绩效管理方法在提高绩效方面是无效的。[11] 部分原因是这种方法很少考虑人类动机的一些关键方面。

为了建立一个敏捷组织，雇主需要员工愿意在工作中保持灵活性，并持续学习新技能。然而，由于传统方法强调对去年业绩的关键评估以及对数字评级和财务奖励的关注，在员工中经常会产生"战斗或逃避"思维模式，而不是增长思维模式，传统方法不仅没有培养对组织长期生存至关重要的未来人才，还会阻止员工改善当前绩效，或为未来角色做准备所需的学习。

传统方法中，薪酬与绩效相关旨在激励员工提高绩效。然而，特别是在公共部门中，通常较小的工资增长使得评估驱动的绩效似乎无关紧要。此外，绩效评估往往存在偏差，导致员工感到与组织有所疏远。因此，在许多行业中，随着劳动力市场的萎缩，经常被管理人员和员工厌恶的绩效审核流程正面临挑战。

企业生产中的其他变化，导致使用传统方法也存在一些困难。随着组织采用更敏捷的组织设计，结构变得更加扁平，管理者的控制范围显著增加，对管理者提出了更高的时间要求，既要进行评估，又要关注员工的成长。向团队项目工作制的转变越来越普遍，因为该工作制汇集了整个企业的最佳人才，根据共同目标协同工作。基于个人的常规评估和奖励可能成为协作、知识共享和创新的障碍——然而，这些都是敏捷性的关键特征。毫不奇怪，随着对传统流程的不满越来越多，以及对过去业绩问责制的强调开始减少，绩效评估已经被认为是 20 世纪的实践。

摆脱传统的绩效评估的一个关键因素是商业环境的变化速度。回到 GE 的例子上，GE 未来的业务需求不断变化，因此很难设定在 12 个月后仍然有意义的年度目标。正如通用电气公司人力资源主管苏珊·彼得斯所指出的，"企业不再有明确的年度周期。项目是短期的，并且往往会发生变化，因此员工的目标和任务无法提前一年准确地预测出来 [12]。"工作变得越来越复杂，并且会迅速变化。

此外，旧的方法不再适用通用电气的年轻员工。千禧一代和其他员工想要更多的实时反馈。正如苏珊·彼得斯所说，千禧一代习惯于工作并获得更频繁、更快速、更具灵活性的反馈，因此，有多位变革者表示，是时候做出这一重大改变了。[13]

**迈向新方法**

长期以来，GE 一直推荐在强大的人力资源文化中将战略、投资组合和人才联系起来的方法。当一个元素发生变化时，其他元素都必须发生变化，尽管很少有公司会尝试一次改变所有方面。通用电气寻求更敏捷发展的文化（以及绩效发展的新方法）可以追溯到几年前，反映在通用电气公司前任首席执行官杰弗里·伊梅尔特的管理风格变化中，后者于 2001 年接替杰克·韦尔奇担任首席执行官。为了成为敏捷组织，GE 采用了更具实验性的方法来确定战略、文化、工作方式和人才——审查和采用有效的方法，并从中学到什么。

在战略、投资组合和运营方面，GE 从根本上进行重组，重新关注其高科技和工业业务，强调电力和水基础设施、先进的喷气涡轮机和成像设备等。这反映了公司从广泛的业务战略向创新转变。在运营方面，GE 此前已经改编并实践了六西格玛，这是一种制造质量协议，旨在系统地促进质量控制并消除错误。今天，GE 用于创建产品并推向市场的快速工作平台是六西格玛多种方式的继承者，在很大程度上借鉴了敏捷技术。聚焦于快速和频繁的实验、向市场学习、关注最核心的产品流程、能够接受失败并从失败中走出来。

GE 通常将自己与实行实时项目管理的其他组织进行对标，从对手那里学习，优化首要的操作流程，以及操作原则——从加法到减法。这意味着减少官僚主义和"筒仓效应"，引入新的工作方式，贴近客户，更快地为客户创造更好、更高效的结果。

GE 的员工在思考和跟踪其绩效的方式上的转变，反映了公司正在进行更大范围的转变，其目的是大幅简化业务。虽然旧式的"末尾淘汰制"绩效评估流程在过去的一段时间里对 GE 来说运行良好，但不再被 GE 认为能够为业务提供服务。为了通过创新实现增长，企业需要员工进行协作，制定快速有效的业务决策，并为客户提供卓越的产品和服务。因此，管理者需要培养赋权、协作、跨职能的团队，在这种情况下，责任是集体的，管理者需要能够指导和发展他们的下属。

### 向新方法过渡

这种变化起初是渐进的。2005 年，在杰克·韦尔奇离开通用电气公司几年后，公司取消了正式的强制排名，因为它加剧了内部竞争而且破坏了合作。最高层对转变员工绩效评估方式提供了真正的支持，在绩效转变中领导者的角色变化也是至关重要的。GE 当时的首席执行官杰弗里·伊梅尔特在 2011 年对全球新方向计划的 2000 多名新任领导人发表讲话时提到，他打算推出更加个性化的福利方法以及更多反馈。杰弗里·伊梅尔特后来承诺通用电气将采用无评级方法，这几乎是信仰式的飞跃。

　　通过真正敏捷的方式，GE 在 2015 年启动了一项为期两年的试点项目，约有 87 000 名员工，分为不同规模和不同行业的团队。HR 小组是最先启动该项目的群体之一，包括没有数字评级的实验。

　　持续改进的理念体现在绩效管理的新方法上。年度目标已被短期的"优先事项"所取代。从本质上讲，这种方法取决于持续对话和共同责任。目标是促进与员工（GE 称之为"接触点"）的频繁、非正式对话，内容是关于绩效和发展的，根据客户需求设置或更新优先级。接触点允许管理人员和员工讨论如何实现这些目标，并将讨论、承诺解决和待解决的内容记录下来。有两个基本问题被重新审视："我在做什么，我应该继续做什么？""我在做什么，我是否应该改变？"

　　新方法的目的是促进管理者和员工之间以及团队之间更频繁、更有意义的对话，将重点放在持续改进上。重心是建立组织在当前和未来都需要的具有竞争力的劳动力队伍。

　　当然，大部分管理者发现提供建设性、批判性反馈的过程有些困难，同时做得不尽如人意，这样的反馈反而会损害员工的士气及他们之间的关系。为了更有效地提供反馈，使接收者更容易接受，对接收者更有用和更可操作，反馈语言与持续改进产生了一定的关联。例如，鼓励管理者更多使用"自由形式"的反馈，而不是谈论"优点和缺点"，这可以跟踪员工长期以来的适应性。管理者应该将重点放在员工可能希望"继续"做和希望做的行为上，并考虑他们可能做出的改变。运用新的积极词汇，可以强调发展和指导。

　　为了支持这种新方法，GE 使用了一款名为"PD@GE"的智能手机应用程序，用于"GE 的性能开发"、内部开发、接受语音和文本输入、附加文档，甚至手写笔记。由于 GE 的目标更加横向，因此鼓励同事不断给予对方反馈，特别是那些在自我指导的团队中工作的员工。员工可以通过称为"洞察"的功能随时提供或请求反馈，该功能不限于他们的直接经理，也不限于他们的部门，反馈可以来自员工网络中的任何人。

　　关注的重点在于对当前优先事项的贡献和影响。该应用程序可以通过打印的笔记、记事本的照片，甚至录音来提供命令摘要。反馈的即时性使反馈具有相关性，并具有一定的可操作性。

### 重新思考管理者的角色

管理者仍然会与员工进行年终总结对话，回顾过去的一年并设定目标，但将变得更有意义，更面向未来——与公司正在取消的正式审核相比，这种对话预期更少，因为它们只是简单地就正在发生的事情进行讨论的对话。由于采用了新的绩效开发方法，经理和员工现在可以利用更丰富的数据来了解员工全年的独特贡献和影响。双方最终确定并一同提交的摘要文件反映了所取得的成绩并提供了展望。

当然，新的绩效发展方法使管理者有责任担任团队成员的教练。通用电气认识到，一些管理人员可能会发现转向更具指导性和有更多授权的管理方式很困难。因此，2017 年试行的全球培训计划已经推广到 GE 所有的 38 000名管理人员。这有助于管理者培养为团队设定愿景和共同前进所需的新技能，开展授权团队会议和一对一会议，知道如何向自己的经理报告，并打破一些旧习惯。

### 推出新方法

试点中各种实验的成功，使公司决定对在各种业务领域的 GE 30 万名员工不进行评级，并在整个公司推出新方法，取代传统的员工管理系统。

这些新方法明显的益处之一是提高组织敏捷性。试点小组的管理人员报告说，摆脱强迫排名和评估对个人责任的关注，可以更加促进团队合作。新的绩效发展系统正在促进管理者与员工以及团队内部之间的信任，试点领域的一些商业领袖已经注意到该系统对业务成果的直接影响。例如，参与该试点的一个业务领域现在能够更快地将产品推向市场，而另一个业务领域则使用新方法在短短 12 个月内将产量提高了五倍。

对员工而言，更频繁的非正式签到可以带来更有意义的讨论、更深入的见解和更高的满意度。员工正在获得更多不同的机会，晋升不再是职业发展的唯一途径。因此，员工们在向各个方向发展自己的技能和经验。新方法受到了一致的欢迎，很少有人支持旧系统。正如约翰·威斯登所说，"这是一个很大的变化，我不认为我们会在这一方面倒退"。

### 学习和发展

改变绩效管理方法的组织通常也在更广泛地重新考虑员工管理。通用电气也不例外，学习和发展的方法正在发生变化，以支持理想的文化发展。负责克劳顿维尔学院（GE 著名的学习校园）的 GE 高管拉古·克里斯哈拉莫斯（Raghu Krishnamoorthy）认为，他开设的课程对于实现敏捷性所需的一些文化转变至关重要。他在一次校园会议上告诉参会的人力资源高管："事实上，我们正在重新定位克罗顿维尔的使命，把它作为一个激发联系和发展人们的地方。"

员工发展是支持员工学习和建立变革的关键因素，而且并不总涉及传统的学习干预。为确保学习能够持续应对新的挑战，现在可以获得比以往更广泛的学习机会——例如网络研讨会、播客和书籍，以及在职课程——以支持员工寻找新的思维方式、工作方式和成长方式。

### 人力资源的挑战

人力资源面临的挑战是：如何通过维持持续反馈的文化，而非创建过于精细的流程，来确保充分参与。许多公司正在努力解决的一个领域是，如果没有正式的绩效衡量系统，该如何建立一个公平和可衡量的制度作为薪酬分配的基础。在一些公司中，存在"影子排名"，这意味着员工在旧的评估系统下仍然有效地做同样的事情，但是更加非正式，而且是在后台。例如，为了解决这个问题，Adobe 在管理层投入了大量资金，用于支持和培训如何在没有排名的情况下做出薪酬决策。

实际上，通用电气在其新方法的测试阶段发现，在没有评级的情况下，补偿有成为代理评级的危险。虽然通用电气的人力资源部门正在应对这一挑战，并声称尚未找到神奇的解决方案，但由于管理人员和员工现在正在进行更丰富的绩效讨论，管理人员可能会在做决策时获得更多信息。正如约翰·威斯登所指出的，"毕竟，如果领导者看到你在做什么，他们就会有更多的灵活性来补偿你"。

虽然通用电气可能没有发明排名，但它以前是最认可排名的公司。GE 新的绩效发展方法鼓励灵活性和敏捷性：旨在建立拥有更美好明天的文化，能持续改进。高层的意识形态很重要，即使 GE 的领导层发生变化，新方法也不可能只是过时的实验，因为它是由业务需求驱动的，而不是由人力资源部门强加的。鉴于其企业影响力，GE 可能再次成为满足组织及其员工需求的新人力资源管理实践的先锋，适合 21 世纪的方式。

## 识别

对公司而言，避免通过奖励的手段来获得员工的承诺，或利用经济收益来减轻员工的不满情绪，是非常重要的。通常，努力工作和忠诚的动力并不是金钱：一份对员工简单的感谢或对良好工作的认可，与财富奖励达到的效果相比，只多不少。例如，在开发诸如人造胰腺等产品的剑桥咨询（Cambridge Consultants）公司，员工可以提名工作出色的同事获得"诺贝尔奖"。[17]这个奖设置了一笔小额现金奖励，但更重要的是，该奖项突出了员工的才能和奉献精神。年度回顾、公司杂志、季度"团结"会议、免费餐厅和量身定制的职业规划，这些都给了员工机会从他们选择的任何人（包括 CEO）中收集反馈意见，这正是剑桥咨询公司员工流失率仅为 6% 以及公司规模达到 10% 的同比增长的一些原因。

## 奖励策略

在奖励策略中，雇主和员工的需求可能不同。尽管金钱不会激励每个人，但员工需要感觉到他们跟公司达成了公平交易。特别是当奖励和绩效管理流程发生变化时，员工可能会怀疑他们实际上得到的更少，并且在某些情况下这可能是真实存在的。

## 奖励策略的动机

奖励策略应该根据业务战略制定，因此奖励策略将反映企业的动机。例如，一些企业战略将员工视为需要削减的成本。相反，其他一些战略认为"人是创新和更新的源泉，特别是在知识型组织中，新市场、客户和收入来源的发展取决于公司人力资产的明智使用"。[15]因此，了解员工如何看待奖励、这些看法如何随劳动力细分和世代而变化，了解奖励如何影响行为以及行为改变如何影响业务绩效是很重要的。

在创新驱动型战略的背景下，奖励重点必须是战略性的——至少要从中期的角度来看，培养应该得到奖励的技能与方法。奖励应与其他人力资源政策相结合，以鼓励正确的员工行为（见表 9-1）。

表 9-1　战略：创新主导

| 员工角色 / 行为 | 奖励政策主张 | 其他人力资源政策 |
| --- | --- | --- |
| 富有创造力：寻找新的解决办法 | 个体和集体奖励相结合 | 广泛定义工作角色 |
| 冒险行为 | 使用软绩效测量，定期监测 | 通过跨职能的职业途径鼓励技能的广泛发展 |
| 关注中期 | 强调中期表现 | 关注中期和集体成就的评估 |
| 合作行为 | 利用学习和个人成长机会作为软性奖励 | 在学习和个人发展方面进行大量投资 |
| 关注质量，持续改进 | 宽泛且灵活的薪酬结构 | 经常团队作战 |
| 对流程和结果同样关注 | 相对较高的市场薪酬 | 在晋升标准上有所体现 |
| 高度容忍模糊性和不可预测性 | 基本薪酬和可变薪酬充分反映了自身、团队和组织绩效 | 有效的外部和内部沟通 |
| 鼓励学习和环境扫描 | 奖金反映了能力和贡献的提高；管理人员因团队和个人发展被奖励 | 学习活动的自己报名；在线学习资料可以开放获取；情景规划工作坊 |

资料来源：Professor Stephen Bevan。

我非常感谢 The Generics Group 前人力资源总监乔恩·斯帕克斯（Jon Sparkes）做的以下案例研究，其中描述了如何制定奖励战略以支持创新主导的业务战略，以及它如何作为招聘、保留和改变文化的载体。

 案例研究：Generics Group AG

Generics Group AG 成立于 1986 年，于 2000 年在伦敦证券交易所上市，估价为 2.26 亿英镑，它在剑桥（英国）、斯德哥尔摩、苏黎世、巴尔的摩和波士顿雇用了大约 500 名员工。该公司的重点业务是技术的开发和商业化，它通过商业和技术领域的咨询，向合作伙伴公司授权技术，创建新的子公司以及投资其他公司。换句话说，这家公司的核心产品就是创新。

例如，电梯制造商需要让升降台以更高的精度停下来，所以 Generics Group 公司的一位专家发明了一种新的位置感应技术。该技术获得了知识产权，并且在北美汽车行业获得了许可，然后创建子公司——Absolute Sensors Ltd（ASL）来抓住这个商业机会。在将股权转让售给 Synaptics 公司之前，Generics Group 支持了 ASL 一年。

在上市时，企业面临的挑战是在四年内将咨询收入翻番，并加大创新力度，以获得更多的许可证收入和业务孵化回报。该公司希望提高业务孵化率并分拆公司以保持投资组合的增长。同时，它希望保持公司的创意/企业文化，并发展成在商业/技术解决方案领域享有盛誉的第一家公司。

对当时的人力资源总监乔恩·斯帕克斯来说，挑战在于要在不降低对求职者能力要求的情况下，让员工人数翻倍。这是一项艰巨的任务，因为该公司的员工基本上是自己领域的领先专家，这样的员工经常受到其他高科技企业的追捧，所以在员工的招聘上，公司之间的竞争非常激烈。该战略是通过每年招聘和留任实现 15%～20% 的员工增长，并通过管理并购来整合人员。从一开始，该公司就具有灵活的文化、开放的管理风格，喜欢招聘创业人才。与此同时，2000 年以后，该公司还需要履行上市公司的职责，所以该公司面临的挑战是奖励那些发展创办子公司、进行创新，以及维护文化的员工。

**HR** 在这种情况中不得不识别公司的市场竞争地位。公司所在的东安格利亚是英国工资涨幅最高、房价涨幅最高的地区。奖励战略基于以下原则：

- 奖励卓越的个人和团队绩效。
- 奖励创新者和企业家。
- 与员工分享业务的资本增长。
- 平衡工作与生活，提高员工及其家属的福利。
- 促进国际文化。

### 综合奖励战略

关于薪水，个人薪酬按季度进行市场对标，奖金则取决于公司和团队绩效。具体的个人绩效通过对创新者的奖励和有针对性的销售奖励来实现激励。帮助引进新人才的员工，也有招聘奖金。由于购股权计划涵盖所有员工，员工能够分享资本增长，并且开创的每家子公司都有 5% 的股份用于股权激励。

### 保持文化

为了维护灵活的企业文化，该公司推行了各种平衡工作与生活的措施，例如灵活的工作模式、儿童保育信息服务会员资格、学术休假和延长假期。另外还有一组私人养老金计划，既个性化又方便，并且可以拥有独立的财务顾问。

公司提供各种形式的私人医疗保险，雇员享有更长的产假和陪产假。

为了营造国际化的文化氛围，公司开展了包含德语、西班牙语、法语、瑞典语和英语的线下语言培训，所有员工都可以参加。公司在英国以外积极招聘员工（通常有 20 多个国籍的员工），为员工提供英国以外的工作机会。

为了激励创新和新业务孵化，工作人员灵活地部署在从 100% 咨询到 100% 研发的连续统一体中——尽管这两者的结合被认为是理想的（desirable），因为咨询工作使员工接近市场，可以帮助开发相关和有价值的知识产权。

公司鼓励员工向同行评议机构提出意见。该公司在建立商业方案和保护创新方面提供了帮助。为了确保运营和创新指标的整合，该公司建立了 200 万英镑的内部基金。工作人员可以分享许可证和成立子公司获得的利润——例如，一组创新者发明了一项技术，该技术可以产生许可证收入，这些知识产权所得利润的 10% 会分享给这些员工。如果开发路线是成立子公司，那么创新者将分享公司初始股份的 10%（尽管他们的股权之后会被稀释，但是他们也可以从业务价值的增长中受益）。

多年来，许多员工从参与创新中受益。一小部分员工根据自己享有的权利成为子公司的创始人和董事，其中有一到两名回到 Generics Group 并为公司和自己重新创造价值。

### 招聘和保留人才

为了吸引和留住杰出的员工，乔恩·斯帕克斯分析了成功人士的职业发展路径，并进行了创新者的心理测试。他在招聘英国和其他国籍的员工时都使用了这一点，在对人才的能力要求上并未妥协。这使他得以区分拥有广泛技能的多面手，以及在一个领域具有深厚技能的专家和在几个领域具有深厚技能的博学家——最后录用的人才被认为是推动创新的重要力量。到 2000 年，该公司在 20 多个国家招募人员，以吸引并甄别合适的人才。

总之，人力资源和业务之间没有区别。在掌握招聘、认可和奖励的基本原则之后，乔恩清楚地了解了这个挑战，并从教科书内外寻找解决方案。他将重点放在文化上，认识到文化与实施策略的原因同样重要。

## 本章小结

人力资源专业人员根据当前的背景和组织需求调整绩效管理系统（PMS）和奖励策略，将精力集中在改善短期内重要的事情上是正确的。毕竟，在很多情况下，随着雇主和雇员面临着越来越大的经济压力，企业的处境十分艰难。然而，虽然通过缩紧 PMS 从劳动力中获得"支付的少，得到的多"这种简单、迅速取得胜利的方式具有诱惑性，但是避免这种诱惑是很重要的。正如本章的案例所表明的，真正成功的绩效管理就是要实现雇主需求和员工需求之间更好的平衡，并且要建立信任、绩效和能力，以推动组织在未来几年继续前进。

我们已经探讨过：

- 工作实践和奖励策略可以促成或抑制高绩效。
- 员工策略应该从业务战略出发，同时也要考虑员工的需求和环境。
- 奖励应与其他人力资源政策相结合，从而鼓励、发展和奖励正确的员工行为。
- 招聘和其他策略必须专门针对目标受众，如果这些策略的设置旨在留住人才，那么一定要将这些策略传递给员工。
- 战略不仅影响个人行为，也影响公司文化，因此认识到提出的建议会产生什么样的影响是非常重要的。

有足够多高员工参与度、高绩效的企业的例子表明，人力资源管理的真正任务是确保更光明的未来，为直线经理提供工具和雄心壮志，以开发人才，通过提高员工敬业度来提高绩效。一个积极的目标是值得为之奋斗的！

在下一章中，我们将讨论管理人员和人力资源管理的重要角色：培养员工敬业度和弹性。

## 自查清单

组织中的绩效管理是什么样的？

- 员工的权限有多大？

- 管理人员是否受过培训来任命下属，为他们指导和提供反馈？

- 组织、客户、员工需求是否平衡？

- 如何建设性地处理冲突？

- 标准有多清晰？是否有员工参与提高标准？

- 角色是否有一定的弹性空间，并且在组织中是可行的？

- 有多少员工付出技能、时间和资源来完成自己负责的工作？

- 工作系统如何帮助或阻碍员工做好工作？程序在保持安全的同时是不是尽可能简单？

- 每个员工对客户的关注有多清晰？

- 管理者是否一直注意员工的步伐，创造共同的方向感，清楚地传达期望？

- 管理人员如何识别和奖励个人与团队？

- 管理人员是否定期检查工作量以确保工作的可管理性？

- 管理者是否鼓励员工并实践工作与生活的平衡？

## 注释

**1** Applebaum, E, Bailey, T and Berg, P (2000) *Manufacturing Advantage: Why high performance work systems pay off*, Cornell University Press, New York.

**2** Combs, J, Liu, Y and Hall, A (2006) How much do high-performance work practices matter? A meta-analysis of their effects on organizational performance, *Personnel Psychology*, **59** (3), Autumn, pp 501–28.

**3** CIPD (2014) [accessed 30 August 2014] HR: Getting Smart About Agile Working [Online] http://www.cipd.co.uk/hr-resources/research/hr-smart-agile-working.aspx.

**4** Chynoweth, C (2014) Learn at 10 and do at 11 – that's the Unipart Way, Business Section, *The Sunday Times*, 27 July, p 10.

**5** The Future of Work: Reshaping the workplace today, building for tomorrow, 2014, Chess Media Group.

**6** CIPD, *ibid*.

**7** CIPD, *ibid*.

**8** Ernst & Young (2014) [accessed 19 January 2015] The Manager's Guide to Leading Teams Under Flexible Work Arrangements [Online] http://www.cio.co.uk/whitepapers/leadership/the-managers-guide-to-leading-teams/.

**9** Deloitte (2015) [accessed 12 March 2018] Global Human Capital Trends 2015 [Online] https://www2.deloitte.com/insights/us/en/focus/human-capital-trends/2015.html.

**10** Cappelli, P and Tavis, A (2016) [accessed 12 March 2018] The Performance Management Revolution, *Harvard Business Review*, October [Online] https://hbr.org/2016/10/the-performance-management-revolution.

**11** Barry, L, Garr, S and Liakopoulos, A (2014) [accessed 15 March 2018] Performance management is broken. Replace 'rank and yank' with coaching and development, *Deloitte Insights*, 4 March [Online] https://www2.deloitte.com/insights/us/en/focus/human-capital-trends/2014/hc-trends-2014-performance-management.html.

**12** In Nisen, M (2015) [accessed 12 March 2018] Why GE had to kill its annual performance reviews after more than three decades, *Quartz*, [Online] https://qz.com/428813/ge-performance-review-strategy-shift/.

**13** Ibid.

**14** Orton-Jones, C (2014) Growth, innovation and business transformation, *Raconteur*, 14 May, p 3.

**15** Cascio, W (2002) Strategies for responsible restructuring, *Academy of Management Perspectives*, 1 August, **16** (8), pp 80–91.

# The Agile
# Organization

第 10 章

# 培养员工敬业度和弹性

在第 8 章中，我们研究了发展敏捷且有弹性的组织需要面临的一些挑战。今天，许多行业的经济前景显然是好坏参半的，因此，新的人才计划需要有一定的灵活性。正如我们所看到的，敏捷员工是一个更宽泛、更具包容性的概念，而不是仅仅局限于关注未来的顶尖人才。

当组织在这个动荡的环境中努力维持竞争优势时，许多企业领导者需要制定新的战略来提高生产力及增强创新能力。但是，如果没有"正确"的人专注于"正确"的事情，积极地"参与"他们的组织，他们就不能有效地执行保障未来增长的战略。换句话说，"正确的人"指的是那些愿意在集体努力中"自发努力"的人。人们对工作的感受影响着他们是否愿意"自发努力"，并对绩效和创新产生影响。

这就是为什么我认为，在当今知识密集型和服务密集型行业中，员工是创新、生产和卓越服务的主要来源，员工敬业度或"员工对工作的智力和情感依恋"[1] 对企业成功来说至关重要。如果领导者希望他们的组织在当今充满挑战的时代继续生存和发展，他们必须专注于提高员工敬业度。

在本章中，我们将分析：

- 员工敬业度与绩效、承诺和留任之间的主要联系。
- 员工敬业度的含义。
- 衡量员工敬业度。
- "敬业度"模型。
- 新兴的心理契约。
- 团队敬业度。
- HR / OD（人力资源 / 组织发展）如何帮助激发员工的敬业度和幸福感。

我们研究了创造有助于员工的工作环境所涉及的内容，并考虑了高管、直线经理、HR/OD 和员工本身所扮演的角色。

## 员工敬业度与绩效之间的联系

高绩效理论将员工敬业度视为绩效和生产力的核心（尤其是在知识型员工中），因为当员工投入工作时，他们更有效率，更注重服务，更重视减少浪费，更倾向于提出好的想法，采取主动，且通常会比与组织保持距离的员工做更多的事情，以帮助组织实现目标。

研究表明，员工敬业度与较高的每股收益、病假的减少、生产率的提高以及创新相关，潜在的商业利益也在随着敬业度的提升而不断增加。例如，美国企业领导力委员会（CLC）的研究发现，拥有高敬业度员工的公司的增长速度是同行公司的两倍。韬睿惠悦公司对 41 个跨国组织进行的一项为期三年的研究发现，员工敬业度较高的企业其营业利润率和净利润率提高了 2% ~ 4%，而那些员工敬业度较低的企业则下降了 1.5% ~ 2%。其他研究表明，敬业度较高的员工倾向于支持组织变革计划，且在面对变化时更具弹性思维。

英国国家医疗服务体系（NHS）对患者健康结果与员工敬业度之间的联系进行的一项元分析发现，在员工敬业度和福利水平较高的健康机构中，患者的满意度也较高，同时较高的员工满意度与较低的死亡率和较低的医院感染率相关。[2] 这项研究的结论，是健康机构的雇主应该努力提高员工的敬业度，因为这似乎与病人的健康结果有很大的关联。

然而，据报道，与包括美国在内的许多其他国家相比，英国的 "敬业度赤字"（engagement deficit）正日益增加。[3] 怡安翰威特公司（Aon Hewitt）2014 年的一项全球敬业度研究发现，只有略多于一半的英国员工看到了他们目前所在公司的长期发展道路，而能够看到企业内拥有令人信服的员工价值主张（EVP）以留住人才的员工就更少了。[4] 招聘公司意识到，未来几年可能会出现被广泛压抑的职业挫折和关键人才的高流动率。随着许多组织继续缩减规模或实施其他降低成本的措施，员工的敬业度和保留率可能会成为变革的主要牺牲品。

吸引能够达成高业务绩效的人才极具挑战性，而留住人才则需要了解特定员工敬业度的具体驱动因素，并创造有利于员工敬业度的环境。

## 员工敬业度的含义

员工敬业度的定义有很多种。麦克劳德（MacLeod）和克拉克（Clarke）在为他们 2009 年的报告《为成功而参与》（Engage for Success）进行研究时，发现了至少 50 种不同的员工敬业度定义。[5] 许多人将敬业度和高绩效工作实践以及其他形式的人力资源管理联系在一起。[6] 不同的定义侧重点不同，例如，侧重点可以是员工行为（如自发努力）、员工态度（如承诺）、员工感受（如热情、工作条件和组织的行为（如提供支持）。

其中最早的定义是威廉·卡恩（William Kahn）于 1990 年在《美国管理学会学报》（*Academy of Management journal*）上提出的，他将员工敬业度与"满足需求"的动机联系起来。[7] 他将员工敬业度定义为组织成员在组织角色上的投入度，在角色扮演过程中会在身体上、认知上、情感上运用和表达自己。另外，个人脱离接触被定义为自我与工作角色的分离；在角色表演期间，人们会在身体、认知或情感上退缩和保护自己。卡恩和赫菲（Heaphy）后来确定了"关系情境"的重要性，它在生理、认知和情感上影响了人们在工作中如何使用不同程度的自我。[8]

肖飞丽（Schaufeli）和巴克（Bakker）提出的"工作参与度"的心理学概念被定义为"一种与工作相关的、积极的、富有成就感的、完满的情绪与认知状态，具有活力、奉献和专心致志的特点"。[9] 工作参与描述了员工如何体验他们的工作：一种刺激和充满活力的事情，将其看作一项重要而有意义的追求（奉献），他们愿意投入时间和精力（活力），并且能够忘我地专心投入工作中（专注）。高敬业度的员工有如下特征：

- 了解他们的工作对公司整体使命和目标有何贡献。
- 拥有一份有足够多样性的工作，让他们感到充满挑战，并且全身心投入。
- 在当前的职位中，能够有效地运用自己的才能。

这种形式的员工敬业度与心理"流动"密切相关，是一种与所从事的活动保持一致的感觉。[10] 在这种情绪状态下，员工们会感到充满激情、精力充沛，全身心投入工作中。这方面的投入是非常强烈的，员工产生了一种"与世界融为一体"的感觉，有消除焦虑和忧虑的作用，使人感到完全专注、满足和快乐。这种形式的投入被认为能产生最高水平的个人绩效。

根据社会参与理论，参与并不因员工或他们的环境而独立存在，而是存在于两者之间的关系中。社会参与的关键因素是雇主和雇员之间的承诺和信任。麦克劳德和克拉克认为员工敬业度是"一种职场方法，旨在确保员工致力于实现组织的目标和价值观，激励他们为组织的成功做出贡献，同时也能提高他们自己的幸福感"。[11]

---

## 心理契约

正如我们在第 1 章和第 6 章中所讨论的，特别是在白领工作中，心理契约的性质已经发生了变化，并且越来越复杂。心理契约理论是社会交换理论的一部分，根据这种理论，在社会交换理论中，互惠关系是维系健康契约的关键。由于敬业度是企业和员工利益的结合点，员工敬业度可以被认为是反映雇用关系状态的晴雨表，体现了员工与雇主之间心理契约的健康状况。

自 20 世纪 90 年代中期以来，许多雇主已经摆脱了基于旧的交换关系的雇用关系：长期的工作保障和逐步的职业晋升，以换取雇员的忠诚和努力工作。如今，"新协议"已取代它，即雇主希望员工灵活、高效、忠诚，同时管理自己的职业生涯，使自己"更称职"。[12] 这种交换的基础是取决于绩效和相互价值交换的短期协议。

心理契约可以是动态的，以反映不断变化的情况和需求。例如，渴望变得敏捷的公司现在也希望员工表现出弹性、学习能力、适应性和速度。然而，如果交换关系中的一方（组织）未能履行承诺，或在未得到确认或重新协商的情况下单方面违背其协议，另一方（雇员）很可能对其失去信任，并以不再自发努力或离开公司作为回应。

## 一个单方面协议

在实践中，可以说，"旧"心理契约中隐含的相互关系在很大程度上已经被扫到一边，员工待遇两极分化也在加剧。对关键人才而言，"新协议"背后的一元性假设似乎是正确的，即"对企业有利就是对员工有利"。对他们来说，丹尼斯·卢梭（Denise Rousseau）所说的"我交易（i-deals）"（或专门的特殊交易）将无法达成。相反，对低技能员工来说，不断发展的雇用关系可能正在破裂。组织敏捷性的驱动力通常与成本削减同义。如今，"以少胜多"已成为企业的常态，员工可能会因工作强度增加、压力增大和损失增加而减少心理契约。这些情况存在引发士气低落、疲惫以及"倦怠"的风险，而这正是马斯拉奇（Maslach）和杰克逊（Jackson）所认为的"敬业度"的反面情况，[13]因此员工敬业度很可能成为变革的主要牺牲品。

这可能对组织造成严重的影响。首先是留住核心人才的中期挑战：英国招聘公司意识到了大规模的、被压抑的员工的职业挫败感，并且随着就业机会的增加，可以预见到较高的员工流失率。[14]为保持组织的活力而采取的措施越严厉，员工与"幸存者"之间关系紧张的风险就越大，他们只会"静待"，做最基本的必要工作。因此，在企业最需要员工全身心投入工作、产生最佳创意的时候，员工敬业度和人才保留却面临着重大风险。事实上，英国政府如此关注"敬业度赤字"，以至于商业、创新和技能部（BIS）支持对2009年度成功案例报告进行研究（或称麦克劳德报告[15]），以探究员工敬业度、绩效和生产力之间的假设联系。该报告的结论是：在案例中，成功的企业中员工敬业度是非常高的。自那以后，随着更多研究的发表，这一结论得到了有力的支持。

为了在未来几年内实现公司及其员工价值最大化，组织重新制定"协议"是至关重要的。无论如何，人口结构变化和其他因素都可能推动再平衡。许多咨询报告和公司员工敬业度调查的结果显示，许多员工（尤其是千禧一代）希望从他们的雇主那里得到的东西，可能与雇主提供的东西不同。怡安翰威特2014年的全球敬业度研究显示，由于这一代人的庞大规模和影响力，千禧一代可能会为员工敬业度设定组织基调，并可能会影响X一代和婴儿潮一代员工的认知。[16]据报道，只有12%的员工敬业度很高。

商业领袖应该为此担心吗？答案是毋庸置疑的：可以这么说，在人才短缺的情况开始出现之前，提高员工敬业度应成为企业的优先事项。

## 敬业度的关键促成因素

麦克劳德报告总结了员工敬业度策略的四个基本"驱动因素"。

- 领导层关于组织的强有力的战略叙述，它来自哪里，它将走向何方。
- 激励、授权和支持员工的直线经理。
- 员工在整个组织中的发言权，以挑战或加强现状，并让员工参与决策。
- 组织诚信：所述的价值观被嵌入组织文化中，我们所说的就是我们所做的。

其中最后一项组织诚信在许多方面与信任是同义的，即按照你所说的行事，受伦理和道德的约束，己所不欲，勿施于人。信任是心理契约的基础，肯耐珂萨（Kenexa）2013 年的工作趋势报告指出诚信是最重要的信任手段，高于仁慈或能力。[17] 珀塞尔（Purcell）等利用英国国家工作场所雇用关系研究（WERS）数据分析了与组织承诺最密切相关的因素。[18] 对所有类型的员工来说，最重要和最具影响力的因素是管理信任。

## 领导和管理者的角色

麦克劳德报告指出，"参与型管理者"和"参与型领导力"是创造有利于员工敬业度的工作环境的关键。特别是最高领导者对敬业度有倍增效应，因为他们自己的方法非常明显，并且他们可以控制所有最重要的驱动敬业度的因素。然而，似乎英国许多高层领导人并没有试图了解如何维持或提高员工敬业度，而是忽视了这一点，可能是因为他们没有意识到或不了解其重要性。麦克劳德报告尖锐地指出："问题似乎在于他们不愿意'说到做到'，不愿意真正放弃指挥和控制的领导风格，并转向建立基于相互联系的关系。"[19]

直线经理为员工参与度设定基调。通过他们与团队的日常交流，公司与员工的关系得以体现。优秀管理者最重要的贡献在于，他们能够提高员工的敬业度。[20] 然而，管理者往往不清楚如何创造一个利于提升敬业度的环境；他们可能缺乏相关的技能或兴趣，而且什么都不做也不会有任何影响。事实上，许多管理者认为保持／提高员工敬业度是人力资源部门的工作。

## 衡量员工敬业度

如果管理者和领导者对提升员工敬业度如此重要，那么优秀的管理者如何才能让员工发挥最大的潜能呢？这就是 2012 年我和杰弗里·马休斯（Geoffrey Matthews）合著《敬业度》（*Engage*）一书的原因。[21]我们希望揭开这个有争议的话题的神秘面纱，并为那些希望创造有利于员工敬业度的工作环境的管理者和人力资源专业人员提供实用指导。

调查法是用于探索劳动力投入和脱离工作的关键部分的常规手段。卡特莫尔（Cattermole）认为调查很重要，因为调查可以让你衡量员工敬业度的很多不同方面，大致分为以下三个主要方面。[22]

- 阻碍因素：员工面临的问题，如缺少 IT 系统或工作量过大。
- 驱动因素：激励因素，如认同、与管理者的良好关系、学习提高职业技能的机会。
- 结果：积极态度，即员工对工作和组织的自豪感，愿意建言并希望留在雇主身边。

调查的缺点是价格高昂，过于烦琐，可能导致"分析瘫痪"，并且可能由于缺乏管理层的支持，随后的调查活动往往是不一致的或不相关的，因此精力过于分散，工作"失去动力"。

为了避免这些风险，调查者可以使用周期性测量方法。研究人员对结果进行初步审查时，应与有关部门的雇员进行核对和校准，并吸取关键经验教训，与雇员一同想出解决办法并采取适当的重点行动，确保每个人的参与和了解是至关重要的。研究人员应当衡量改进情况，并对活动所收集到的附加学习成果进行审查，从而得出行动结论。

然而，更普遍的情况是，提升员工敬业度的方法应该从人力资源管理负责、被动式、周期性和以调查为中心的方法，转变为由管理者主导和人力资源部门支持的方法。这种方法是让直线管理人员专注于个人和团队，积极构建一种环境，让敬业成为日常工作生活的一部分。

## 员工想要什么

从我们自己的研究中，我们知道当涉及个人的时候，没有唯一且通用的方法。考虑到敬业度是一种个人特有的现象，那么是否有可能概括出员工希望从工作中得到什么，以及管理者如何影响员工敬业度水平？许多咨询公司的报告都强调了"十大敬业度驱动因素"。例如，2014 年的怡安翰威特调查发现，在某些情况下，Y 一代与组织之间的关系出现了一些变化，以下变化的重要性与日俱增：

- 随着"终生工作"的结束，人们的职业期望值会有所改变，人们不再期望在一个组织中实现自己的职业生涯。
- 社交媒体和互联网连接正在推动工作民主化，人们希望了解情况并有发言权。
- 渴望与雇主合作、共同创造、互动。
- 授权、自主的重要性。
- 工作环境。
- 企业精神、品牌和声誉。
- 关系的质量，工作与生活的平衡。
- 成长和发展的机会。
- 管理和领导。
- 自我意识。

调查发现，各代人敬业度最重要的驱动因素，以及不断变化的雇用合同的潜在因素，都集中在职业机会、绩效管理、薪酬、声誉和沟通上。员工希望为拥有良好雇主声誉、绩效奖励、职业发展轨迹和合作文化的公司工作。

珀塞尔等人通过对 WERS 数据的分析得出了以下结论，通常被认为是典型的敬业度基本要素：

- 员工对管理的信任。

- 对工作和职位的满意度。
- 参与工作决策。
- 管理层与员工之间关系的氛围。
- 对薪酬的满意度。
- 工作挑战。
- 工作成就感。

这些为与员工讨论如何创建更有利于工作投入的环境，提供了一个很好的切入点。

## "敬业度" 模型

马休斯和我在《敬业度》一书中分析了许多不同的员工数据来源，并认识到泛化的风险。我们对影响人们能否参与到组织中间的主要因素进行了分类，其中主要因素不只是工作，还有以下几种。

### 联系

许多人希望能够为目标和价值观与自己契合的组织工作。这种更高的目标感似乎与动机、承诺以及员工准备投入的精力和努力密切相关。他们期望感受到一些有价值的东西，即他们的工作是有意义的，而且它增加的价值是明确的，因为它与重要的组织结果有关。他们希望感觉自己属于组织（至少在一段时间内），具有工作安全感、归属感和牢固的工作关系。员工希望自己的贡献得到重视，并获得公平和一致的对待方式。

正如我们在第 4 章中所讨论的那样，让人们参与到组织中而不仅仅是他们自己的工作中，他们需要与包括领导者在内的其他人进行联系，并且有机会参与战略制定。如果等级观念仍然存在，扁平化的组织结构就不能解决问题。

## 支持

在参与式的工作环境中，员工可以从管理层和与其他人的合作中获得适当的支持。他们需要的支持力度和性质可能因年龄、阶段或环境而有所不同，管理者必须对员工实际需要的支持保持警觉。员工可能需要开发或接触新的机会，或者帮助管理复杂的工作负荷。如果管理层给予员工他们所需要的支持，员工就能够全力以赴。总之，将员工视为独立的个体是至关重要的。虽然薪水仍然很重要，但其他形式的认可和奖励也很重要，如灵活性。

## 声音

考虑到雇用关系中的风险很大程度上与雇员有关，人们希望了解组织中发生的事情，并能够影响那些影响他们工作、生活的事情。在一个有吸引力的工作场所中，员工参与其中，有机会参与正在发生的事情并发表他们的意见。他们也乐于接受新思想、拥抱多样性和进行团队合作。

## 机会

人们想要的工作是有趣的、具有挑战性的，并能够提供意义、延伸性、享受和满足感。人们还希望拥有自主权、控制权和任务决定权，以及发展自己的技能、职业生涯和成长的机会。

根据个人喜好和职业需求，这些不同愿望的融合性与强度会有所不同。特别是，在更广阔的组织环境中发生的事情会影响个人的感受以及他们对组织的需求。

## 这在实践中是什么样的

为了应对新时代的敬业度挑战，我们研究了组织中的管理实践案例，在这些组织中，尽管环境充满挑战，但员工敬业度仍然很高。

以下是我们发现的一些例子。

### 创造联系

当领导风格从命令和控制发展到以相互信任和尊重为基础的更开放、协作和参与的方式时，员工敬业度水平更高。参与型领导者关注当前的挑战，预见重大的商业问题，并为增长开辟道路，基于长远考虑做出短期决策。他们重塑工作环境和文化，以提高绩效，并匹配其特殊的竞争优势基础。参与型领导者积极引领文化变革，努力创造对更高目标的认同感和对未来的积极性；这是一种人们可以与之联系并真正相信的目标。目标是公司对其所追求的价值以及如何创造价值的愿景，它定义了公司是什么、做什么、为谁服务，以及如何为社会福祉做出贡献。

虽然共同目标与持续高绩效的因果关系尚未得到明确证实，但有各种各样的证据表明了这种联系。对调查数据[23]的分析表明，强烈的目标认同感会带来高水平的员工敬业度。对更高目标具有认同感的员工最关心的是他们如何实现对组织目标产生影响这一目的。这让他们有充分的理由去工作。反过来，高水平的员工敬业度可以推动可持续的企业高绩效。[24]贝文（Bevan）等人（2005）[25]以及布依登狄耶克（Buytendijk）（2006）[26]都发现高绩效组织对内部和外部利益相关方有强烈的使命感。

某些形式的组织目标似乎比其他形式的目标与高绩效的联系更紧密。股东价值观念或许曾经奏效，但现在看来已经过时了，不太符合21世纪的需要，甚至在某些情况下可能是有害的。虽然表面上清楚而简单，但股东价值目标的短期性质阻碍了高管们进行投资；而这些投资不仅对社会而言是有益的，对股东本身也是如此。因此，总体上，股东价值以及对这一目标的不懈追求，可能会产生负面的社会影响。

如今，越来越多的企业开始回归到以社会利益为重的历史关系，企业的存在主要是为了满足社会需求，尤其是顾客的需求。2002年，理查德·埃尔斯沃思（Richard Ellsworth）[27]公布的数据显示，如果以十年或更长时间为周期进行观察，那些以为客户提供价值为宗旨的公司的利润，比那些以股东价值最大化为目标的公司，或那些试图平衡所有利益相关者需求的公司要高得多。2004年斯普林格特（Springett）[28]发现，以客户为中心的企业宗旨可以让员工产生强烈的目标认同感，这可能也会推动组织产生高绩效。部分原因似乎是以客户为中心的目标会影响组织内部的战略重点和创新能力。

正如我们之前讨论过的，一些领导者越来越提倡以员工为导向的企业目标，以此作为提高员工敬业度和客户满意度的手段。要想有效地激励人们工作，这样的目标必须是真实的，并且是始终追求的。如果为了保持较低的产品价格而使员工的薪资处于或接近最低工资水平，几乎没有任何福利，没有工作保障，只提供完成那些简单易学的基本工作的培训，那么这样的目标将不会起到任何作用。不要说在事业上有所成就了，如果处于企业底层的员工没有机会过上好生活或从事有趣的工作，组织就不应宣称员工是其最大的资产。

那么，领导者如何激发真正的目标认同感呢？参与型领导者设定并传达明确的方向和优先事项（发展麦克劳德和克拉克所说的"战略叙述"），以便员工了解企业需要什么，并感知到有权在不需要精细化管理的情况下提供正确的产出。参与型领导者对自己的核心目标、价值观和信仰产生了自我意识——这是塑造了他们的工作方法，并且在每个人都处于压力之下时，他们可以通过这些工作方法影响并带领他人。他们努力为价值观和价值观的践行树立榜样，并根据 360 度反馈和其他反馈采取行动，以证明他们的承诺。他们在各个层面培养领导能力。

例如，威廉·罗杰斯（William Rogers）在 2002 年成为 UKRD 的首席执行官，并监督其转型为英国第四大商业无线电集团。2009 年，UKRD 打赢了一场恶意收购战，收购了当地一家公开上市的无线电公司。从那以后，随着集团建立了当地商业许可证的产品组合，该公司进行了进一步收购。正如威廉·罗杰斯所指出的：

我们试图创造一种以价值观为基础的文化，我们鼓励的行为范式标准可以概括为六个词——开放、诚实、公平、有趣、专业和不循规蹈矩。引入基于价值观的文化是一回事，用现金和时间来支持它是另一回事。在 UKRD，每一年，每个人都有一整天的时间来讨论这些价值观对他们来说意味着什么。同样重要的是，每个人都明白这些价值观适用于每个人。所有的高级团队不仅发表演讲，而且以参与者的角色参加研讨会。我们还为所有的团队提供了"勇敢对话"培训，从而大幅降低了管理者介入团队成员之间争议的频率。这家公司 90%～95% 的决定都是基于实际情况制定的。[29]

因此，UKRD 连续三年跻身《星期日泰晤士报》（*The Sunday Times*）前 100 名最佳雇主名单之列，毫不为奇。

### 支持员工

参与型领导者了解个人，关心员工，创造开放和积极的工作环境并建立团队。他们以一种有效的方式执行任务，目的是保持员工的积极性并开发员工的绩效潜力。他们是多面手，能够判断应该何时让员工参与以及何时指导他们。参与型直线管理者设定明确的目标，以便让员工知道企业需要什么，同时也让员工自己制定实现这些目标的方法。他们注意到员工"倦怠"的迹象，并通过明确什么时候可以停止或开始来帮助员工管理工作负荷。他们通过设计有趣且有价值的工作，确保员工拥有所需的技能、权力和资源来实现重要的成果，从而为员工提供最好的支持。他们"清理"不必要的带有官僚作风的工作，这样员工就能在日常工作中对组织的目的、任务和目标有清晰的认识。

参与型领导者会努力传递雇主的品牌，承诺并确保员工得到公平的待遇。在目前的情况下，老式的胡萝卜加大棒的刺激和奖励绩效的措施不太可能有效。虽然没有任何组织可以保证工作的稳定，但敬业的管理者可以帮助员工应对变化中的压力和焦虑。提供有意义的支持，甚至仅是简单的倾听，不仅能让那些有被裁风险的员工感受到组织对他们的重视，还能帮助幸存者（那些在裁员后仍能保住工作的员工）继续专注于他们的工作。

由于员工对变革的一些反应是可以预见到的，人力资源部门也可以帮助管理者采取行动，将变革的负面影响降到最低，通过制定政策和倡议，支持人们管理自己的福祉。员工援助计划可以提供帮助。因此，管理者需要形成更多样的教练风格，并且愿意让员工参与实施变革，让变革成为每个员工工作的一部分，让变革成为创新改善的动力。

### 表达

现在，参与型领导者鼓励并促进员工想要建立的关系。通过这样做，他们创建了为了同一目标而合作的志同道合的社群，特别是在艰难时期，频繁而真诚的沟通对于构建（重建）员工信任、弹性和敬业度至关重要。参与型领导者和管理者是可以看得到的、平易近人的；他们就更大的愿景、战略和方向与员工所做的沟通是真实的、一致的。他们也愿意倾听员工的意见，并根据所听到的意见采取行动。

沟通不仅仅是自上而下的，还涉及组织和团队层面的真正对话。无论是处理业务问题还是开发新的增长思路，领导者都需要采取参与式的方式，在企业内部的不同群体和个人之间建立共识。领导者通过设立里程碑、庆祝成功、稳定起作用的因素以及分享变革的好处等，确保员工能看到明显进步的迹象。

### 机会

雇主需要为员工提供发展技能的机会，使他们能更有效地工作，并有机会获得更多的成就。参与型领导致力于提高人们真正需要的技能和能力，尤其关注承担新角色的员工。他们发现员工发展的机会并积极指导他们的团队，让他们参与解决实际业务问题，提供工作见习机会和指导。

特别是有吸引力的雇主致力于明确员工的职业发展轨迹，以便为关键团体及个人提供内部（和外部）流动性和丰富的经验。参与型领导有意识地鼓励人们通过在国内和国际部门之间调动，或从一个国家调到另一个国家，来改变角色／重新振作起来。这让他们可以获得新的经验，并帮助不同的业务部门实现发展，同时也是一项很好的激励措施。毕竟，当人们感到被重视并有机会成长时，他们很可能表现得很好。

一个国际慈善组织认识到，尽管员工要对自己的职业发展负责，但组织应该提供一些支持来帮助员工了解如何规划自己的职业生涯。他们根据自己的能力模型开发了职业规划支持工具，个人可以使用这些工具，并与他们的直线经理讨论。管理人员接受了相关的技能培训，并以此帮助他们借助职业发展对话为员工提供支持，同时建立了一批同行导师，以便同事间可以互相帮助学习新技能并获得新的经验。人力资源部门是工作转换和经验交流的推动者。

## 新兴的心理契约

敬业度的框架性思维（联系、支持、声音、机会）可能是建立在雇主和雇员之间公平基础上的新兴心理契约的基础。这一新兴心理契约可能包括以下内容。

- 联系：组织从属关系；关系的质量。
- 声音：共同创造；向权威说真话的机会（让权力说实话）；有精通人才心理学的资深同事的指导。
- 支持：同伴的支持；工作与生活的平衡；有效的管理；积极的工作氛围。
- 机会：自我意识——有精通心理学的导师；自主权和影响力；实际工作——行动学习，项目；成长的机会。

任何想留住人才的组织都应该时刻留意员工的需求是如何变化的。但归根结底，员工有责任管理自己的敬业度。此外，如果员工真正享有机会，获得适当的支持，有发言权，并且感到与组织有联系，那么能够预见到，员工可以放心地工作，对他们的表现负责，并为组织加倍努力。

## 团队参与

除了个人敬业度，团队的敬业度水平也会以某种方式影响绩效。创造一个有利于工作投入的环境，通常需要共同的努力。下面的案例研究告诉我们，在英国一家医院里，一名护士和一名组织发展专家之间的伙伴关系如何使一个士气低落、表现不佳的护士团队变成一个积极、健康、高效、真正把病人利益放在首位的团队。我要感谢英国国家医疗服务系统信托基金会（NHS Foundation Trust）以及唐卡斯特（Doncaster）和巴塞特拉夫（Bassetlaw）医院的前教育主管特蕾西·格雷（Tracey Gray），她是这个案例研究的组织发展的实践者。

### 案例研究：改变态度——改善结果

如今，英国国家医疗服务系统受到了媒体的密切关注和对病人护理不当的批评。当然这类负面新闻会让员工士气低落。在唐卡斯特和巴塞特拉夫医院，NHS 信托基金会的主要利益相关者密切关注因一名病房护士的工作积极性下降而给患者造成了严重影响的事件。在病房公告栏上张贴的病人护理的常规指标（被称为"耻辱墙"）显示了员工士气低落、缺勤和病人护理水平的持续下降。

护士感觉被低估了，而且大部分人都认为自己被视为"问题儿童"，这就是问题所在。如果忽视这一问题，那么可能会有情况恶化并出现另一则患者护理不佳的丑闻的风险。

一位内部 OD 顾问特蕾西·格雷被委托与护士合作以改变现状。这项工作包括深入访谈医院同事，以及勇敢面对医院生活中极具挑战性的一面。这些同事也是需要解决的问题的一部分，但经常被忽视。

**干预的关键因素和目的**

一部分挑战是如何让团队成员"参与进来"，思考自己的工作实践，并承担改善患者护理的责任。特蕾西与工作人员进行了单独谈话，在此基础上设计了一个四阶段行为和教育发展计划。它的目的是通过改变员工的态度和行为来改善这个特定病房的病人体验，带来可衡量的改变。培训计划的重点是个人和团体的价值观，并选择了强调团队合作的干预措施，包括个别指导、行动学习和讲习班。模拟是为了生动地再现典型的护理问题，并帮助工作人员从弱势患者的角度理解护理需求。

团队里的每个人都接受了特蕾西的个人指导，她并不回避使用这些难看的数据，同时对任何人都能改变的可能性表达了强烈的信心。她仔细倾听员工的意见，使用神经语言程序（NLP）了解他们如何看待自己的角色，并了解人们的价值观和信仰，找出可能导致冲突的信仰差异。这提高了员工的意识，帮助人们发现问题，并采取建设性和系统性方式处理问题。例如，在行动学习过程中，运用工作见习的方法，或者提供团队成员新的流程技能来相互交流。因此，作为 OD 实践者的特蕾西在团队中种下了自助的种子，以确保未来潜在的冲突能够得到妥善解决。在整个计划中，重点是帮助员工感到有能力改善病人护理。

**效果**

该方案建立了明确的指标，该方案的干预措施产生了许多有益的结果，尤其是提高了工作人员的士气和满意度，以及病人的安全和健康水平。同时方案运用简单而有效的符号来强化信息，例如将"耻辱墙"重新定义为"赞美之墙"。这有助于员工集中注意力，使团队能够直观地衡量改善病人护理的进度。随着方案的实施，病房的氛围明显有了积极的改善。工作人员的病假和缺勤显著减少，工作人员的士气极大地提高，病人的投诉率大幅减少。随着病房里护士团队的信心增强，员工开始把为了让他们成为高水平的护士团队而给他们提供的支持，而不是补救措施，视为一种骄傲。接下来的几个月变化显著，如病房里有了积极的气氛，护士提高了对患者需求的认识和对非语言信号的识别能力，从而使病人得到了更好的护理。病房工作人员成长为一支强大的团队，因为他们增进了彼此的了解并提高了流程技能。方案也改进了护理实践，所有相关人员都为所取得的成绩感到自豪：所有这些都在短时间内以低成本实现。最终向董事会主席和执行董事汇报了工作成果，第一个实现改善的团队收到了验收证书，并获得了庆祝自助餐和进行展示的奖励。这无疑会让团队成员意识到他们已经取得了多大的成就，以及他们病房的病人护理有了多大的改善。

### 传播学习

虽然该方案的干预措施都是定制化的，并嵌入病房中，但也有可能应用到更广的范围，因为在不同的领域内都在培养冠军，这些人正在接受培训，成为NLP 的主要实践者。强有力的临床领导能力是这项行动成功的关键因素。特蕾西与病房里的护士密切合作，训练她在这个病房和其他可能的地方表现出主动性行为。提高临床工作人员在团队中应用这些流程的能力，应该有助于在整个组织中传播、嵌入有效的实践和行为。因此，该方案不仅对改善患者体验产生了有益的影响，而且所采取的方法与 OD 的人文原则和价值观非常一致，即与人合作并不是为了实现更新和成长。

## 在变革中保持参与

当然，并不是每个人都会为变革努力，让别人分享对未来职场的愿景可能会很困难。正如一位首席执行官所言："不管变化是什么，20% 的人总会支持我，而总会有 20% 的人反对。诀窍就是让 60% 的人先参与进来，然后再让他们接受'变革'。"

在很多情况下，"抵制"变革的观念是完全合理的，尤其是当人们在决定变革时没有发言权的时候，认为他们会因为变革而失去某些东西。因此，考虑人们对变革的一些典型反应是很重要的，而且在决定变革时可以预见到这些典型反应。

## 人们对变革的典型反应

如今，有很多用来解释变革中的心理动力的框架，尤其是悲伤五阶段模型（也被称为改变曲线或过渡曲线），最初是由伊丽莎白·基耶伯勒·罗斯（Elisabeth Kübler-Ross）提出的。[30] 最近，约翰·费舍尔（John Fisher）在工作环境论中更新了个人变化的过程，[31] 它描述了人们在面对变化时，尤其是面对那些不是他们主动发起的变革时经历的典型情绪犹如过山车。这些情绪包括"坚持"阶段的反应——震惊、否认、愤怒；接着是"放手"阶段的反应——讨价还价和沮丧；最后是"前进"阶段的反应——接受、实验、新的学习和体验。

威廉·布里奇斯（William Bridges）区分了变革（新情况）和个人转变（人们通过心理过程来适应新情况）。[32] 他认为，一般来说人们抗拒的不是变革，而是他们体验到的损失和结束的感受，这可能使他们的转变过程变得困难。布里奇斯认为，正是由于变革始于结束，人们不得不放弃某些东西并遭受损失。然后他们进入了一个类似于情感荒野的"中立地带"。在这里，人们为失去旧的东西而感到悲伤，并且 / 或者为没有发现新的舒适的环境和 / 或需要重新适应新的环境而悲伤。在人们调整的过程中，冲突可能加剧，可能会出现病假和离职率上升、对领导的不满、工作表现不佳和混乱。

最终都要回报开始阶段——在这里，人们已经克服了受损失的心态，意识到他们不能让时光倒流，最终接受并适应新的现实。虽然人们正积极地重新定位自己的未来，但过去的焦虑很容易被重新激活。

同样，库尔特·勒温（Kurt Lewin）的三阶段变革理论阐述了转型过程，并描述了每个阶段正在发生的事情。[33] 这也通常被称为"解冻、变革、再冻结（或重新冻结）"模型。

**解冻**  解冻阶段是为了准备改变。第一个阶段是在改变之前自己或其他人做好准备（理想的情况是创造一个我们想要变革的环境）。它包括：理解改变是必要的，并准备好离开我们当前的舒适区。我们越觉得改变是必要的，改变就越迫切，我们就越有动力做出改变。

激励人们想要改变的关键，是要让人们理解为什么需要改变，以及改变在哪里符合组织的目标。当存在以下三个因素时，就会产生动机：

- 足够多的不可靠数据引起严重不适和不平衡感。
- 将不可靠的数据与重要目标和理想联系起来，导致焦虑和 / 或内疚。
- 足够的心理安全感：有足够的认同感和整体感以推动变革。

一方面，不可靠的数据表明目标没有实现，或者某些流程不起作用：例如，销售下降、投诉增多、员工离职率高。另一方面，如果我感到不安全，如果改变威胁到我，或者我不知道该怎么做，我可能会否认改变的必要性，忽视不可靠的数据或将其合理化。然而，一旦这个群体感到压力，他们通常会听取不可靠的信息。

**变革**　库尔特·勒温意识到改变不仅是一个事件，而且是一个转变的过程——我们对变化做出反应的内在运动或过程。当我们做出需要的改变时，第二阶段就出现了。

一旦人们"解冻"，他们就会对正在发生的事情进行认知重组，并朝着一种新的存在方式前进。人们可以遵循许多不同的路径。人们可以通过反复试验、模仿榜样来学习，这种新的学习将挑战可能需要重新聚焦的核心假设。

**再冻结**　虽然行为的改变可以被激发一段时间，但一旦压力消失，它也不会持续很久。这个阶段的目标是一旦发生改变就建立稳定性，从而接受变化并使之成为新的规范。人们形成了新的关系，并习惯了自己的日常生活。这可能需要时间。所以在这个最后阶段，一旦新的行为和核心假设被固化，它们就会一直保持下去，直到不确定性再次出现。事实上，哈默尔和扎尼尼认为，在一个不断发展的世界里，任何被冻结的东西都会变得无关紧要，所以更可能发生的事情就是永久性的"淤泥"。[34]

## 保持弹性

从这些不同的个人转变理论中汲取教训，领导者必须预测和留意员工可能正在发生的任何不正常的反应，并在必要时提供支持。尤其是直线经理，他们面临着支持员工，维持或提升员工士气的日常挑战，即使他们自己也可能受到各方面的压力，既要像往常一样处理业务，又要管理变革。他们也需要得到高层管理人员的支持，组织应该将他们培养成领导者，让他们接触新的工具、技术和想法。管理者和领导者需要意识到他们自己的管理风格对团队的影响，尤其是在困难时期。例如，那些通过采取更多控制措施来应对压力的管理者最终可能会削弱他们的团队。罗菲帕克指出领导者在领导变革的时候，可以通过以下几个方面来管理自己的弹性。[35]

- 洞察力：能够在具有挑战性的情况下做出让步，接受而不是否认它的消极方面，同时在逆境中找到机会和意义。
- 情绪智力：个体不受情绪影响，并留出空间和时间来处理它们。
- 目的：当周围的一切都发生变化时，个人对自己的价值观和道德准则有清晰的认识。
- 联系：在具有挑战性的时代，能够保持弹性的领导者拥有较广的朋友和同事的关系网，可以利用这些网络完成工作并提供支持。
- 体力：身体健康，饮食合理，并抽出时间从事他们喜欢的活动，使他们能够保持精力充沛。

管理者面临的挑战是确保一个适当的压力和挑战水平不会转化为难以控制的工作负荷，使人们感到焦虑和不知所措。必须公开、定期地就预期目标进行沟通，在需要的时候提供支持，尤其是确保人们拥有完成工作所需的资源，帮助人们确定优先顺序，以便他们能够在最佳状态下完成工作，并保持良好的工作与生活平衡。如果人们想要保持对自己命运的控制感，那么在规划、决策和解决问题的过程中，尽可能多地让你的团队参与进来、并让人们了解事态的发展是很重要的。如果人们觉得自己参与了创造前进道路的过程，他们更有可能以积极的心态面对变革，甚至对变革充满激情和兴奋。在下一章，我们将回到如何"管理"变革的问题上。

## HR / OD 如何帮助激发员工敬业度和幸福感

在任何面临持续变革的组织中，员工的敬业度必须是企业优先考虑的事项。人力资源部门可以在帮助提高员工敬业度方面发挥关键作用。以下是一些建议：

- 与直线经理合作，确定并积极解决员工离职的根本原因。目标应该是让员工敬业度成为管理者日常关注的焦点，而不仅仅是一个年度调查过程。
- 通过（重新）明确优先事项、将工作重心转移到优先领域并指导员工，帮助直线经理减轻对员工的压力，避免出现"职业倦怠"现象。[36]
- 建立健全的商业档案来改善工作场所的健康状况。有效的福利策略可以帮助人们过渡到新的工作环境，并满足他们的需求，同时表明企业对员工的重视。
- 在职业机会可能有限的时期留住关键员工。风险管理和保留计划应该应用于知识与技能短缺的关键人员及工作岗位上。通过创造发展机会，人力资源部可以帮助员工取得进步，如果不能晋升，也许可以提供交叉培训、战略项目工作或继续教育。
- 通过帮助年轻员工在组织中建立自己的职业生涯来激励年轻员工，并对员工进行更全面的培训，以提高他们的就业能力。尽管员工对自己的职业发展负责，但人力资源部可以通过以下方式帮助员工了解如何规划他们的职业生涯：
  - 建立基于胜任力模型的职业规划支持。
  - 导师制。
  - 提高管理人员支持职业发展的技能。
  - 提供机会。
- 确保公司履行对员工的承诺。例如，尽管预计 2013 年经济不景气，但 2012 年英国 JCB 公司的所有员工共享了 250 万英镑的奖金。董事长安东尼·班福德（Anthony Bamford）先生表示，他想奖励杰克逊集团 5000 名工人的辛勤工作和敬业精神。[37] 公平地对待每一位员工，并向员工表明他们的努力得到认可，是激发员工敬业度和组织认同感的好方法。

成功的关键是创造适合的环境和条件，使团队能够在第一时间茁壮成长。正如我们已经讨论过的，如果人们在一个建设性的环境中工作，他们觉得自己正在从事具有挑战性且有意义的事情，他们将能够更好地应对变化和日常工作压力。尽管面临种种挑战，但随着人们获得新技能、新网络，承担新责任，变革也能为发展、更好地平衡工作与生活以及个人成长开辟可能性。如果人们以积极的态度共同面对这些挑战，即使是艰难的挑战也可能成为使个人和团队变得更有弹性的机会。在第 12 章中，通过一个案例，我们将研究组织如何使用基于优势的方法，即肯定式探询方法（AI），在动荡时期建立弹性。

## 本章小结

随着时间的推移，要求雇主以更合乎道德和双赢的方式处理与雇员的雇用关系的压力可能会增加。社会连通性和技术授权对传统的企业组织模式构成了真正的威胁。随着就业模式从终身雇用转向终身就业，雇主现在必须与新一代年轻员工接触，而这一代员工的态度、要求和对雇主的期望可能与上一代截然不同。年轻一代见证了自由市场模式的失败，尤其是年轻人的失败。除非事情发生改变，否则雇主和雇员的利益可能会发生冲突。

随着各组织规划自己的复苏和增长之路，今天的挑战可能会变成因祸得福的事，因为它们强调了重视敬业度的雇主可以激励和留住有价值的员工。然而，与其试图强迫员工参与，不如用人性化的方式来鼓励参与变革，这样可能会更好。毕竟，如果员工在积极的环境中工作，成为成功的团队的一部分，更有能力且被充分授权，从经验中学习并拥有自我管理的工具，那么员工将乐于接受变革。具有前瞻性的雇主，如果能够维持对人力资源的投资，并继续发展其劳动力队伍的能力，就很有可能会保持竞争力，在时机成熟时为加速增长做好准备。

最重要的是，这是需要让"墙上的价值观"在实践中发挥作用的时候。因此，即使企业领导者不能提供工作保障，他们也可以让员工了解情况并听取员工的意见。虽然他们不能为员工提供意义，因为这是个人的和主观的，但他们可以为组织提供明确的目标。他们可以确保基于价值观的行为在评估和晋升标准中得到体现，并且认可直线经理在员工敬业度方面所做的努力。他们可以要求将以工作与生活平衡、福利或多样性政策为形式的良好意愿转化为实践，并尽一切努力消除他们自己在"说与做"之间的差距。

敬业度与绩效的潜在关系是存在的——交付结果需要共同努力。领导者、经理、人力资源部门和员工本身可以发挥关键作用，因为员工敬业度在组织中上下流动。人力资源需要关注构建基础的情境因素——培养参与型领导者，提供令人信服的员工价值主张或"协议"，并与直线经理合作创造一种敬业文化。雇员们需要采取行动，认识到在今天的市场经济中，他们必须继续发展自己，为他们的雇主做好本职工作。管理者和需要专注于阐明期望，将员工的工作与重要的组织结果联系起来，弄清这些联系并提供支持。他们需要确保为员工提供必要的资源，并且员工对他们的工作以及工作方式有发言权。简而言之，管理者和高管需要专注于帮助他们的员工获得成功。

确保双方组织和员工的共同利益（以及风险），可能是最适合当今全球经济动荡环境下的雇用关系最可持续和最诚实的基础。这样做的组织应该能从它们与员工之间不断成长的关系中获得回报。它们的员工希望能够通过自发努力帮助它们的组织取得成功。

## 自查清单

你的组织作为雇主有多大的吸引力？

- 联系：
  - ◆ 员工是否有归属感？他们是否与组织的使命、价值观和方向相联系，与其他人、与他们的工作呢？
  - ◆ 管理者是不是可靠的领导者？
  - ◆ 管理者值得信任吗？员工是否认为与管理者的沟通是开放、诚实的？
  - ◆ 管理者和领导者是否以价值观为基础，引导并建立强烈的目标认同感？
  - ◆ 员工是否了解他们的工作对公司绩效的贡献？
  - ◆ 员工是否在工作中找到了意义和目的？他们是否对目标和客户有清晰的认识？
  - ◆ 员工是否从工作中看到积极和有价值的结果？
- 支持：
  - ◆ 是否有适当的管理支持和指导？

◆员工是否重视与管理者的关系？

◆员工是否可以平衡工作与生活？是否有定期的工作量评估？是否有充足的资源和支持系统？

◆各级员工是否都使用灵活的工作政策？

◆员工发展是否提升了员工的技能？

- 声音：

◆沟通是不是高质量和双向的？员工是否涉及并能够参与决策？

◆员工是否认为自己是团队的一员？

◆人们是否得到了公平对待？是否有对创新多样性和工作与生活平衡政策的承诺？是否有适当的奖励？

- 机会：

◆员工在多大程度上认为他们的工作有趣？

◆员工和团队是否有能力塑造他们的工作氛围和环境，以帮助他们发挥最佳水平？

◆员工是否因个人和职业的成长与进步而感到压力和挑战？

◆是否有明确的职业发展机会？

## 注释

**1** Heger, B (2007) Linking the employment value proposition (EVP) to employee engagement and business outcomes: preliminary findings from a linkage research pilot study, *Organisation Development Journal*, **25** (2) pp 121–33.

**2** The Point of Care Foundation Report on NHS Performance (2014) [accessed 30 August 2014] *The Point of Care Foundation* [Online] http://www.engageforsuccess.org/the-point-of-care-foundation-report-on-nhs-performance/.

**3** Murphy, N (2011) Employee engagement survey 2011: increased awareness, but falling levels, *IRS Employment Review*, 28 November.

**4** Aon Hewitt (2014) [accessed 26 January 2015] 2014 Trends in Global Employee Engagement, *Aon Hewitt* [Online] http://www.aon.com/attachments/human-capital-consulting/2014-trends-in-global-employee-engagement-report.pdf.

**5** MacLeod D and Clarke N (2009) [Accessed 30 Aug 2014] Engaging for Success: Enhancing performance through employee engagement, a report to government, Department for Business, Innovation and Skills, London [Online] http://webarchive.nationalarchives.gov.uk/20121205082246/http://www.bis.gov.uk/files/file52215.pdf.

**6**  Truss, C *et al* (2013) Employee engagement, organisational performance and individual well-being: exploring the evidence, developing the theory, *The International Journal of Human Resource Management*, **24** (14), Special issue: Employee Engagement.

**7**  Kahn, WA (1990) Psychological conditions of personal engagement and disengagement at work, *Academy of Management*, **33** (4), December, p 692.

**8**  Kahn, WA and Heaphy, ED (2013) Relational contexts of personal engagement at work, in *Employee Engagement in Theory and Practice*, ed C Truss *et al*, Routledge, Abingdon/New York.

**9**  Schaufeli, WB and Bakker, AB (2004) Job demands, job resources, and their relationship with burnout and engagement: a multi-sample study, *Journal of Organizational Behavior*, **25**, pp 293–315.

**10**  Csikszentmihalyi, M (1990) *Flow: The psychology of optimal experience*, Harper and Row, New York.

**11**  MacLeod and Clarke, *ibid*, p 9.

**12**  Herriot, P and Pemberton, C (1995) *New Deals: The Revolution in Managerial Careers*, Wiley, Chichester.

**13**  Maslach, C and Jackson, SE (1981) The measurement of experienced burnout, *Journal of Occupational Behaviour*, **2**, pp 99–113.

**14**  CIPD and Success Factors (Feb 2013) *Labour Market Outlook*, CIPD, London.

**15**  MacLeod and Clarke, *ibid*.

**16**  Aon Hewitt, *ibid*.

**17**  Kenexa (2012) [accessed 30 August 2014] Perception is Reality: The Importance of Pay Fairness to Employees and Organizations, a 2012/2013 Worktrends (Tm) Report by Kenexa, an IBM Company [Online] http://www.macaonline.org/Content/files/2013-5-16Perception-Is-Reality_WorkTrendsReport.pdf.

**18**  Purcell, J *et al* (2009) *People Management and Performance*, Routledge, London.

**19**  MacLeod and Clarke, *ibid*.

**20**  Michelman, P (2004) *Methodology: How great managers manage people*, Harvard Business School Publishing, Boston.

**21**  Holbeche, L and Matthews, G (2012) *Engaged: Unleashing your organization's potential through employee engagement*, Wiley, Chichester; Jossey-Bass, San Francisco.

**22**  Cattermole, G (2014) The future of employee surveys, in *The Future of Engagement*, Engage for Success Thought Leadership Series, Institute for Employment Studies and CIPD, London, pp 31–40.

**23**  Brakely, H (2004) *The High-Performance Workforce Study 2004*, Research report, Accenture.

**24** Beslin, R and Reddin, C (2006) Trust in your organization's future, *Communication World,* January–February, pp 29–32.

**25** Bevan, S *et al* (2005) *Cracking the Performance Code*, Research report, The Work Foundation, London.

**26** Buytendijk, F (2006) The five keys to building a high-performance organization, *Business Performance Management*, February, pp 24–30.

**27** Ellsworth, RE (2002) *Leading with Purpose: The new corporate realities*, Stanford University Press, Stanford, CA.

**28** Springett, N (2004) The impact of corporate purpose on strategy, organisations and financial performance, *Human Resources and Employment Review*, **2** (2), pp 117–124.

**29** Faragher, J (2013) [accessed 30 August 2014] Employee engagement: the secret of UKRD's success, *Personnel Today*, 3 May [Online] http://www.personnelto day.com/hr/employee-engagement-the-secret-of-ukrds-success/.

**30** Kübler-Ross, E (1969) *On Death & Dying*, Simon & Schuster/Touchstone, New York.

**31** Fisher J (2012) [accessed 30 August 2014] The Process of Transition [Online] http://www.businessballs.com/freepdfmaterials/processoftransitionJF2012.pdf; Fisher's Process of Personal Change [Online] http://www.businessballs.com/ personalchangeprocess.htm.

**32** Bridges, W (1991) *Managing Transitions: Making the most of change*, Perseus, Cambridge, MA.

**33** Lewin, K (1943) Psychological ecology, in *Field Theory in Social Science*, ed D Cartwright, Social Science Paperbacks, London.

**34** Hamel, G and Zanini, M (2014) [accessed 30 November 2014] Build a Change Platform not a Change Program, *McKinsey & Company* [Online] http://www. mckinsey.com/insights/organization/build_a_change_platform_not_a_change_ program.

**35** Lucy, D, Poorkavoos, M and Thompson, A (2014) *Building Resilience: Five key capabilities*, Roffey Park, Horsham.

**36** The Conference Board [accessed 30 August 2014] [Online] https://www. conference-board.org/webcasts/ondemand/webcastdetail.cfm?webcastid=2845.

**37** Business Bites, *London Metro*, 19 December 2012.

The Agile
Organization

# 第 11 章

# 变革与转型

变革在市场中不可避免，而且从未停止，组织必须在变革中取得成功。在如今动态、复杂的全球环境中，许多企业正在经历的变革已超出其所能承受的能力范围，与此同时，新的竞争者从不同领域不断涌现，新的规章制度与要求也一一落实。通过创新（如商业模式创新）来谋取价值的新方法日渐成为主流，"识别与响应"变革势在必行。

传统效率导向变更管理工具与流程的顺序逐渐与当下的现实脱轨。我们需要的是能够驱动变革而非管理变革的变革模式。然而，为了寻求新的商业机会或响应外部需求，仍会有部分变革受到自上而下的力量驱动。

本章将研究如何更有效地根据规划好的方法实施变革，以及从过往失败的变革尝试中学习在变革的意愿无法由上级强加的情况下，如何更好地激励员工为企业的成功主动做出改变。我们主要讨论两点：吸引利益相关者、帮助人们成功管理变革以使组织更有弹性。同时，我们将思考如何将缓慢且循序渐进的变革方式变得敏捷且迅速迭代，以此让组织超越竞争者并随着时间的推移仍能保持领先。

下一章将讨论如何建立敏捷文化，并为创新、变革和高绩效建立合适的组织环境。加快变革嵌入组织的速度，需要整个组织的领导、学习与参与。正如前文所述，组织需要的是一种实时的、社会化的变革方法，用以发展"可变的"组织文化，使员工获得授权以创新、发起并实施组织所需的变革。

本章重点有以下几个。

- 变革的类型。
- 利益相关者的参与。
- 动员员工变革：拉力比推力更合适。
- 转型管理。

# 变革的类型

组织通过实施各种类型的变革来实现战略野心，从小规模的事务性变革到根本性变革，规划常常是组织变革的一大特色。这些不同类型的变革具有不同程度的复杂性，以及潜在的利益与风险。

## 事务性变革与渐进式变革

变革一开始是小规模的事务性变革，通常涉及工作领域内的不断改进、优化，然后是在现有的经营模式下的渐进式变革，旨在确保更重要的业务改进。这些变革通常在相关领域工作人员的控制之下，由员工主动发起。尽管这些变革在管理上并不复杂，但由于员工不愿意采用新的技术，不愿意在开放式环境中工作，或不愿意分享他们曾独有的数据等原因，变革会引起员工的抵触情绪或其他反应。变革会使工作量增加，使工作节奏加快，常导致中层管理者的抵制。

## 重大转型变革

重大转型变革会影响企业的整体或重要部分，其旨在改变商业模式。这类变革大多由权力集中的高层发起，变革计划在执行前获得认可与规划。大型的组织再设计工作通常由咨询公司代表管理团队进行筹划。这类变革对组织的重大收益或损失具有极大的影响。举例来说，并购能提供潜在的利益，如规模经济以及进入新市场的机会，但是这样的利益必须能抵消下列潜在的风险：关键人才、企业记忆以及宝贵的知识产权的损失；或者在客户服务水平发生变化时，主要客户对品牌的抛弃；又或者受裁员的影响，剩余的员工对管理层失去信任。因此，潜在利益固然是变革的目的所在，但对于如何减轻变革带来的消极影响也要给予同等重视。

为什么变革管理如此困难？正如第 2 章所讨论的，变革失败率高的主要原因与传统的过度机械化的方法有关，传统的方法没有充分考虑到人对变革的反应，这也导致了虽然组织为此投入巨大，但变革并没有实现其潜在的利益。为了避免这些有害的影响，亚伯拉罕森提倡在低层次的事务性变革期间就进行彻底的变革，以确保自然的产业周期、投资者和客户视野以及员工对变革的准备三者之间相匹配。[1]

## 转向更敏捷的变革方法

虽然大规模的变革仍有余地，但是当今的市场变化如此之快，组织需要在处理持续变革需求的同时，加快变革的转化。这可能需要许多复杂的交叠变化、持续的调整和重新设计。这样的挑战要求领导者觉察环境的变化，找出赢得竞争所需的能力以及具备这些能力的方法。变革计划的发展可以在敏捷的项目实施方法（第 5 章）中查看，包括利益相关者的持续参与、试验和引导，以及与作为最终产品改进基础的用户反馈相结合的短周期（迭代）活动。

成功变革的关键在于同时激活变革的不同方面，而不仅限于变革本身，从而使内部适应成为组织文化的一部分，并构建强有力的变革能力。指导这些工作的关键模型之一是加尔布雷思的星形模型，它将战略、工作流程、管理流程、报酬、系统和结构统一起来。[2]这需要在组织内部构建"自下而上"和"自上而下"的能力——用于自我调节、创新、参与和高抗冲击的干预措施，这些能力会通过刺激局部自主性，以及创建用于学习和共享的连接网络来加速变革。正如第 7 章所说，敏捷组织设计源于战略，包含工作组设计、团队结构与职责、管理实践、制度支持，以及与敏捷的工作方式和关键成果挂钩的报酬。该模型旨在建立一个敏捷基础设施，而非对特定的变革进行管理。

为了发起重大变革，我们需要做的有：

- 确定变革的内容与原因，以及发展前景与变革方式。
- 确定受到影响的人员及过程。
- 明确期望的交付成果和关键的里程碑 / 阶段成果，并制订实现目标的计划。
- 评估变革的影响及企业面对变革的准备（即现状），并确定解决方案。随着方法的开发、设想的详细说明、变革风险评估的完善、预算与现有制度的安排，组织需要其他备用方案来解决预先设想的重大变革的影响 / 企业准备问题，以及在变革推进过程中的突发事件。

一旦做出了决定，敏捷领导者就必须成为变革的拥护者并提供积极的变革领导方式，使员工围绕这一愿景而努力。

## 利益相关者参与

始终争取利益相关者的支持是成功实施变革的关键。特别是对于大规模的变革，组织需要制订一个参与计划，以确定关键的利益相关者，包括为成功变革提供支持的员工，并树立起他们对变革的认同和协助。这涉及变革情境与支持的构建，着重通过变革实现利益。

利益相关者是指受到变革影响或可以影响变革的个人或团体。它们可能包括特定的相关者群体，如肩负管理责任的决策者及其支持者。他们可能是可以影响工作进程与结果甚至使工作终止的人。他们可能在企业内部或者外部，他们可能是供给者——提供所需资源与技术的供应商和合作伙伴；或客户——直接或间接使用企业产品的人。其中最重要的部分是员工，他们的工作会因为变革而改变，他们取得预期利益的意愿会影响变革的成功实施。有时员工由工会或职工理事会集体代表。

最初利益相关者会对变革的提议采取不同的态度。有人了解变革的原因并支持提议，他们成为支持者；有人受到鼓励后成为盟友，有人成为中立派。有些人是难以预测的"我行我素"派，或者是提议的反对者，甚至是反对提议及提议者本身。当然还有潜在的同盟，他们支持提议却还不了解或信任提议者。最后是沉默的大多数，他们会受到影响却无力影响或阻止提议者。

清楚地了解特定利益相关者群体或关键人物来自哪里，可以帮助提议者作为变革领导者找到好的方法，以获得更有针对性的支持。例如，中层管理者在变革的过程中往往被边缘化，夹在发起重大变革项目的高级管理层与不得不进行变革的员工之间。通过让管理者了解变革对自身和组织带来的利益，管理者会明白自己的收获（"成功"变革的模样），并且能够更加真诚热情地将这些变化传达给员工，让他们参与到变革的过程中。管理者要在敏捷方面拥有资源及培训，与团队面对面地交流，以方便他更好地融入进来。

综上所述，在制订变革计划之前，相当重要的一环是获得主要利益相关者的支持。这可能需要很多的对话与磋商来让人们思考如何更好地发展，以及发展所带来的潜在利益与风险。公开潜在风险与挑战并处理问题，对现状和将来进行基准评估都有助于变革的实施。除了获取有力支持，成功的变革还需要志同道合的拥护者推动其开花结果。

 **案例研究：苏格兰皇家银行部门的实践**

非常感谢苏格兰皇家银行（RBS）的决策部门经理蒂姆·伊德尔和战略经理安德里亚·多埃尔对本案例研究的贡献。

现在苏格兰皇家银行决策部门以其地理位置及工作方式的灵活性著称，但从历史上看，它曾以减少房地产投资组合作为第一要务。实际上，在先前的一次迭代（2006～2008年）中该部门只关注优化办公空间的使用。但从蒂姆·伊德尔领导该部门开始，作为房地产专家的他希望这个部门除空间以外还能考虑别的方面。2008年，在经历金融危机之时，银行内部开始出现思维的转变；到2010年，人们开始思考组织应如何走出金融危机，以及如何在未来取得成功。就此，人们展开了很多讨论。

蒂姆意识到，要使银行为未来做好准备，苏格兰皇家银行决策部门需要具备同时为客户和员工服务的灵活性。如果部门意识到该利益惠及整个公司，就需要将规划从各自封闭的事业部层面上升到整个集团的层面，并在集团范围内获得支持。因此他首先提出这样一个观点：苏格兰皇家银行决策部门不应只是IT或房地产主导的部门，更应是人力资源政策、技术与产权解决方案三者相结合的跨事业部式部门。

为了计划的成功实施，赢得大多数高层管理者的支持，尤其是来自董事长的支持至关重要。为获取银行内各事业部管理层的支持，蒂姆在集团企业服务中建立了影响网络，人力资源与产权投资战略总监利用自己的关系网络为苏格兰皇家银行决策部门争取到了很多支持。对蒂姆来说，获取支持与寻求拥护者就像例行公事：了解人们的喜好，识别并了解商业需求。他还发现，人们的参与度需要由团队中的"最强音"来把控，例如，让人力资源总监向人力资源部门传达信息。

计划初期阶段相当重要的一个步骤，是让利益相关者共同研究在不断变化的全球工作背景下的整体局面。其推动力在于了解人们工作方式的变化，以及技术对工作方式与工作场所的影响。正如蒂姆指出的：

重要的是从组织层面考虑这些问题，而不局限于部门或职能层面。我们要解决的问题是了解这个计划对银行的运营或变革的意义，我们对未来是否有充分的准备，如果我们没有解决这些问题会受到什么影响，我们能否为组织吸引到最好的资源。

除了苏格兰皇家银行的内部交流，我们对其他经历过相似变革的组织与部门也进行了研究。研究结果表明，未来成功的组织将是活跃的和高度网络化的。技术是一个关键因素，移动设备与远程工作为灵活的工作方式提供支持。通过观察新兴技术的传播途径并思考其趋势，例如人们越来越多地使用自己的设备办公，蒂姆的团队开始讨论自己的部门如何在现实中对其进行整体化应用——技术不应被孤立地看待，它存在于一个透明、开放和信任的全新工作文化当中。

为了应对挑战，蒂姆组建了一个完整的团队，该团队不仅有产权专家，还有来自人力资源部门、IT 部门、信息部门以及风险安全部门的专家。虽然这些部门各司其职，但它们同样渴望在瞬息万变的世界中寻找增加企业价值的方法。

## 制订利益相关者参与计划

蒂姆·伊德尔认为，为使组织在流程和行为层面都更进一步，让员工意识到变革需求的活动，以及流程和行为层面的激励措施必不可少。这意味着我们需要创造性的思维并深思熟虑，以使整个组织意识到这一点。这种交流的基础之一就是图景描述——通过分享真实的灵活工作案例研究以及介绍其对个人与工作的影响，让人身临其境。

在制定沟通策略时，重点在于明确人们所失去的东西以及不同事物的消逝与存续，随后明确利益相关者需要的信息、传播的媒介、传播的频率，以及如何管控反馈和变革。在信息方面需要解决的问题有：

- 信息是否切中利益相关者的问题与担忧？
- 他们是否全神贯注？
- 他们是否提供 / 获得支持？
- 他们是否支持我们的行动？

在媒介方面需要解决的问题有：

- 什么媒介最适合特定的利益相关者？
- 什么媒介传递消息的效果最好？
- 沟通所要达到的目标是什么？

在频率与反馈方面需要解决的问题有：

- 需要多久联系一次利益相关者？
- 如何对变革进行反馈与监控？
- 如何建立坦诚的对话？

有效沟通面临的严峻考验是如何快速真实地传递信息。
本章稍后会回到这个话题。


## 激励员工变革：拉力比推力更有效

实施变革的主要障碍最初表现为缺乏对变革的有效支持及认同。为了跟上变革的脚步，人们需要被动或受到激励为共同目标工作；他们需要自主产生参与的意愿。变革的规模越大，需要激励的人员就越多。正如前文所讨论的，发自内心的接受是参与度的产物，而非来自高层管理者的压迫。

激励的重要原则有：

- 及早考虑受影响的人员。
- 倾听并理解员工的所思所想。
- 持续对话以探寻不同之处。
- 不断关注价值并证明其重要性。
- 利用洞察力、数据、优先顺序，关注新事物的出现以调整计划。

在变革中形成组织弹性并不意味着要给员工施加压力使其符合变革的需要，更多的是通过与相关人员进行大量谈话，利用"拉力"的形式减轻其负担，理解变革的原因并清除旧事物为新的改变让位。AITA 是一个现代变革管理模型，工作原理是：为了变革成功，人们先意识到变革的需求，并对其产生兴趣，然后再接受它。汉默·拉斯伯恩（Heimer Rathbone）指出，AITA 对拥抱利己主义的 Y 一代尤其有效。[3]

如果参与者不相信变革计划是有益的，他们会反对它、被迫接受它，又或者他们认为这个计划不太好，从而修改它、以一种无效的方式去执行这个计划，导致最终的失败。高管团队通过命令改变文化的任何尝试，都可能在非正式体系中引起反应，但这可能不会引起高管们的反应。只有通过打造令人信服的图景以及雇员的合作以找到明确的前进道路，才能完成大规模变革并秉承企业的使命（见图 11-1），而其中所包含的一切始于对"为什么"的追问。

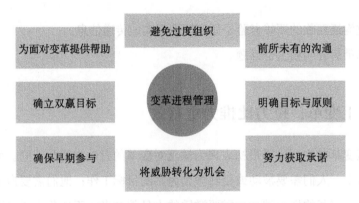

图 11-1　有效激励的八项关键活动

沟通至关重要。一位资深采购经理常把"沟通多多益善"挂在嘴边，他从自己的经历中了解到，即便商业敏感信息存在诸多限制，信息开放也是必要的。因为无论如何，信息最终都会"泄露"。一位 CEO 就曾惊讶地发现自己前一天晚上在私人聚会上的言论第二天早上就在公司和 Twitter 上流传开来。因此，沟通需要前瞻性，在人们需要获取信息时或者在那之前就应该与他们进行沟通。沟通需要精度并提高频率，但也要妥善管理以免过载。

可供交流、参与和学习的沟通形式各式各样，具体如下。

- 员工大会：让大型群体获得信息以及了解公司转变带来的影响。
- 创意交流会：在线上的共享空间讨论围绕共同想法的思考和实践做法。
- 视频、Twitter、博客。

- 包括高层管理的多职能部门会议。
- 内部大规模变革事件：80 ~ 120 人听取报告，并分成一系列平行团队讨论各种问题。他们可以利用"世界咖啡"会议来展示讨论结果，并进行书面展示，以总结内部人的智慧。
- 反思总结会：收集意见并讨论变革中个人因素的快速成型法。
- 虚拟即时会议：即建立一个存在 2 ~ 5 天的网站以供人们评论、回复、给出建议并提出隐忧。
- 现实或虚拟的"炉边谈话"：变革中的高级管理层介绍变革路线、早期取得的成功与学习要点。
- 让员工与消费者或服务使用者面对面交谈，获取组织影响的第一手资料。

获得整个组织的支持对于实现变革至关重要，这样才能显著而积极地改进业务运作的方式。人们需要知道行进的方向，所以对未来的展望对于创造认同至关重要。

领导者需要了解组织在适应性上面临的挑战——变革的原因，以及事先确立变革中要解决的问题框架，为打造变革环境进行强有力的战略描述。这为变革提供了理论基础，使员工对组织的目标、历史、过去的优势、当今推动变革的市场力量，以及自己塑造未来的责任有强烈的认识。尽管对威胁的意识可以使员工有火烧眉毛的迫切感，但最终还是要以未来面临的机遇作为重点激励员工。

明确变革的原则与人们从中获得的利益十分重要，但同时也要诚实面对变革的消极面。当然，大部分人对此的担忧在于是否能保留自己的工作。虽然这个问题的答案还不明确，但就解答这个问题的时间框架进行沟通还是十分重要的。人们需要有机会面对和抒发自己的感受与担忧，而管理者的任务就是倾听。组织可以使用 Yammer 这样的企业社交网络（ESN）来分解管理层级，并启用更开放的对话。ESN 允许频繁的非正式交流。通过加快沟通和打破组织中各个层级之间的障碍，变革的催化剂就产生了。[4] 通过人们的参与，一种思维模式的转变就产生了。有时人们会认为组织的变革会颠覆他们所熟知与珍视的一切，但事实并非如此。因此，明确变革的行动范围能帮助人们正确认识变革。在"结束如何成为生活的一部分"的沟通中，过去虽然需要被尊重，但变革的重要性也被加强了。在沟通中，组织也务必要指出人们如何参与变革，并帮助其认识到自己的作用。

　　下面的案例发生在高校，描述了通过有计划地引入新的组织架构来获得更大的灵活性。实施变革的主角是秘书兼登记员菲利普·沃特斯（Philip Waters），以及人力资源主管娜奥米·霍洛韦（Naomi Holloway），他们与高级管理层的其他成员一同工作，并成功把控了高参与度的变革进程。

 ## 案例研究：在赫特福德大学建立敏捷组织架构 [4]

　　赫特福德大学希望建立一个更加敏捷的组织形式，以使组织变得更加灵活且能更好地应对当下环境的挑战。在前任副校长的领导下，学院由不同系别组成，每个系有一名系主任，同时承担战略事务单位的职能。而新任副校长领导的一项审查显示，现有的师资结构可能会阻碍组织的灵活性。他在 2011 年 7 月宣布进行全面改革并立项推翻原有的师资结构，将教职工分别归入专门的战略事务部门和学院。在项目初期，副校长就保证不会有职工因为变革成为冗余人员。项目管理组由秘书兼登记员担任主席，监督整个计划；人力资源主管娜奥米·霍洛韦是小组中的中坚力量。健康与人类科学学院内共六个系的师资重大调整也并入此次敏捷项目。

### 全新的工作实践

　　项目总共建立了八个工作流程，其中一个确定顶层管理结构的工作流程直接归副校长管辖。其余工作流程包括：学院及中心的学术机构、教职工管理、学校治理、技术人员安排、采购、学院管理结构以及健康与人类科学学院改革。

　　除了精简机构，这次变革还能保证学校在学术领域的专业运作，而不会忘记其教书育人与对外组织活动的天职。所有的教职工必须是专业的从业人员，要兼顾教学与研究，即便是管理层也不例外。因此，副校长本身还必须是一名积极主动的研究员，比如说用 30% 的时间做研究，用 70% 的时间对研究进行管理。此举的目的在于通过提供更好的行政支持、解决沟通问题等为教学人员节省时间。在新架构下，由于吸纳了与教员同层次的行政人员，学院的规模扩大。从支持结构来看，各学院都拥有自己的行政管理部门，必要时，技术支持部门、人力资源部门、财务处、市场营销部门、房产处以及 IT 部门也可以通过矩阵结构提供辐射式服务。

**高参与度的变革进程**

变革中的一大挑战是如何进行正确的沟通。管理层从一开始就要致力于解决工作人员的问题，新结构成功的关键在于坚持开放和透明的价值观。2010 年进行的一项员工调查显示，员工与工会都希望尽早参与变革项目。副校长在宣布变革的同时邀请希望参与的所有员工与变革小组进行联系。人力资源部门为此提供了至关重要的职能服务，在协商过程中进行引导，找出激励员工参与的方法，如让有兴趣的员工与工作小组联系，提供证据或提出建议。此外，人力资源部门还完成反馈循环，告知员工参与的方式。

工会代表，特别是那些来自受影响最大的领域的代表，从一开始就参与了整个变革项目，并在各工作流程小组中积极地发挥作用，包括审查组织的总体蓝图。工会代表可以选择不赞同工作流程小组提出的建议，这些领域随后即成为正式协商的重点。人力资源部门鼓励工作流程小组的领导与受影响的员工进行会谈，并利用组织发展的方法以多种方式向他们提供可行的建议。在最初的工作流程阶段之后，工会和所有员工获得了一份长达 170 页的咨询文件，在随后的咨询期间，许多领域的潜在冲突通过早期工会和员工参与制订的变革方案得到解决。

这一变革方案制订中的参与性质有助于简化组织再设计，当然这并不是说挑战与困难不存在。总的来说，人们逐渐认识到，考虑到大学的财务状况，这个项目并不是为了减少员工人数，而是要更好地把大学的工作重点集中到教学、研究和商业效益上。事实上，一位工会代表评论说，这次实践的参与过程将成为一个极佳的典范。

这次参与过程成功的证据在于超过 200 名员工参与了焦点小组或工作组，因此他们可以直接参与通过工作流程小组提建议的过程。此外，在为期三周的咨询期间，各相关领域都与受到影响的员工举行了面对面的简报会，超过 100 名员工在咨询文件中提供了书面反馈意见。

人力资源部门在协助管理不确定性方面发挥了关键作用，特别是帮助了直接受到影响的、施行变革的领导者。在许多方面，人力资源部门的作用是鼓励遇到挫折的团队继续采用参与式的方法，五个月后，参与其中的员工数量变得十分可观。新的结构从 2012 年 9 月开始正式投入使用。

### 文化变革

新结构所代表的文化变革是重要的。人们已经开始认识到灵活的必要性。他们关注矩阵式工作，尤其是副校长分管的研究、国际、企业和学生体验方面；辐射模式（集中核心和分散单元）因为关键投资组合的相关专家得到加强；各学院院长完全取得自主权并成为可靠的战略业务部门负责人。同样，不同的战略组合获得了相同的权重。这与大学传统的做法不大相同。例如，学术推广迄今为止仍在管理和研究这两个方向上有所侧重。如今，正如娜奥米·霍洛韦所指出的："我们正在努力确保最高水平的达成不仅可以通过研究来实现，还能通过教学或商业途径来实现。"

这些变化反映出学术人员的时间是大学的一项宝贵资源，学术人员的专业知识应该集中为学生提供优秀的教育。同样，减少行政负担是为了增加专业服务的价值。因此，我们的目标是帮助每一名员工做出突出贡献。

### 人力资源部门的贡献

正如娜奥米·霍洛韦所反映的，人们参与变革的过程非常顺利。人力资源部门的主要挑战是思考变革对院长、副校长和校长等高级职员的潜在影响，他们既引导变革，也受变革影响。因此，人力资源部门与这些领导者密切合作，帮助他们做出明智的决定，并让他们接受进一步的变革。这有助于平衡对个人和集体项目领导的支持。

人力资源部门在转型过程中还承担告知副校长改革进程及员工意见的任务，因此，副校长在引导变革的过程中才起到了显著作用。这也是为了让工会在人力资源部门和工会建立的合作基础上，继续参与改革。最重要的是，在娜奥米的描述中，人力资源部门担任的"几乎是一份固定的翻译工作"，使员工的反馈回路闭合，让员工知晓自己的意见确实影响了转型的实施。

正如案例所展示的，让对变革影响深远的人直接参与变革进程对其成功至关重要。

## 转型管理

无论哪种变革，向着新方向的转型都包括处理收尾、解决情绪上的转变以及帮助人们起步。

### 收尾处理

让雇员放弃原本重视的东西会使他们感到不快与受伤害，他们会尽可能长久地保持原本重视的东西。这时，有必要让结束变得有仪式感，以说明过去的某些方面已经结束。例如，当一家大型银行被另一家银行接管，被收购的银行分支机构被贴上新公司标识的那一天，员工们参与了一场聚会，被允许带走带有旧公司名字的物品作为纪念品。过了一段时间，收购公司的员工才意识到他们的生活也发生了变化。但令他们感到遗憾的是，这种特殊的结束并没有得到管理层的关注，因此公司行政人员没能及时意识到这种转变带来的后果。

应对情绪上的变化意味着全心投入，确保员工有充分的机会交谈、提问和讨论自己的感受。特别是中层和基层的管理者应该介入反馈循环，这样他们就能发挥自己的作用，保证员工的专注力并给予支持。他们还应该通过访问、每周会议、内部网、网站、CEO 博客和员工大会了解最新进展。管理者要把重点放在向员工提供他们需要知道的东西上，而不是仅提供大量无关数据。

### 转型时期

当部分人失去工作时，剩下的员工会对管理层感到愧疚和怨恨。管理者和领导者需要与员工保持一致，与员工进行沟通并了解其担忧与现状，监控员工的绩效和压力水平，确保出现的问题得到迅速而公开的处理。当然，对待裁员问题更需要公正透明。

通常，在转型期间，留下来的员工由于分担了离职同事的工作量，会承担大量超出负荷的工作。管理者可以建立临时系统，帮助员工确定必须处理工作的优先顺序以及识别可以中止的工作，甚至在必要时提供额外的支持，从而使员工更轻松地度过转型期。在有关技术领域，员工可以利用技术支持中心和超级用户的支持。相关的培训有助于员工准备好采用新的工作方式。为了让员工能够分享想法和学习知识，我们应该加强内部联系。客户在这一时期应该体验到转型的好处，而不应该体会到丝毫缺点，因此，要确保一线员工在转型时期仍能正常开展业务，必须为他们提供良好的支持。

领导者在转型期间要展现出尤为明显的领导力，鼓励人们围绕组织的使命和愿景产生动力。布里奇斯谈到了 4P：就目标（purpose）进行沟通，为员工描绘出变革后的蓝图（picture），制订计划（plan）以实现目标，向员工展示他们参与（participate）塑造未来的方式。[6] 而哈默尔认为："管理者 / 领导者必须善用共同价值观和抱负的力量，同时放松规章制度的约束。"[7] 因此，管理者可以通过奠定关键原则和指标，并授权他人协助创造积极的氛围。员工应该积极寻找创造性的解决方案来解决新出现的问题。

创建新的象征是必要的，用以强调这是一个新的开端，并帮助人们理解一组通常彼此不相关的变革计划，这些计划的作用往往并不容易分辨。如果变革被打上烙印，它需要反映新业务的形成过程，而不相关的活动应该被暂停。布里奇斯和科特都谈到了早期成功的重要性——科特称之为"快速取胜"，以鼓励并帮助人们意识到变革的好处。[8] 这些早期的成功应该得到表扬，个人和团队的成就应该得到认可，成功的事例应该流传开来。正如科特所说，个中风险在于人们可能认为取得成功后变革就结束了。为避免这一现象，科特建议应将早期的成功有意识地作为接下来更艰难的变革实践的跳板。

## 新的方向

当员工开始从转型中脱颖而出时，管理者和人力资源部门需要提防那些疲于应付新体制或新工作方式的人，以及重蹈覆辙的人。在某些情况下不妨采用破釜沉舟的方式，即彻底抛弃旧的系统，这样员工就不得不快速了解新系统。人力资源部门可以提供相关技能的培训，让员工为新的工作内容做准备。经理们应进行引导监督，促进沟通，使员工参与进来，还应鼓励那些已经适应新环境的员工去指导其同事，直到他们的能力得到全面的发展。

管理者需要强调通过改革进行学习，将其作为持续改进的一种形式。因此，管理者就要帮助员工回顾变革已经取得的进展、目标利益，以及迄今为止所取得的成就。员工既要有一种使命感和进步感，也要知道变革与沟通仍在继续。随着员工能力和信心的增长，他们开始看到新方法为个人带来的利益，并发展出更大的弹性。

## 苏格兰皇家银行决策部门成功的衡量因素

最后，我们需要重新审视学习内容，并确保新的积极实践生根发芽。苏格兰皇家银行决策部门能够通过实施敏捷的工作政策或灵活的工作方式，来满足公司需求（存款）以及员工协调工作和个人生活的需求。衡量成功的因素如下。

- 客户满意度。
- 员工参与度：苏格兰皇家银行年度员工意见调查——"你的反馈"（Your Feedback），显示人们对组织的感受以及对灵活的工作方式的疑问。
- 项目：项目实施规划与实施回顾相对比。
- 物业或招聘方面节约的成本。

## 双赢成果

正如在第 9 章中所看到的，人类对变革产生的典型情感反应不可低估。因此，如果员工对变革习以为常，他们一定有着极强的以受众为中心的意识（即"这对我有什么益处呢"）。变革的"交易"必须是公平的。员工必须参与变革的进程，并掌握应对正在发生的变化所需的技能和方法。这是一场关于积极变革、改进和创新的社会运动。

这种双赢的方法似乎是人们愿意继续改革甚至主动改变的关键。例如，苏格兰皇家银行的决策部门最初在 2006 年创立，目的是提高房地产业务的效率。如今，它是全球文化变革的推动者，让工作场所变得更有利于合作与鼓舞人心。它的目标是围绕客户和个人的工作，为客户提供服务，开发并支持新的、更灵活的工作方式。这种灵活的工作文化使组织能够灵活地响应客户的需求，同时帮助员工平衡工作与生活。这完全是一个能使苏格兰皇家银行在不断变化的环境中永不过时的整体方案。

综上所述，作为一个变革领导者，苏格兰皇家银行决策部门的蒂姆·伊德尔认为，构建更加灵活的工作文化的整体方法带来了真正的利益，而且在一同工作时，变革推动者可以产生积极的影响。以他的经验来看，重要的是：

- 深悉做事的原因与主要驱动力。于蒂姆而言，做事的主要驱动力就是客户与雇员。
- 有一个令人信服的故事和一系列解决方案。拥有一个专业和清晰的团队，让他人对你的目标充满热情。
- 寻找充分了解你的主动性并知晓你的业务能力的高层支持者。
- 设立共同目标，一同为成功奋斗。
- 用人不疑。
- 为获得最佳成果，精心策划并提供参与和沟通策略。
- 活动推广——利用社交媒体和网络发展感兴趣的社区。
- 将利益融入组织，实现主动性，将变革变成该做的事情。

不要奢求一步登天。蒂姆指出："这是一个漫长的过程，但最终成功的感觉无与伦比。"

## 本章小结

因为变革的目的是建立敏捷组织，所以按负面影响最小化、利益最大化的方式推行变革，符合所有人的利益。变革并不容易，但是成功的经验可以帮助提高员工的适应能力和接受组织变革的能力。成功领导变革的关键是获得利益相关者的支持，包括员工的支持，并为变革提供动力。

如果可能的话，应该让员工参与变革，而不是仅仅让他们适应变革。因此组织领导者要重视员工，给员工参与的机会，让他们有发言权，获得适当的支持，学习新的技能，扩展工作范围，以加强员工与组织的联系和参与度。这意味着要公开、透明、有针对性地进行沟通，在变革实施的每个阶段都有一个有效的过程，让每个人都能理解、审查并从变革中学习。

领导者和管理者应该信任员工，并为员工提供必要的支持和资源。在企业层面，协作管理（工会论坛和劳资委员会）通过信任、共同承诺驱动改进和创新，致力于成果互利和扫除可持续变革的障碍。

### 自查清单

你的组织对变革的管理到位吗？

- 变革对你的组织有多重要？
- 有多少变革是自上而下的？为变革提供支持的有效性如何？有多少是受员工鼓励自下而上的变革，从而造福于顾客？
- 变革步伐可调控的幅度有多大？
- 组织中最后一个重大变化有何影响？你从这种变化中学到了什么？
- 组织氛围对变革的支持程度如何？
- 员工对变革原理的了解程度和接受程度如何？
- 为了帮助员工面对变革，组织可以提供哪些帮助？
- 与员工沟通的质量如何？我们如何得知？在何种程度上倾听并理解员工的声音？如何进行双向沟通？
- 如何协助管理者进行转型管理？员工为了适应新角色需要哪些培训和发展？

## 注释

1 Abrahamson, E (2000) Change without pain, *Harvard Business Review*, July/August, pp 75–79.

2 For details of a more agile approach to organization design, see Cheung-Judge, M-Y and Holbeche, LS (2015) *Organization Development: A practitioner's guide for OD and HR*, Kogan Page, London.

3 Heimer Rathbone, CL (2012) *Ready For Change? Transition through turbulence to reformation and transformation*, Palgrave Macmillan, Basingstoke, p 4.

4 Allison, S (2014) [accessed 15 March 2018] The responsive organization: coping with new technology and disruption, *Forbes* [Online] https://www.forbes.com/sites/scottallison/2014/02/10/the-responsive-organization-how-to-cope-with-technology-and-disruption/#5f884e933cdd.

5 This case study first appeared in Holbeche, LS (2012) [accessed 19 January 2015] Changing Times in UK Universities, *Universities Human Resources* [Online] http://www.uhr.ac.uk/uploadedfiles/Documents/Changing%20times%20in%20UK%20universities%20%28extended%20version%29.pdf.

6 Bridges, W (1991) *Managing Transitions: Making the most of change*, Perseus, Cambridge, MA.

**7**  Hamel, G (2009) Moonshots for management, *Harvard Business Review*, **91**, February, pp 1–10.

**8**  Bridges, W (1991) *Managing Transitions: Making the most of change*, Perseus, Cambridge, MA; Kotter, J (1995) Leading change: why transformation efforts fail, *Harvard Business Review*, March–April, pp 59–67.

# The Agile Organization

第 12 章

# 建立灵活可变的文化

正如本书所讨论的，没有什么比变化更永恒或更普遍。因此，领导如今的工作与其说是设计一个变革方案，不如说是建立一种灵活可变的文化，即一种任何人都可发起变革、招募伙伴、提出解决方案和开展实验的文化。我们思考了要如何在全公司范围内展开对话，去放大微弱的信号，帮助解决复杂的问题，以此来应对核心管理方面的挑战。

在第3章，我们分析了"多变"文化的一些特征。这类似于彼得·圣吉（Peter Senge）等人所定义的"学习型组织"这一概念，因为实验、创新和学习也属于多变文化的特征。[1]我们之前也曾考虑过"包容性环境"的重要性，毕竟，此环境下特定的群体或组织会"自然地"接受变革和新理念。接受度高的团体有能力在整个组织中不断变革以适应环境。他们可以迅速采取创新性概念，应对所要面临的挑战。变革建立在组织的核心过程中。在一个动态稳定且多变的文化中，人们已经准备好接受变革会成为常态，即使周围事物瞬息万变，他们也愿意进行创新、不断学习并且努力创造高绩效。换句话说，在变化的环境中，变革才是动态的稳定。

本章研究的是建立多变文化的可能性与方法。重点关注：

- 文化能被改变吗？
- 文化评估。
- "好"的定义。
- 为变革储蓄情感能量。
- 建立社会运动。
- 协调管理和领导。

## 文化能被改变吗

关于组织是文化的载体还是本体的问题，有不少争论。我认为，组织既是文化的载体又是文化的本体，它通常由许多基于功能、性别或年龄的亚文化组成，而这些亚文化一直在不断地变化。从复杂性来看，组织作为复杂的自适应系统，被嵌入到其他更广泛的外部环境系统中，与它们共同发展，这就需要组织不断地去适应、实验和修正。这些行为是员工在工作中传播而形成的，其他人则被同化并形成同样的看待事物的方式。埃德加·沙因这样定义文化：

> **文化是团队共享基本假设中的一种模式，它解决了外部适应和内部整合的问题，足以被认为是有效的，因此，要教授新成员感知、思考以及理解这些问题的正确途径。**[2]

关于是否可能会有意识地去改变组织文化，这一点存在许多争论，我在其他地方也写过许多关于这个主题的文章。[3]当考虑到文化变革时，人们很容易想到改变行为，但其实，行为总是会在某种程度上受到周围的价值观、流程、结构、系统和惯例的制约。虽然存在固有的且可定义的规则用于模式制定，但初始条件的任一微小变动都会引起结果行为的巨大变化。即使只是对文化的某个方面进行修修补补，也足以使系统的其他部分产生连锁反应。

当然，文化的转变可以由许多因素促成——新 CEO 的到来、外部需求和如商业模式失败等重大事件。在任何情况下，随着时间的推移，的确会出现文化变迁，这是一种"自然"适应的过程，尤其是子群体和网络。《人类动力学组》（*Human Dynamics Group*）的作者，主要从复杂自适应系统的视角来看待变化，他们认为，个人和组织会从他们的关系、行为和互动中识别并塑造新兴模式。一些复杂的系统呈现了那些被称为"自组织"或"自发涌现"的特征。

根据混沌理论，可将文化简化为两个简单的概念：模式和规则。在一定条件下，某些行为或事件中有序且规律的模式可被看作是从那些看似随机、不确定以及混乱的流程中产生的。在复杂的自适应系统中，简单的规则便是口头或非口头的行为指南。混沌和复杂性理论表明，在这个系统内运作的人是相互影响的自由代理人。权力动态可以发生改变，新的恶棍、英雄、女主人公可以成为故事的焦点，并围绕整个故事情节，教导人们新事物，展现成功和失败的模样。

我认为，至少在一定程度上，可以有意识地影响文化变革，但传统的变革管理不太可能会有效实现"感情和理智"、行为、态度、准则、工作实践和其他文化方面的转变。任何文化上的转变，无论其本意如何，只有为组织员工所接受的，才能真正落地生根。在实践中，个人及其联系方式和解释模式之间发生任何变动都会改变文化。因此，文化变革不能由高层强加以实施。

最强大的变革过程出现在个体和群体层面，这常常是传统官僚结构与之斗争的领域。奎德（Quade）和霍拉迪（Holladay）口中的"动态变化"是不可预测的，其特征为"多种力量以不可预测的方式表现出来，并产生惊人的结果"。[4]对于这种类型的变化，管理者的关注点应该是让员工以新的方式参与进来，并在系统内建立起自适应能力。动力型领导者能查看并影响其系统中的模式，了解员工的动态，利用各类差异进行最大化的能力建设，并取得可持续的结果。管理者们积极配合，进行自适应调整，以提供足够的结构和稳定性，并在整个系统中建立可生成的互联——凯利（Kelly）称之为"集群"（swarmware）——这样，地方领导者就可以自由地交换知识和各种资源，从而实现目标。[5]

例如，某个组织会利用维基社交网站来鼓励人们贡献想法，而其他组织则凭借研讨会、焦点小组、访谈和大型团体活动来吸引人们增强组织竞争力。因此，关于能否让提供"平台"变革去取代"管理"文化变革这一概念的争论越来越多。

## 星形模型

可以说，"文化"也可以通过改变诸如政策、惯例和结构等组织架构来发生变化，凯利称之为"发条器"。加尔布雷思的星形模型显示，一些被管理者控制的关键"杠杆"可以影响员工的行为。事实上，根据星形模型，文化和行为都是"设计政策"在五个特定类别中的结果。[6]一是战略，它决定了方向。二是结构，它决定了决策权的位置。三是流程与信息流有关，它们是应对信息技术的手段。四是报酬可为实现预期行为提供动机和激励。五是由与人相关的政策（人力资源政策）构成，它会影响员工的心态和技能。选择和培养合适的人，与其他政策保持一致，能使组织以最高效率运作。我们有一种假设，通过定义对准目标行为，管理者就可以影响组织绩效和组织文化。

　　然而，在正式系统（包括层级结构）中努力进行创新，可以从与朋友和同事在"集群"——非正式或"影子系统"——的交流中得到帮助或遭到破坏。[7]影子系统包括各个层级的"意见领袖"，他们通常拥有良好的社会关系网，而且往往比高层管理人员更具影响力。我们通常认为在整个企业生态系统中，主要是董事会和执行团队被赋予权力，接着逐层下放权力。如果企业需要高度流动和分布式的工作风格，则实行的是与之相反的模式。此外，为维持现状，各组织往往充斥着微观政治和既得利益。成功的文化转变很大程度上取决于两点，一是乐意接受改变的人如何改变自身行为，二是他们如何影响他人。

　　假设你正在寻求创造一种更有利于创新的文化。无论是做出文化上的改变，还是建立更有用的新习惯和规范，任何尝试都需要考虑并接受创新与变革这两方面的社会本质。毕竟，一种出色的新产品通常不属于个人或"臭鼬工厂"团队的产出，即使他们可能贡献了最初构想；想法会在组织内部进行传播，而且在实际实施过程中，还会有创造性的发展和强化。[8]正如通过社交媒体传播思想和学习所表明的那样，这种通过联系进行创造性思考的能力是所有人与生俱来的能力。[9]文化转变体现在人们的交谈、讲述的故事和新出现的例程等方方面面。因此，可通过衍生关系创造新的价值源泉。

　　改变文化可能需要改变人们的工作环境。因此，要为新的行为和实践创造有利条件，领先一步很重要，要与"发条器"和"集群"协同工作。这跟关注并试图影响正式的和非正式的系统有关，需从边缘采取多重行为并找到方向。

## 评估现状

　　在开始尝试文化转型之前，了解网络和影响力如何在实践中起作用是很重要的，同时要像了解客户一样尽可能地去了解员工。这关乎对影子系统的了解，即揭露和处理矛盾及紧张的局面。把面试、调查和建议箱当作是有价值的信息来源，将收到的信息与客户满意度评分、业务指标和员工流动率结合起来分析，筛选出对员工及业务最重要的问题。采用某个框架来理解文化元素，有助于交流和分享对事物的看法。

## 文化网络

詹森（Johnson）和斯科尔斯（Scholes）提出的"文化网络"是评估组织文化最著名的框架之一。[10] 这一理论指出了六个相互关联的因素，共同构成了詹森和斯科尔斯所称的"范式"——工作环境的规程或模式。这六个因素分别是：

- 故事：有关公司内外过去的人或事。公司想要使之长存的人和事很大程度上代表了公司的价值观及其认可的"正确"行为。
- 仪式和惯例：一种为公司所接受的日常行为和做法。这决定了在给定的情况下预期会发生的事件，以及管理层重视的方面。
- 标志：公司的视觉形象，包括公司标识、接待区和正式或非正式的着装规范。
- 组织结构：既包括组织结构图所定义的结构，又包括能体现谁的贡献最有价值的那些不成文的权力和影响力。
- 控制系统：控制组织的方式，如财务体系、质量体系和报酬等（包括组织内的评估和分配方式）。
- 权力结构：公司实权所在。关键在于该结构中的人对决策、运营和战略方向的影响大小。

通过分析每个因素，你可以了解文化的全貌：哪些有用、哪些无用以及哪些需要改变。

实际上，从组织设计的角度来看，将这些因素与星形模型元素（战略、工作流程、管理过程、报酬、系统和结构）对应起来，对于探究它们之间的关系很有帮助。

调查和焦点小组经常用于建设性地讨论组织的基准（现状）文化，它主要的文化优势和劣势可能会对商业战略有很大的影响。可探究的典型问题包括：

- 我们做得好的方面以及可以改进的地方。

- 我们的不足之处以及需要淘汰的东西。
- 客户需求是什么？
- 员工应该期望从公司获得什么，反之公司期望员工能够贡献什么？

然而，在尝试动员人们寻找新的工作方式时，认识到以下这一点很重要，即在一个复杂的系统中，机械方法作用于文化变革的有效性是有限的。如果你认为"文化 A"（由行为模式、思维方式和决策方式所定义）需要被"文化 B"所取代，或者忽视人们与现有文化有着强烈的情感联系这一事实，那么你就不会找到太多的动力为此改变。改变文化的消耗式或"推式"方法应该被"吸引式"或"拉式"方法所取代。

# 拉力："好"的定义

本书始终强调共同目标的重要性，它是将组织联系在一起的"黏合剂"。帮助人们了解自己的目标是否与组织的目标相一致，以及如何保持一致这两方面的问题，对于引导员工参与其中至关重要。鼓励员工密切关注执行战略目标这一点很重要。

## 发展共同目标

阐明组织目标时，需要了解：

- 本组织为何存在？
- 我们的努力是以谁的名义进行的？
- 我们的起点和初衷如何影响我们的现状？
- 我们有什么故事？它有多重要？我们何时去讲述？
- 在我们的历史和故事中有哪些元素能够丰富和激励今天的我们？是什么阻碍了我们今天的需求？
- 我们所寻求的生活、工作和为人所知的核心价值观是什么？
- 组织的动力来源是什么？

有目标的工作应该是一个包容的过程。利用叙述技巧，如讲故事，让每个人都描述他们在组织中的经历，以及带来的意义，可强有力展现人们看重的信仰和价值观、关键角色、符号、仪式和实践。重要的战略故事是由这些个人经历的小故事组成。例如，帮助客户是指帮助人们以新的方式叙事，从而能够谈论新的工作方式。领导者需要做的是倾听、保持开放和沟通，而不是试图去控制对话。通过谈话，管理者可能会对员工有更好的理解，而员工也会感到被倾听和理解，从而做好准备投入精力，改变现状。我们将在第 13 章中讨论不同目的对业务绩效的影响。

## 几个关键变化

定义一个共同目标是一回事，然而维持这个目标则是另外一回事。必须通过一套质量标准来使目标具体化：优先级将指导一线员工传达所需的客户体验。

定义一些对成功的变革、创新文化至关重要的关键行为模式和思维方式是很重要的（特别是关于文化如何体现在行为模式、思维方式和决策方式上）。这些实践可以帮助人们熟练且高效地处理沟通、创新、适应性规划和迭代产品交付等。例如，像通用电气这样的公司，它们通过一系列精心设计的"信仰"来明确自己的目标行为。大量研究强调了包容性环境下的态度和行为因素，比如对变革的开放性、协作和团队合作、良好的人际关系、参与、实验学习、重视且公平看待员工情感。

应该由尽可能广泛的群体来定义成功的标准。标准可能包括有远见的元素或有形的行为转变，或两者兼而有之，这样人们就能理解所需转变的内容及原因。例如，一个寻求发展更具创新性文化的团体可能会提出，"从现在开始的五年内，这应该是大家司空见惯的"：

- 鼓励各级员工创造性地思考问题。
- 我们已经突破了将变革作为项目的模式，并建立了一个普遍的"变革习惯"。
- 我们可以拥有成百上千的自主创新，实现服务和 / 或产品突破。
- 在组织中的任何地方都能产生让客户满意的创新想法，它们以竞争对手无法超越的速度传至整个系统。

- 其他组织会参考我们在创新和变革领域的最佳实践。[11]

无论选择哪一种标准，重要的是，领导者要百分之百地参与，带领或支持组织朝所期望的方向行进。没有他们的承诺，沟通和执行很快就会中断。

## 包容性环境：你准备好改变了吗

了解需要改变的事物是一回事，为了实现商业成功而动员人们进行所需的改变则是另外一回事。无论是改变文化实践，还是建立更有用的新习惯和常规，任何尝试都需要考虑并接受创新和变革这两方面的"集群"或社会性质。[12] 这是因为作为复杂的自适应系统，组织本质上是个体自由代理人的集合，他们的行为方式并不总是可完全预测的，并且这些行为也是相互关联的，以至于一个代理人的行为变化就足以改变其他代理者的处境。员工的集体价值观和意见可作为行为导向，在很大程度上决定了"变革"组织的发展。

从这个角度看，变革是一个关乎群体和个体的过程。通过沟通实践，参与者构建日常生活中的事件，并定义群体成员的角色和关系、规范、期望以及义务。因此，变革来自对话。在群体范围内发展起来的思想可成为团体和个人的文化资源。

## 为变革积蓄情感能量

动员人们不仅需要理性认识，还需要巨大的情感能量——这种强烈的积极情绪推动变革向前发展。[13] 当人们从自己的优势而不是问题出发开始进行思考时，往往会有很强的动力。使用基于优势的方法进行组织开发干预，如肯定式探询（AI）有助于个人、团队和系统参与其中（见图 12-1）。

肯定式探询往往能引发人们创造许多观点和产生变革的热情。这些想法通常是由一个有影响力的项目团队来处理和审核的，他们可以提出一种高级管理的方法，例如，按照一组新的价值观的形式，规划部分或至少一个行动路线图，以实现目标文化变革。

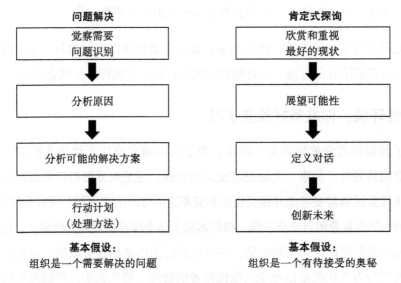

图 12-1　肯定式探询（AI）

资料来源：Roffey Park。

## 案例研究：兰万灵集团旗下的阿特金斯公司内部敏捷的人力资源与文化变革

在加拿大 SNC– 兰万灵集团（SNC-Lavalin）旗下英国和欧洲地区的阿特金斯（Atkins）业务中，领导团队认识到，现有的文化就像是某个组织中行动缓慢、不愿承担风险的超级油轮，所以有必要让它往更灵活的方式转变。人力资源部门正与区域领导紧密合作，以创造一个更具包容性的企业，所以无论创意出自哪里，都要重视。卓越服务招聘合作伙伴海伦·吉哈德（Helen Gebhard）指出："领导团队不认为他们已经无所不知——因为在欧洲有 9000 名员工，他们都还有巨大的潜力等待挖掘。"这意味着在制订战略计划和真正赋予员工权力时要十分勇敢果断。

可以采用多种方式实现授权。无论工作水平如何，人们都可以自愿参与到战略项目中。像"快速迭代"这样的原则意味着不会成功的项目很快会被放弃，然后腾出资源投入到那些会成功的项目中。最重要的是，恐惧失败不能成为拒绝尝试新事物的理由。

### 高水平的运营原则和"我们的故事"

文化变革的核心在于组织在重组过程中对正发生的变化达成共识。在研讨会上向所有员工提出的高水平运营原则，如"人人推销"和"知识共享即力量"，可以帮助人们理解所需的行为变革。

在任何一种文化变革中，领导在激励员工和指明理想的前行方向时都发挥着重要的作用。文化变革需要人们不断倾听、传递和加强信息交流。在一次交流活动中，高管团队成员被要求访问一个他们并不熟悉的商业领域（这被称为总监参与之旅），以了解员工的工作。这种方式突出了目标与实际情况之间的差距，问题也因此得以解决。正如欧洲地区的人力资源总监莎伦·潘普林所言："一方面，人们可以听到有关我们正努力实现目标的消息，这一点令人鼓舞，但另一方面，问题是要如何实现它。"

另一个关键因素是"我们的故事"的发展——关于公司的历史及发展历程，内容涵盖不断变化的商业环境，变得无关紧要的风险，商业挑战是什么以及如何面对。"我们的故事"传达的关键信息是如何采取不同的措施，确保阿特金斯的业务在今后一周和未来一段时间里仍相互关联。为了发展故事情节，专业的故事讲述者与英国和欧洲的领导团队会面，在两个小时内完成了《我们的故事》七个章节的大纲。随后，300 名高层管理人员在一个研讨会上（其他人则通过 Skype 加入）共同创作了内容。各部门分别编写了各自的故事章节，以特殊的元素描绘得栩栩如生，并写下了不同的观点。只有 10% 的员工参与到故事初稿的编写中，而现在已经有 80% 的员工参与了这个故事的创作。

故事创作一年后，在人力资源团队的 Yammer 网络服务平台，"保持感觉"这条特别关注上，出现了许多积极的变革故事。2017 年 7 月，阿特金斯公司被加拿大的兰万灵集团收购。这个故事也用于向加拿大兰万灵集团的新同事介绍阿特金斯公司。

人力资源部的目标服务对象是中层管理人员。他们虽然了解公司的理想，但也有日常事务要处理，变革似乎就成了一种干扰。有些人现在可能缺乏领导所需的技能和行为。因此，公司正在开发一个直线经理应用程序，教授经理有关变革方面的内容，定义直线经理和项目经理在人员管理方面的职责。这款应用覆盖八个重点领域，包括视频、"使用"指南、链接和 TED 演讲。直线经理的基本培训方案也在更新当中。

### 决策

当组织结构扁平化时，人们需要有效的文化和心态转变，这很重要。特别是，决策权威经常受到争议，如果没有办法解决，就可能真正阻碍变革速度和敏捷性。正如第 7 章所讨论的，对于加拿大兰万灵集团旗下英国和欧洲地区的阿特金斯业务，在尼克·罗伯茨的领导下，组织进行重新设计的目的就是要打破筒仓，增加跨组织间的合作。大部分董事不对损益表负责的一个不良后果，就是多数决策现在都被推到了总经理身上，总经理是最后仅剩的对损益负责的人。董事们认为自己的权力被剥夺，而总经理则被各种决策压得喘不过气。问题被发现了，并就此展开对话，就能避免潜在的重大问题。

同样，人力资源部门在电话会议中，讨论了人力资源部门的决策问题：谁做决策，谁去面对员工。人力资源运营、人力资源业务合作伙伴、薪酬、培训、招聘和人才管理之间的决策联系有了可视化视图。它强调人力资源总监莎伦是所有这些联系的核心，而且她的许多要求可能会在无意中阻碍决策制定。意识到这一点时，莎伦抱着"我真的需要参与吗"的疑问将决策权推回团队。

## 全民总动员

真正的文化改变源于对话。沟通是建立社区和打破筒仓不可或缺的一部分。本质上，文化变革是指开展一个致力于变得更好的社会运动。因此，有时为了日后快速发展，可能需要暂时放慢速度。通常，当人们接触到新的思维、能够参与对话并有时间接受新的想法时，他们愿意接受新的工作方式并采取新的做法。

领导者通过交易透明化、寻求帮助和鼓励参与来建立信任。因此，参与范围扩大化、联系群众、建立行动社区以及促进公平是很重要的。文化变革中最重要的隐喻之一就是"学习空间"，它用来表达群体聚集在一起、共同创造和学习的概念。学习空间不仅为员工尤其是一线工作者提供在情感上与预期变化相接触的机会，还可以为其思想和经历增加价值。

学习空间聚集了一群人，这群人的权力可能更多的是非正式的权力，通常与他们的专业知识、关系网范围或个人素质有关。他们是影子系统中的意见领袖，对变革充满热情，对如何使其在某些特定的组织部门发挥作用有着自己的想法，同时也有能力影响他人。迈耶森（Meyerson）称这些人为"温和的激进派"[14]。领导者的任务是识别并鼓励这些人作为文化变革的潜在催化剂。领导者必须表现出同理心，保持或增强与之互动的人的自我认同感。他们必须听取员工的意见，并确保存在有效的正式机制，让员工要么通过内部调查或申诉专员等匿名渠道，要么在定期的公开会议上能表达自己的担忧。

无论使用何种方式和渠道进行沟通，一致性和透明性都是保证有效沟通的关键。毕竟，如果想要与人建立联系，你就不能待在象牙塔里。当一位 CEO 第一次向员工发出月报，询问他们的意见，然后回复电子邮件时，员工们都很震惊，因为他真的花时间阅读了。当他坚持采用这种新的行为范式时，员工们开始享受这种定期的与 CEO 的私人互动，并且知道 CEO 已经倾听了他们的意见。现在，许多 CEO 都会定期写博客，对员工的评论和反馈做出回应。这为对话打开了一个"跃层"的空间，让问题得以传达。它还允许离经叛道者和标新立异者表达不同的观点。在这种情况下，旧的规则和控制便受到了挑战。

## 构建凝聚力

一个为变革"奋斗"的群体一旦聚集在一起，他们就能创造出一些新的"惯例"来构建凝聚力。例如柯维（Covey）和克劳利（Crawley）的建议如下。[15]

- 做一些"界限规划"：界定边界和分界线。明确自己的角色。设计欢迎标志牌、接待区、有特色的标志、娱乐项目和会议室，以及五年的总体规划。
- 关注你所分享的东西：分享知识和信息，关注人们共同的事业和顾虑，从而团结起来。
- 庆祝成功：积极一点，关注个人的长处，弱化缺点。
- 以新产品和服务为荣：通过举办仪式和年度活动来打造传统惯例。
- 工作中玩乐：一起玩耍和社交。
- 树立工作的意义：热爱共同愿景或使命。把每一次新的冒险都与使命相

　　连，寻求愿景背后与个人利益的统一。

- 照顾好自己：当社区成员感到被关心时，他们会更愿意去关心别人。这激励人们回馈社会。

## 建立对话支持

　　当然，对任何一个领导者而言，能够进行一对一对话的人数是有限的。但这对掌握组织的脉搏，以确定信息是否已传达给基层员工来说至关重要。英格兰北部的一个地方政府机构已经建立了一个改革倡导者计划。这些改革倡导者代表了组织各个部门的中层和基层管理者。接受职位培训之后，他们在以下几方面发挥了作用：帮助协调变化，与相关人员密切合作，鼓励员工积极参与。这类改革倡导者每月都会召开网络会议，通过这种方式，他们可以了解更多改革的进程、分享各领域的问题并交流想法。他们还建立了行动学习小组，在小组里，他们可以放心地讨论信任和其他敏感问题。因此，正式员工和非正式员工都有发声的机会。

　　员工之间的对话、讲述的故事以及新惯例的出现反映了文化发生了转变。因此，它是通过生成关系创造新的价值来源。一旦进行有建设性的对话，就将想法和见解记录下来，以便可以在职能和领导层面上对这些信息进行审查，确定优先级并采取行动。但是，单一的对话并不能长期维持变革和创新的社会运动。人们可能会被他们认为可行和可取的方式激励着去参与、加入社会运动或者选择留下。这种评估可能基于他们所看到的有形资源（金钱、知识、时间）和无形资源（支持、帮助、认可）。虽然公司愿景是激励人们改变，但资源才是人们行动的真正动因。

 **案例研究：美国通用电气公司的文化变革**

　　非常感谢通用电气文化部门负责人兼通用电气公司行政开发经理贾尼思·西姆博（Janice Semper）为我们提供以下案例研究。贾尼思和她的小文化团队属于通用人力资源部，同时她负责全公司的人才管理战略。

### 实现更高的敏捷性

在当今快速变化的世界上，由于政治和经济的动荡以及技术的进步，不确定性正在加剧，工作的性质也在发生变化，所有的事情要以更快的速度完成。组织因此需要变得更敏捷、适应性要更强，同时要将客户需求作为导向。通用电气也不例外。

通用电气拥有 30 万名员工，长期以来一直是全球各个行业的领先者，它正在重塑自己，打造一个数字产业组织。通用电气的智能机器旨在采用集成软件和数据分析帮助客户解决复杂的问题。战略方向的转变需要新的工作方式和新的技能。例如，通用电气的员工需要比以往更深入地了解公司的客户，以便提供合适的定制解决方案。

对通用电气这样一个庞大而复杂的组织来说，敏捷的文化挑战似乎是巨大的。用一个过时的比喻来说，小游艇比超级油轮转得快。考虑到公司的规模，当形势变化很快时，人们很难把注意力放在最重要的事情上。此外，考虑到公司需要花时间去解决难题，所以会很容易陷入细节的泥沼中，拖慢进度。正如贾尼思·西姆博指出的那样，公司需要一种更灵活、更具创业精神的方法，"要求我们以不同的方式工作"。

那么，通用电气的文化变革是如何展开的呢？

### 实施文化变革

通用电气拥有将人力资源管理规范与商业战略联系起来的深厚传统。在过去的几年里，通用电气的战略重点一直是简化工作环境，包括精益管理、速度和竞争力、商业强度和数字能力方面。实施精益管理包括减少层级，增加控制范围，减少完成任务所需的检查和审批数量。只要存在复杂性和重复事项，通用电气就会创建共享服务。通用电气公司还通过实施新的数字技术，让员工可以在任何地方都能更高效地工作，从而使工作更容易化。

简化代表了一种文化和结构上的转变。通用电气公司注重简化的文化理念，帮助该公司更快地运作，更有力地去竞争，降低成本，并提高质量。贾尼思·西姆博的挑战在于要继续"重组生态系统"，以精简工作，减少管理负担，简化复杂的流程，使员工了解客户需求，并授权他们以敏捷的方式提供给客户正确的解决方案。

为了将公司战略转化为支撑该战略的行为和实践，通用电气正在实施三个文化支柱。

### 1. 快速决策

快速决策正在通用电气的各个业务部门实施，帮助团队更快地执行。基于精益创业方法，快速决策提供了一组工具和原则／框架，帮助人们敏捷地工作。这种新的工作方式包括加强对客户需求的关注和理解。它使通用电气更接近客户，在整个产品生命周期中，保持了高水平的客户投入和参与度。该方法的关键阶段是"发现"（了解客户重视的地方）和"实验"，敏捷地提出解决方案，从而提升价值或创造价值。

### 2. 通用电气的信念

通过众包这一过程，通用电气表达了一套信念，反映了这家大公司内部正在发生转变的本质。当一切都在发生变化时，这些行动就成了新行为和新思维的中心参照点、枢纽。从本质上讲，通用电气的信念是帮助领导者和员工实施战略，打造简单化。以下五个简单的陈述着重于减少复杂性以及向客户提供快速、更好的解决方案：

- 客户决定了我们的成功。
- 保持精益以快速前行。
- 学习并适应胜利。
- 授权与彼此激励。
- 在未知的世界中取得结果。

通用电气的信念正帮助通用电气内部创造一种新的文化。它们就像北极星一样，指引着员工的行为。它们在领导力发展方面发挥着重要作用，也被用来改变通用电气的招聘、管理和领导方式，以及员工的评估和发展方式。

### 3. 绩效发展

正如前面所述，通用电气长期以来为人所熟知的绩效管理方法已经被重新设计，以支持快速决策，并帮助人们实现通用电气的信念。其重点是敏捷性、持续讨论和客户结果。如今，经理们不再以目标为导向，而是强调重点，帮助员工不断适应，并将他们的努力导向最重要的客户需求。

这些文化支柱起到了锚点的作用，而公司生态系统的其他方面——所有影响文化的因素——都在逐渐改变，以适应敏捷性。例如，在通用电气内部，其中一个关键的工作流程是研究如何重新构想奖励系统的。

**刺激突发性变革**

贾尼思·西姆博认为文化团队的角色是通过影响而不是强加改变来刺激突发的变化。贾尼思与其他重要的变革推动者都有密切合作。例如，贾尼思与领导商业创新团队的韦夫·戈德斯坦（Viv Goldstein）建立了牢固的合作关系。他们是快速决策的联合创始人。快速决策是一种结合精益方法的商业创新过程，是三大文化支柱之一。这种动态伙伴关系带来了宝贵的技能补充和影响，为实现变革提供了基础。由此可见，文化、人员管理和商业创新是相互支持、相互依存的，同时对企业具有一定的价值。

由于这是一个新的领域，很大一部分工作是根据公司战略和快速决策实践来进行试验，因此，文化团队正在学习如何迭代，"试图将这些点连接起来，因为我们真的在重新连接生态系统，在前进的过程中学习"。然而，贾尼思承认，对她和文化团队来说，给这么大的组织带来变革是非常具有挑战性的，有时候，"在他们的头脑中翻腾着太多的东西，这让他们不知所措"。他们的工作是要在继续系统化地调整公司的同时，保持正确的前进方向。

**建立可变的文化**

贾尼思强调了高层领导设定基调的重要性，但她认为，突发性变革需要地方层面公开透明的持续对话。对于传统公司，其自上而下的信息传递速度太慢，无法刺激所需的变革。员工需要从他们的直接领导和同事那里获取信息，所以在员工的反馈和建议的基础上，领导者可以得到一系列关于简单有效地沟通方面的"实用技巧"。公司团队在幕后的作用仅仅是促进一种截然不同的对话的展开。

讲故事这一做法在向人们展示他们参与对话是有效的。公司的内部网也有一个站点——"我的通用故事"，它可以让人们向整个组织分享变革的故事。这些故事往往都是人们能感同身受的、真实的本地故事。例如，在通用电气位于得克萨斯州沃斯堡的机车制造解决方案工厂，有四名经验丰富的焊工组成了一个小组，为了给焊接机器人编程，他们改用了计算机编程。焊工们花了两周的时间参加有关为机器人编程所需的复杂编码速成班。他们的工作是具有开创性的。在此之前，焊工们互相竞争，以制造最好看的焊缝或最快的焊缝。现在他们正在和自己以前的工作竞争，训练机器焊接，让机器焊接得像以前那样好或更好。

这个团体也互相帮助。首先，焊工们根据自己的喜好给机器编程，但很快他们就开始分享信息，帮助彼此掌握机车平台所需的复杂焊接。得益于取得的突破，焊工们现在正在帮助生产北美最具竞争力的机车。正如一位焊工反映的那样："这不仅为企业提供了机会，也为员工提供了一个超越自我的机会。"[17]

另一种刺激变革的方法是让 25 位各级领导加入变革联盟。通用电气已经确认，这些人展示了新的领导方式下的目标行为。过去，管理者被期望能够以自己的方法完成指挥和控制。在当今的数字时代，员工则期望管理者成为能够激励和授权他们团队的领导者。贾尼思和她的团队邀请这些人去影响他们的同伴，并形成新习惯，比如说简单地和同伴一起散步，进行非正式的一对一聊天。联盟成员被要求建立自己的变革联盟，这样既可以传播信息，又可以相互联系。它传达的信息是："我们喜欢你所做的东西。你愿意帮助别人实现目标吗？我们可以提供给你额外的工具来帮助传播这个消息"，其中包括社交媒体"咖啡室"的对话。这些联盟的积极影响已经显现。

贾尼思认识到，无论如何，这种环境将推动实现某些变革。通用电气的动态特性意味着总会有新的商业模式和新人出现，比如数字人才的涌入，他们将帮助其他员工"改变"，以适应新的工具和方法。

### 学习与发展（L&D）的贡献

生态系统重组的一个要素涉及学习和开发功能，该功能正在被重新设计，以更好地支持不断变化的公司战略，并加强组织运行中的行为和技能方面的转变。已经阐明的有 12 种行为与团队、环境、工作和成长有关。所有领导力方面的课程内容都经过重新设计，以支持这些信念。

同样，现在公司正有意识地调整管理培训，加强行为转变，来支撑新的个人发展（personal development, PD）方法。这意味着管理者要学习如何与团队成员展开对话，如何指导他们，以及如何帮助团队增加工作责任感。有一项变革是探究如何在 38 000 人的领导者中提升技能和培养指导能力，其中不少领导者有在通用电气长期服务过的经历。有些领导者将不得不放弃某些行为，因为只有这样他们才能够与团队进行有效的对话。当然，并不是所有的管理者都能从任务管理的角色转变为一个授权型的领导者。这样做的目的是帮助这类管理者成功转为优秀的个体贡献者。通用电气的流动性，让才华横溢的人有很多机会找到适合自己的位置，从事他们感兴趣的工作，并在合适的岗位上茁壮成长。

更笼统地说，考虑到与未来工作和职业相关的那些越发宽泛的环境变化，这种"流动性"反映了一个实实在在的机会，那就是通用电气想最大限度地利用人才。当然，谈到通用电气的大小、规模，以及它遍布多个行业和地区的复杂性，在有限的情况下推动此类行动是一个巨大的挑战。然而，从历史上看，规模扩张也是公司的核心竞争力，因此通用电气处于有利地位，并且能够最大限度地利用这一机会，去造福公司及其员工。目前开展中的工作是简化职位名称和提供技术，以帮助人们更好地了解通用电气的工作范围，并找到与他们才能最为匹配的工作，同时也使管理人员能够在企业当中找到合适的人才。

**人力资源部的职能与变革**

大部分的变革都是由直线职能传递的。然而，在开发幕后基础管理和变革支持方面，这个小小的文化团队与人力资源部门的同事紧密合作，帮助推进变革。

人力资源本身的职能也正发生转变。传统意义上，HR 的角色要求从业者具备流程遵守和监控的能力。尽管这在过去是个重要的角色，但现在人们认识到，通过培养人力资源方面的能力，比如挖掘"可靠的活跃者""文化和变革斗士"，人力资源部门可以做出更大的贡献。[18] 这能指导员工改变行为，以帮助他们适应环境。然而，许多人力资源的团队成员仍在努力应对复杂的系统和繁重的工作，这意味着他们几乎没有时间投入到那些可能耗时的指导中。

人力资源从业者，需要更大的转变，正如贾尼思所说"关注结果更多表明的是一种心态而不是别的"。因此，相较于为员工提供工具并教他们使用方法（比如说在绩效发展对话中），人力资源从业者更多是要去帮助员工理解需要实现的结果。这不仅要求他们要有不同的人力资源技能，同时，如果绩效发展的成功是由造成的影响而不是过程来评估的话，就需要制定新的标准来衡量成功。与其纠结于领导是否与其团队成员进行了绩效发展对话这一问题，人力资源团队倒不如去关注员工是否受到公平对待，是否跟领导进行一次有效的谈话。这种转变对一些人力资源从业者来说可能是一种挑战，但培养一种专注于结果的心态，可能会增强人力资源从业者在数字时代的贡献。

**我们如何知道起作用的因素**

贾尼思认为她的团队有合适的工具、流程和框架来支撑突发性变革，尽管她观察到一个涉及本地化对话的变革过程可能是"混乱的"，但可不同程度上适应变革，因为组织的某些部分会变化得比其他部分更快。这就使得衡量成功的标准变得更加复杂。

在传统自上向下的线性变革过程中，为实现预期目标而制定的衡量进展方面的措施相对简单。鉴于通用电气变革过程中的突发性，贾尼思和她的团队正在获取多种方法理解公司的处境。例如，他们采用各种方式开展市场倾向调查，在定量调查中重新设计衡量措施，以反映期望的结果。定量数据与定性数据相结合，其数据来源多种多样，包括人力资源团队和员工自身，尤其是那些参加了公司在克罗顿维尔的学习与发展会议的员工。文化团队正在和数据科学家合作，研究这些多样的数据流，以及寻找合理的模式。

**变革的可持续性如何**

2017年，约翰·L. 弗兰纳里（John L.Flannery）取代杰夫·伊梅尔特（Jeff Immelt），出任通用电气首席执行官。那么，在新时代下，公司会继续朝着向更敏捷的文化转变这一趋势发展吗？出现这样的可能性很大。这不仅是因为约翰已经在公司工作了30年，更是因为他非常认同围绕客户和学习方面的信息传递，而且他对文化——敏捷的核心基础管理——充满热情。高层领导者的支持已经为更多的变革奠定了基调，并为其提供了平台。

更广泛地说，敏捷需要通过持续学习、实验和反思来发展变革能力。正如贾尼思反映的，如果这些实践成为组织DNA的一部分，它们就会建立起弹性和创新，为未来的可持续发展提供希望。由于变革可能持续进行，在这个过程中作为一个积极参与者能获得很多价值："这是一段不可思议的旅程，我们都还在路上，成为其中的一员是一种极大的荣幸。"

## 协同管理与领导

强有力的领导是大多数高绩效工作和文化变革两方面研究的一贯特征。在文化方面，领导者的作用就是促进发展一种意义深远的文化。埃德加·沙因认为，领导者之所以能够很好地传播和嵌入文化，是因为他们控制了文化的大部分"主要"和"次要"的嵌入机制（见表 12-1）。[19]

人们在很大程度上会受到他们领导的话语、行为、处理事务优先级和奖励的影响，因此，领导者要注意系统地传达其主要信念。领导者应该意识到自己作为榜样的作用，教导员工哪些行为可真正地被接受。公司不应该给高层管理人员配一套规则，又给其他人配另一套规则。只有当员工在公司高层身上看到真正的可持续变革，他们才会建立起信任，进行变革。因此，如果领导者想要确保手下的员工得到激励，那么他们就必须确保自身的个人价值观与雇主的一致，并确保组织基于这些价值观在采取行动。

发展创新文化，需要一种集体形式的组织领导，领导者必须从个体和集体的角度考虑他们如何能积极地做到并做好这一点。例如，为了鼓励创新，3M公司要求高级管理人员负责从近三年开发的产品中创造 1/3 的部门年收入，这就强调了要鼓励和培养所有员工的创造性想法。

表 12-1　沙因的文化嵌入机制

| 主要嵌入机制 | 次要链接和强化机制 |
| --- | --- |
| 领导者经常要注意、衡量和控制什么 | 组织设计与组织结构 |
| 领导者如何应对关键事件和组织危机 | 组织系统与组织流程 |
| 观察领导者分配稀缺资源的标准 | 组织仪式与传统 |
| 深思熟虑的角色塑造、教学和引导 | 物理空间、立面和建筑设计 |
| 观察领导者分配薪酬和地位的标准 | 有关人和事物的故事、传说、神话 |
| 观察领导者招募、选拔、提拔、辞退组织成员的标准 | 组织哲学、价值观和信条的正式声明 |

资料来源：Schein, E（2004）*Organizational Culture and Leadership*, 3rd edn, Jossey-Bass, San Francisco, pp1-2。

## 强化

预期的文化转变一旦开始，便可通过与创造性改进思想相关的正式结构、过程和模式得以强化。改变环境特征可改变习惯。在确定一个共同目标之后，组织需要通过一组质量标准来使目标具体化：首先是指导一线员工提供所需的客户体验。

随后，将"新"实践嵌入到组织系统中，因为技术、流程、薪酬和结构的改进可以强化新方法。这是开发一个符合预期文化变革的支持型基础。其中，需要引入一些措施，简化信息流，使互动更通畅、透明可见，并消除阻碍预期行为的因素。主要措施包括促进学习和分享的机制、关键人物引领变革的实用性、引进有助于加快整体流程的特定技能方面的角色、强大的行政支持、有效的培训和信息支持系统、简单而清晰的目标、薪酬和绩效管理系统。例如，谷歌每周会为员工提供一天的时间，让他们专注自己选择的创意项目，通过强化新的领导价值来强调协作，以及通过新的奖励制度对敏捷和创新行为给予更高的重视。

领导按新的方式行事这一现象鼓励员工效仿，并在组织内实现共同的目标。为了协助改变，组织需要一个系统的强化方案，结合培训、辅导和 360 度反馈机制。制定衡量标准来跟踪员工的表现，必要时可进行干预。随着时间的推移，培训及引导能力应该得到发展，与此同时，员工和组织的需求也发生变化。正如我们在第 9 章中所讨论的，绩效管理和奖励可以帮助塑造新的群体规范，并为变革和创新创建一个可接受的环境。

帮助员工开发正确的技能使他们能够做好自己的工作，让他们管理好自身发展并为之负责，这样可以带来更大的灵活性和弹性。赋权是一种贯穿变革文化的共同主线，当人们获取工作方面的信任，并且被赋予明确的期望，而不是指导手册时，他们会感到自己更有价值、更有力量，即他们的素质和能力自然会体现在他们提供的客户体验上。

## 本章小结

组织要在不断变化的复杂环境中茁壮成长，它们的文化应该是可变的，即准备好并能够有意识、有组织地进行变革，以适应不断变化的环境。我们在构建可变的文化时，考虑了共同目标和客户同理心两方面的关键作用。发展一种高绩效的可变文化，涉及"心"和"头脑"、正式和非正式方法来改变行为，例如通过设立新的标准、分配薪酬（财务和非财务）来跟进并提供反馈。这是凯利所说的"发条器"和"集群"重合的地方。员工需要空间来理解新事物并调整他们的行为。持续的对话和集体反思为人们提供了评估现状的机会，并开始共同创造新的工作方式。

　　建立可变文化的关键在于赋权给员工和公平交易。如果企业希望员工参与变革和创新过程，并提高生产率，那么期望他们一直竭尽全力地工作是不合理的。高层领导需要发展和传达明确的优先事项，并接受通过停止做一些相对不重要的事情来释放员工的精力这一点是非常重要的，这可能需要一个正式过程来回顾和沟通协调资源分配。人力资源部门可以提供帮助，通过制定有效的工作 – 生活平衡政策和提供灵活的工作机会，它们可以在如何确保工作负载可管理这一点上指导管理者，并帮助管理者创造时间让员工学习。

　　最后，如果变革不是自上往下的，它就不能持久。下一章中，我们将探讨领导者在构建这种文化的过程中所扮演的重要角色，以及分析如何将以价值观为基础的领导力作为一种文化能力加以开发和植入。

## 自查清单

你的组织变革程度如何？

- 如何描述你的组织文化？其中有哪些文化因素帮助或阻碍了你？
- 你的组织文化与组织目标的实现有多一致？
- 员工有多清晰地了解到改变的目的、策略和理由？
- 什么样的沟通可以帮助加强员工参与度、绩效、弹性和灵活性？
- 员工是否拥有足够的能力、权威、信息和资源以获得授权？需要采取什么措施来增加员工授权？
- 你是否有定义明确的团队？他们定期回顾工作、彼此了解吗？
- 有哪些实践社群在你所处的环境中蓬勃兴起？
- 价值观是否以某种行为方式体现？

- 直线经理是否受过人事管理方面的培训，包括指导和反馈？
- 角色设计是为了提供延展性、可行性并直击客户目标吗？
- 员工是否参与制定新的标准和提高标准？
- 是否为员工创造空间来应对客户方的挑战？
- 你希望你的员工在五年内有怎样的工作体验？
- 你希望你的客户、合作伙伴和供应商在五年内与你合作，会有怎样的体验？
- 你会根据员工的反馈采取行动吗？是否允许他们做出改进？
- 你是否利用有关工作人员经验和士气方面的硬性知识和软性知识，来发现问题并为解决问题提供目标支持？
- 不必要的官僚结构取消了吗？
- 员工是否了解清楚哪些工作需要停止、启动或继续？

是否要重新调整奖励和认可机制，以强化目标行为，例如协作和以客户为中心的结果。

## 注释

**1** Senge, PM (1990) *The Fifth Discipline: The art and practice of the learning organization*, Doubleday, New York.

**2** Schein, E (2010) *Organizational Culture and Leadership*, 4th edn, John Wiley & Sons, San Francisco.

**3** Holbeche, LS (2005) *The High Performance Organization*, Butterworth-Heinemann, Oxford; Holbeche, LS (2005) *Understanding Change*, Butterworth-Heinemann, Oxford.

**4** Quade, K and Holladay, R (2010) *Dynamical Leadership: Building adaptive capacity for uncertain times*, CreateSpace Independent Publishing Platform.

**5** Kelly, K (1995) *Out of Control: The new biology of machines, social systems, and the economic world*, Basic Books, New York.

**6** Galbraith, J (1995) *Designing Organizations*, Jossey-Bass, San Francisco.

**7** Stacey, RD (1996) *Complexity and Creativity in Organizations*, Berrett-Koehler, San Francisco.

**8** Amabile, TM (1996) *Creativity in Context*, Westview Press, Boulder, Colorado.

**9** Weisberg RW(1993) *Creativity: Beyond the myth of genius*, WH Freeman, New York.

**10**　Johnson, G, Whittington, R and Scholes, K (2012) *Fundamentals of Strategy*, Pearson Education, Harlow.

**11**　Based on Plsek, PE (1997) *Creativity, Innovations and Quality*, Irwin Professional Publishing, New York.

**12**　Kelly, *ibid*.

**13**　Huy, QN (1999) Emotional capability, emotional intelligence and radical change, *Academy of Management Review*, 24 (2), pp 325–45.

**14**　Meyerson, DE (2003) *Tempered Radicals: How everyday leaders inspire change at work*, Harvard Business School Press, Boston.

**15**　Covey, SR and Crawley, JD (2004) Leading corporate communities, *Executive Excellence*, June, p 6.

**16**　Source: Janice Semper. Also: Agarwal, D, van Berkel, A and Rea, B (2015) Simplification of work: the coming revolution, *Global Human Capital Trends 2015: Leading in the new world of work*, Deloitte University Press, pp 90–91.

**17**　Watson, B (2017) [accessed 15 March 2018] The wingmen: GE welders band together in new career as robot programmers, GE Reports [Online] http://www.ge.com/reports/wingmen-ge-welders-band-together-new-career-robot-programmers/.

**18**　Ulrich, D, Kryscynski, D, Ulrich, M and Brockbank, W (2017) *Victory Through Organization: Why the war for talent is failing your company and what you can do about it*, McGraw Hill Education, New York.

**19**　Schein, E (2004) *Organizational Culture and Leadership*, 3rd edn, Jossey-Bass, San Francisco, pp 1–2.

# The Agile Organization

# 第 13 章

# 敏 捷 领 导

本书中，我强调了信任和相互关系的重要性，因为这是构建组织敏捷和组织弹性的基础。在这一章里，我认为要做到这一点，我们需要以不同的方式看待领导力。

我认为领导力理论涵盖的两个关键部分是凝聚一个弹性敏捷组织的核心。这两个关键部分，一是突出以价值观为基础的领导力，因为员工需要由可信任、可靠的道德领袖来领导。毕竟，正如各种知名公司惨败案例启示我们的那样，当个人和组织的价值观不一致时，即便是最杰出的结构和把控机制也会变得毫无用处。基于价值观的领导者，他们始终坚持自己的价值观，将它和组织的价值观统一起来，使之渗透到整个组织中。由此可见，共同的目标和价值观可将组织凝聚在一起。

二是共享或分布式领导力。这种类型的领导力通常被称为"水平的""分布式的""集体的"或"复杂性"的领导力，我在本章使用了其中几个术语。鉴于商业环境的复杂性，期望高层领导能够获取所有的信息其实并不现实，特别是在那些以知识为基础的组织中，旧式的等级方法用处有限。当速度成为关键的时候，推动决策向中央倾斜的传统结构有可能使决策陷入僵局。在任何情况下，面对快速的技术变革，Web 2.0 技术的出现，以及 Y 一代（他们看待世界的方式与他们的祖祖辈辈截然不同）对参与的需求，对于组织忽视新的领导方式的需要，它还能持续多久是值得怀疑的。

因此，在这一章中，我们将更详细地讨论个体领导者不断变化的需求，以及他们如何帮助建立跨组织的领导文化。本章重点如下：

- 为什么领导要基于价值观？
- 从"我"到"我们"——建立共享型领导。
- 如何开发敏捷领导力？

## 为什么领导要基于价值观

管理学中包含一系列有关当今复杂及不确定环境下所需的领导类型方面的理论。[1]在瞬息万变的世界里，敏捷领导者需要塑造那些员工想要参与进来的组织团体。他们在文化发展中扮演着重要的角色，因为他们象征性地代表了集体身份，他们的信仰和行为会影响他们所在的组织。

我们从本书中可以发现，"传统的和等级制的领导模式正屈从于一种截然不同的工作方式——这是一种基于团队合作和社区的方式，一种寻求让他人参与决策的方式，一种基于道德和关怀行为的方式"。这一新兴的领导和服务方式始于罗伯特·格林利（Robert Greenleaf）的理念："仆人式领导"[2]。

在领导实施战略所必需的变革中，领导者必须让关键的利益相关者参与进来，并建立联盟。正如可口可乐公司董事长约翰·布洛克（John Brock）谈到，当今的领导者必须与股东、团体代表、客户和员工等广泛的利益相关者合作：

*我认为当今商业领袖的角色更具挑战性，因为你有很多以前没有的支持者，所以你必须与不同群体打交道，并采取一种更一致的方式做决策。因此，这就需要真正的能力和技巧。*[3]

人们还需要相信领导者所说的话，正如我们在第 2 章所讨论的，今天在许多社会阶层中，领导者和"追随者"之间普遍存在"信任赤字"。领导者只有"践行"他们所说的"价值观"，才值得被信赖。

---

### 领导者与价值观

对于领导者与价值观的探讨可以追溯到早期的领导理论。例如，在 1978 年，当彭斯（Burns）谈到"道德领导"时，他对两种类型的领导做了区分：变革型领导和交易型领导。[4]交易型领导的工作包括开发、维护任务结构和计划，进行信息管理和系统控制。交易型领导在"给予和接受"关系中起作用，在这种关系中，领导者对下属所做的工作（工作不足）进行奖励或惩罚。而变革型领导则为追随者的生活带来了巨大的变化，从而使他们生活得更好、获得更多成就，并改善了组织运作所在的社会。在这两种情况下，以价值观为基础的领导者在建立共同目标和共同体时，从来不会改变自己的基本原则和价值观，只会在特定情况下改变自己的方法或策略。

当代的理论讨论了真诚型领导力、后英雄式领导力、可信的领导力等其他领导力。例如，梅（May）等人认为"真诚型领导力"包括："领导者要了解自己，并且在每一次互动中都要把内心的渴望、期望和价值观清晰明确地体现在领导的行为上。"[5]认识自己、忠于自己是真诚型领导力的基本素质。同样，高菲（Goffee）和琼斯（Jones）认为，领导力需要一个真实自我的表达。[6]人们希望被一个真实的人领导。人们把真实与真诚、诚实和正直联系在一起。对诺曼（Norman）和卢桑斯（Luthans）来说，真诚的领导者信心十足、饱含希望、乐观而坚韧，同时也有伦理道德上的明确取向。[7]因此，以价值为基础的管理行为与组织的核心价值观是一致的，即领导者表里如一。

如果领导者和管理者想要赢得信任，并与员工建立更有弹性的雇用关系，他们就需要以开放和诚实的态度来赢得尊重，同时以尊重他人的尊严和权利的方式来领导他人。参与其中远比制定一个参与策略更为重要，缺乏诚意的机械方法很快就会被识破。建立这种雇用关系的重点在于领导者的社会领导力和情商，即一种能够改善团队内部的人际关系、承认并处理过去失调的关系，从而为未来创造一种更协作、更全面的系统方法的能力。

尤其要有一个具有凝聚力的高管团队，因为高管团队是最重要的"伟大团队"——而由于多方利益相关者的存在，它必须是异构的。拉丹·塔塔（Ratan Tata）和马克·瓦伦堡（Mark Wallenberg）认为，我们应该向那些经历过许多动荡时期、依旧屹立的大型公司学习。[8]长期经历动荡的组织会根据现有的挑战来选择他们的领导，有些领导可能会有合适的技能来应对组织重组，但组织要壮大时则需要吸纳不同的人才。正如我们在本书中所考虑的，领导者必须有能力去扮演许多角色，包括战略家、关系/网络构建者、文化开发人员、变革管理者和人才开发人员。任何一个人都不可能扮演所有的这些角色，但一个有凝聚力的管理团队就可以做到这一点。

当然，如果高管团队被他们的董事会所勾结的政治力量淹没，那么单独行动可能会使他们处于下风。因此，高管团队必须调整价值观，发现并处理阻碍其协同的政治问题；在分享相关信息的过程中做到公开透明，避免提拔那些以牺牲他人利益为前提的"鲨鱼"。就像海费茨和劳里所说的那样，要解决问题，就要让人们感受到现实的刺痛，而不是在和平中化解冲突。[9] 关于成功设计奖励的问题，奖励方式和内容同等重要。

## 道德与目标

在公开辩论中，股东价值至上的观念正受到挑战，企业被敦促着解决社会问题。现在，人们期望领导者能保持交易透明，对他们的组织和供应链的道德实践负责。公司因其道德立场而闻名，如本杰瑞（Ben & Jerry's）美体小铺（The Body Shop）和许多其他公司都专注于三重底线（"人、利润、地球"）——旨在造福于他们的社区、环境、顾客和员工以及投资者。有一种假设，就是做好事的公司会成功，反之亦然。例如，在旅游行业，道德旅行现在变得极其重要。曾经人们去狩猎，并不关心当地人的福利。现在他们希望看到自己的资金是投入到有价值的事业当中，如投资给孤儿院、学校、研究中心。他们想体验自己在做好事的同时，享受到美好而有价值的时光。[10]

柯林斯和波勒斯强调了股东价值悖论，对两类公司做了区分：一是长期维持成功的那些"有远见的"公司，它们目光长远，同时会考虑到利益相关者的想法，二是其他纯粹由短期股东价值考量驱动的公司。

**矛盾的是，有远见的公司比那些更多依靠纯利润驱动的公司收益更高。**[11]

这些变化反映在英国智囊机构罗菲帕克的研究中，他们研究了不同类型的公司目的对企业绩效和员工激励的影响。[12] 以客户为中心的公司的绩效要优于以那些股东价值为导向或拥有混合目标的公司。以客户为导向的公司的员工倾向于感受到：

• 他们的领导更值得信任，能力更佳；

- 文化更有创意；
- 他们的贡献得到了更好的认可和奖励；
- 具有更多对组织和来自组织的承诺；
- 工作更有意义；
- 工作压力更小；
- 使命感更强。

根据约翰·凯伊（John Kay）的倾斜原理，这种矛盾是可能发生的，即那些关注对员工重要的方向（如取悦顾客）的组织，会更倾向于比将重点直接放在股东价值上的组织赚到更多的钱，因为这能驱动不同的价值观和行为。"倾斜产生了盈利悖论：最赚钱的公司并不是最以利润为导向的。" [13]

## 把员工放在首位

有趣的是，虽然把客户作为公司宗旨的核心是一种强有力的激励方式，但如今，人们越来越重视把员工放在第一位，因为只有当员工感到满意时，客户才会真正感受到与该公司打交道的好处。例如，以客户体验闻名的迪士尼公司认为，创造良好的客户体验，归根结底在于拥有卓越的人才，并善待他们。组织照顾好自己的员工会让他们感到更能融入组织，从而更专注于组织的服务目标。

维尼特·纳亚尔（Vineet Nayyar）是IT服务巨头HCL科技公司的首席执行官，他通过一场深刻的改造来领导该公司。他认为，颠覆金字塔、分配领导力、招募前线工作人员、改变根深蒂固的组织的DNA是至关重要的。[14]

管理层和经理的作用应该是激发和鼓励员工，这样他们就可以创造出一个共同的价值观。首先是提升员工价值，其次是提升客户价值。纳亚尔强调创造一个备受信任的环境至关重要，员工能相信你说的话，并愿意追随你的脚步。因此，在HCL中，人力资源、财务和总经办等所有职能部门都对员工负责，就像员工对他们负责一样。

这种承诺是实实在在的。例如，HCL创建了一个电子的故障通知单系统，员工可以使用任意功能打开一个故障单，然后必须在一定时间内解决这些问题。此故障单只能由员工关闭。同样，管理层和经理对员工负责，就像员工对他们负责一样。责任制显而易见，因为 CEO 的 360 度考核是由世界各地的 8 万名员工来完成的，考核结果发布在网上，所有人都能看到。这种文化释放了企业的巨大能量。

总之，在一个简单的解决方案可能不合适的情况下，灵活敏捷的领导者必须调和领导力的困境，即：

- 兼顾长期和短期视野；
- 兼顾一致性和灵活性；
- 支持与指导并行；
- 兼顾任务导向型和员工导向型；
- 兼顾常态和创新；
- 既高瞻远瞩又脚踏实地。

敏捷领导者尤其需要建立一种共享的领导文化，以增强组织的潜在敏捷性和弹性。

## 从"我"到"我们"：建立共享型领导模式

在快速变化的时代，分配领导力变得愈发重要，领导者要能够激励和协调团队，同时也需要一种更具协作性的领导方式。灵活的组织机构应具备以下特点：一是共享型领导风格，二是追随者要有较高的责任感，这有助于创造性思维和超出角色以外的行为的传播。[15] 对敏捷组织来说，最关键的考验在于其成员是否在正确的时间做出正确的决策，以产生所需的结果。转变由此产生，从领导者与追随者两者间的关系转变为一种共享型领导模式，这种模式依赖于正式和非正式网络的集体效能，其中，专业知识是变革的驱动力，而领导力广泛分布，使得团队和组织内部的人相互领导。彼此信任和尊重对方个体贡献，相互合作并共同负责领导该组织。探讨如何分配领导力比决定是否要分配领导力更为重要。

共享型领导的特征是不确定性不断涌现，领导方式要不断调整以适应目标的需要。它们会根据组织的变化需求不断进行再协调。

采用分布式领导模式需要各级人员转变思维模式，尤其是顶级团队。敏捷的领导并不是指导别人去做事，更多是去创造授权的条件，让其他人做出正确的决定，从而产出结果。如果人们要以新的方式做事，他们可能需要新的技能，或者至少要强化不同的技能。（大量）跨组织沟通及快速应用解决方案的能力至关重要。[16] 根据工作基金会的研究，优秀的领导者都饱含自我意识且处事真诚，把自己的领导责任放在第一位，其次才是自身需求。[17] 他们将集体利益置于个人利益之上。

## 走向共享型领导的历程

为了向共享型领导发展，通常需要一个强大的高级领导者来设计分布模型。领导者的任务是沟通和感知，为决策者和员工提供工具，让他们找到、筛选并关注所需的信息。经历过渡期之后，领导者，或者整个高层领导团队，仍然需要不时地做出关键决策，使公司与外部需求保持一致。当大量地方决策阻碍了范围经济和规模经济的发展，或者由于时间的限制，需要一个短期的、更基于共识的迂回决策时，中央集权的领导也会产生影响。简而言之，高层正式领导者仍然发挥着关键作用，但他们的职责正在发生变化。

在具有传统指挥和控制结构的组织中，要成功引入共享型领导，取决于高层领导者有多愿意"放弃"其总体控制并进行转变（我们将在本章后面讨论）。高层领导者必须积极倡导并支持基于共同愿景的分布式领导。这一共同目标应反映在组织的正式和非正式方面。其中，包括处理与员工、管理层、董事会、供应商和合作伙伴之间的关系，建立支持的联盟，对抗抵制变革的因素，并将愿景传达给员工和更广泛的利益相关者。一旦分布式领导成为常态，各级人员都有可能参与协作行动，在特定专业领域接受领导。

例如，在迪士尼，"我们创造幸福"的愿景通过列举真实故事讲述员工如何将目标付诸实践，渗入每个第一天参加培训的新员工的心中，从而创建一个组织的整体思维模式。组织通过一系列质量标准，可以指导前线工作人员提供所需的客户服务，在标准和自由之间取得良好的平衡，并提拔表现出色的个人，从而使目标具体化。提供指导原则确保了协调，并且控制和缓解风险方面的保护功能也得到分配。给予一线员工责任和自主权会让他们产生一种归属感，激励他们竭尽所能去改善客户体验。当他们发现问题的时候，会毫不犹豫地主动解决问题。来自一线员工的客户洞察，通过强有力的渠道按照层级制度传递给能够采取行动的领导者。引入那些愿意接受分布式领导的人有助于调动其他人的积极性，因此，招聘人员时关注员工的态度和资质极其重要。

共享型领导也可能体现出组织流动性更强的特征，其中领导具有相关专业知识方面的基础。如果它是"自下而上"的，比如通过网络，则组织内外都需要一种开放的文化，其中，团队就合作方式达成共识，团队关系也建立在信任、相互鼓励、支持和保护之上。在这种情况下，正式和非正式的领导者可能都需要为团队的工作制定清晰的参数，从而模糊"领导者"和"追随者"之间的区别，使之不存在鲜明区别。[18]

共享型领导是由协作环境和授权机制（如参与和授权）推动的，这些机制鼓励功能共享，并促进领导能力的发展，以维持持续改进。[19]同一个目的，共同的目标、价值观和信念，作为赋予权力的要素。当团队成员对他们团队的主要目标理解类似时，他们更倾向于大声说出来，为团队提供领导力，同时响应他人的领导，努力实现集体目标。

## 支持团队

共享型领导模式也可以通过正式的团队进行结构制度化。诸如质量圈、任务小组、沟通团队、新的冒险团队和企业品牌团队等，自我管理型团队（SMTs）的使用似乎正在增加，因为这些团队在解决复杂难题、提高生产力和提升工作环境中的创造力方面是最为有效的。它们被广泛应用于谷歌、惠普、沃尔玛、百事可乐等知名公司，以及许多小公司，这些公司都被认为取得了概念上的突破，并推出了无与伦比的新产品。共享型领导能力使团队成员能够展现他们各自不同的能力，从而允许不同类型的领导行为可体现在一个团队中。[20]

团队需要发言权——意味着团队成员可对团队执行目标的方式提出建议。[21]那些成功实行分布式领导模式的公司可以提高一线员工的发言权，同时也为他们想法的产生、审查和选择方面注入更多的内部和外部的声音。[22]例如，宝洁公司通过"连接和发展"项目，增加了内部研发，这就吸引了公司外部提出建议，以促进创新和开拓新市场。类似的合作并不是由于个人的偏好，而是建立在结构、奖励制度和人力资源的实践之上。而思科成立了跨职能委员会和董事会，以便能迅速做出战略决策应对新的机遇挑战。高级管理人员必须树立榜样——因为他们薪酬的很大一部分基于同级对他们合作程度的认可。

团队需要社会支持，即团队成员积极地为彼此提供情感和心理力量的程度。当团队成员在团队中感到被认可并得到支持时，他们更愿意分担责任，积极合作并致力于团队的集体工作。团队也因此找到了洞悉并解决冲突的有效方法。

团队也可能需要高级管理人员的帮助。在步入共享型领导模式的过程中，团队将面临各种障碍，尤其是恐惧。毕竟，采取主动和学习新东西可能会让人感到害怕，从而引发"战斗"或"逃跑"的本能。如果管理层让团队陷入困境，团队将会感到气馁。领导者需要在不推卸责任的前提下提供支持，以建立所有权。例如，帮助员工克服恐惧，在"安全"的环境下工作，比如焦点小组和"午饭培训"（员工就自己熟悉的领域给其他人做培训），消除所有权共享而出现的障碍；建立内部支援系统，鼓励那些志同道合的人聚在一起，互相支持。

外部团队教练可以帮助团队在完成团队任务时，协调并恰当地运用他们的集体资源。教练可以培养团队成员的独立性和自我能力提升意识，增强团队的集体责任感和目标实现感，并提高团队成员展现其领导力和个人主动性的可能性。研究人员区分了两种特别有效的团队指导类型：那些强化共享型领导的指导团队（支持性辅导），以及那些专注于通过任务干预来明确团队问题的指导团队（功能性辅导）。当团队缺乏一个强大的共同目标时，就需要功能性训练。外部团队领导的作用是解决所有团队本身没有充分关注到的问题。

## 团队效能与企业绩效

许多研究发现共享型领导与团队效能和绩效之间有着积极的联系。

比尔·戈尔（Bill Gore）在 1958 年创立了一家有着悠久历史的创新型业务和先进管理模式的公司——戈尔公司。该公司以戈尔特斯（Gore-Tex）系列高性能面料而闻名，它的产品超过 1000 种，有 9000 名员工遍布 50 个地区。当比尔·戈尔创办公司时，他希望它能将创新产品推向市场。他曾试图理解创新中的人员因素，而公司当前的许多实践都源于他的见解。例如，该公司的运作方式为网格或网络结构，而不是层级结构，员工可以向本组织的任何人获取他们走向成功所需要的东西。公司没有职位头衔，因此这就隐含着组织中有些人有权指挥别人的蕴意。员工都是公司的主人，他们可以自由决定他们想要做什么，因为戈尔公司秉承的原则就是公司即员工可以为之做出最大贡献的地方。但是一旦员工做出了承诺，就应该兑现。

戈尔公司的领导因为拥有各自的追随者而被任命享有权威的地位。根据其他人的追随意愿，组织内部的声音便决定了谁才真正有资格成为领导者。他们使用同行评审程序来识别那些正在成长为领导角色的个体。员工听谁的？他们的领导团队需要谁？戈尔公司主要采取一种"发展自我"的人才理念，以创造一种稳健而忠诚的文化，但也明智地选择与外部招聘相结合。在戈尔公司，领导者不断涌现，一旦担任领导职务，他们就会明白，自己的工作就是要发挥团队力量，并让同事获得成功。领导者知道那些"追随者"就是他们的同事，如果自己的做法不契合公司的价值观，就会很容易失去这些追随者。[23]

## 从慢到快

在戈尔公司，一些最具影响力的决策是由小团队制定的。公司鼓励各个团队多花时间聚一聚，搞好关系并建立起信任。公司的支持确保团队有效输出，因此，员工知道他们有权做决策，并需对结果负责。

"参与规则"是每个人都必须遵守的行为规范和准则。每个合伙人都明白这些价值观的重要性，所以在领导者制定决策时，他们必须告之原因，以推动组织行动起来。公司认为，前期最好多花点时间，确保员工充分参与，并致力于实现结果。因此，与其说这是一种结盟问题，不如说是参与问题，因为合伙人是公司的所有者，他们会对企业成果负责。

"合弄制"反映了类似的哲学，并且美捷步已经采用了这种分布式权威系统。与传统的管理模式不同，这是一个激进的"自我管理"操作系统，没有工作头衔，也没有管理者。不同于自上而下的等级制度，它有一种更扁平的"层次结构"，跨越工作圈层级，更平均地分配了权力，按照详细的民主程序来运行。员工可以在工作圈里扮演任一角色。一套"游戏规则"为将授权构建到组织的核心里提供了一种基础管理，这让每个人都能成为自身角色的领导者，成为他人的追随者，通过动态治理和透明运作，凭真正的权威和责任去处理紧张关系。

## 高层领导会怎样

对于正式被赋予领导角色的人，接受共享型领导的意义是什么？显然，构建分布式领导力需要高层领导的大力支持——如果没有这一点，基层的主动行动往往会被忽视，员工可能会放弃尝试改变现状。英雄主义的领导模式已不复存在，取而代之的是一种承诺，即与一系列利益相关者建立共同的愿景。这样带来了许多好处——它利用视角和经验的多样性及其优势，构建组织潜力。这个领导模式可激励团队合作，在复杂时期更容易实现，而如果视其为所有智慧的源泉，则往往会迎来失败的局面。

当然，对许多领导者来说，采用这种方法富有挑战，因为它涉及的技能、风险，以及它所代表的权力结构方面的转变，可能会让某些人感到不舒服。该方法要求领导者发挥影响力，而不是直接控制。罗杰斯和蒂尔尼（Tierney）认为，这种情况在专业服务公司的领导者身上体现得尤为明显。在这些公司中，许多组织都不如过去有序，他们的职位描述和权力界限都很模糊，领导者每天都在努力制定战略并实施。[24] 他们需要对那些无法掌控的事情负责。

员工们也可能会因向共享型领导模式转变而感到不安。一些人可能会继续期盼高层管理人员的"领导"，会对要承担更多责任感到不满，但其他人可能期望"一切皆有可能"，他们的任何想法都能付诸实施，即使与组织的需求无关。为了避免造成混乱，任何时候，领导者都需要采取一种张弛有度的方法，去管理那些可产生潜在创造性备选方案的发散思维，以及开发管理可行选择。在进行创新的早期阶段，松散通常占据主导地位；后期，紧缩就变得更为重要，以便仔细审视其概念，并将选定的内容引入市场。平衡转变的时机与转变原因的一种方法和明确的信号可以避免混乱。

**案例研究：加拿大兰万灵集团旗下的阿特金斯（Atkins）公司**

在前面的章节中，我们讨论了加拿大兰万灵集团旗下的阿特金斯（Atkins）在英国区和欧洲区的业务是如何变得敏捷的，以及 HR 是如何应用敏捷原则来改变人力资源服务的。下面我们来看看驱动这一文化变革的 CEO 尼克·罗伯茨的领导哲学。

总的来说，在担任英国区和欧洲区的 CEO 期间，尼克对阿特斯金实施了重大变革——既有结构性变革，也有更具体的文化变革。尼克认为变革是必要的，那些停滞不前的公司最终会走向衰败。虽然在尼克成为 CEO 之前，该公司就已经有了一些改变，比如卡洛琳·布朗（Caroline Brown）在核能行业所做的行为变革工作（见第 1 版），但现在变革的步伐加快了且规模进一步扩大。

**新的领导方式**

很明显，加拿大兰万灵集团旗下的阿特金斯公司在英国区与欧洲区应用敏捷原则所需要的那种领导风格，与以往典型的"英雄"、指挥和控制等多种领导模式截然不同，当时管理者负责发号施令，而员工只需执行。以前的领导风格催生了一种社会制度，在这种制度下，管理者被认为是全知全能的。在某些类型的客户工作中（例如，在高技术含量的核项目中），这种方式仍然很重要。但 CEO 尼克·罗伯茨认为，旧的领导风格对公司来说是一种限制。现在，管理者的工作是给予或帮助阐明方向，创造一种能让其他员工可以快速执行以及"快速迭代"的环境。这一切都是为了行动，创造影响力。现在，各级领导都必须愿意"赤裸裸"地暴露自己，阐述他们已知和未知的情况。

但要改变领导方式并非易事，尼克认为，如果高层领导坚信自己正努力做的事情，那么他们必须做好准备发出指令以及保持强硬的态度。

**战略制定方法**

在此之前，加拿大兰万灵集团旗下的阿特金斯公司采用了一种经典的制定策略的方法，其中包括中央战略团队为其提供流程和指导。公司正处于快速发展的环境中，尼克认为，在年度评审过程之外，采用一种更强大、更敏捷的方法来制定应急策略是很重要的。如果人们意识到竞争环境中正出现一个潜在的重大变化，那么高管团队就会启动一个"锁定"机制，与专家团队一起探究这个挑战。这就提供了高管团队所需信息，以便他们同意以提议的形式即刻响应这一变化，然后由其他人进一步研究，并继续进行审查。这种以感知情报为导向的战略方法是一种有意采用学习型组织（Senge 等，1994）[25] 原则和进行实践方面的尝试。

作为领导者，尼克·罗伯茨深知自己有责任为公司树立起榜样——他也意识到，他和其他许多人都处在一个陡峭的学习曲线上。对尼克来说，领导者不需要知道所有问题的答案："你应该谦虚地向组织说出这一点。"他的观点就是，这是一种诚实的体现，乐于询问他人才是达成目标的最佳方式。

举例说明，在每周的一次运营和情报（O&I）电话会议中，尼克饶有兴趣地听了专业同事菲尔（Phil）描述技术革新。他接着对观众说："每当我听到菲尔的消息，我就会觉得自己被这个潜在的想法所鼓舞了，但我认为自己对这个想法的了解还不足以让它很好地呈现给客户。我需要一些东西帮助我知道如何描述其中的可能性，并能分 A、B、C 几点来说出你想要做的各种事情。我要借助语言——只有三四个问题——以正确的方式为客户展开讨论。"尼克在此之后接到的回应是前所未有的，数百名来电者与尼克就这一挑战达成一致意见，并提出了许多关于如何通过视频支持的基础管理来解决问题的建议。

### 组织敏捷的可持续性如何

在许多方面，加拿大兰万灵集团旗下的阿特金斯公司朝着更敏捷的方向迅速发展，同时也产生了可靠的结果。但问题在于接下来会发生什么呢？随着环境的不断变化，组织敏捷性的可持续性将如何得到证实？

尼克希望的是，不管未来如何，敏捷的能力已经嵌入组织，语言和行为上的改变也会持续下去，这是因为人们现在已经知道敏捷性如此重要的原因了。他相信，在未来，当人们遇到问题时，他们会说："我们需要一个 O&I 电话会议——我们必须就解决方案进行合作。"就像他说的，采取以价值观为基础的方法进行变革，"建立的是组织的弹性水平"。

对尼克来说，在这个瞬息万变的世界里，学习是一个持续不断的过程，是个人成长和组织敏捷性发展的关键因素。他说："这是一个有趣的旅程。有一天当我回首时，也许会为它感到骄傲。可以说，我为两年半以来取得的成就感到高兴。

要转变成一个分布式的领导模式，需要高层领导坚信，并愿意在组织内部做出根本性的改变。长期以来的做法可能需要得到重新审视，领导和管理人员当前的价值观也需要备受关注。其他必须重新考虑的系统要素有：

- 组织的奖励是什么？
- 领导者如何选定？
- 那些没有获得预期价值的领导者，会面临什么后果？

这个过程不是一帆风顺的，会有多股力量反对这种变化。然而，这种方法的潜在好处是显著的，正如如下案例研究所阐明的那样。它描述了一位 CEO 如何激励共享型领导力和问责制的这一积极文化转变的过程，而对于这项研究，我要特别感谢 RCT Homes 的 CEO 安德鲁·莱希特（Andrew Lycett），以及前 HR 和 OD 主管莎拉 – 艾伦·斯泰西（Sarah – Ellen Stacey）。

### 案例研究：RCT Homes

2007 年 12 月，RCT Homes 公司接管了朗达卡嫩塔夫委员会全部住房的所有权和管理权，成为威尔士最大的住房组织。在此之前，租户成功地将他们的房屋转让给一个新的独立组织，以推动投资和服务方面的改善。除了近 1.1 万所住房外，RCT Homes 从当地政府吸纳了 290 名员工，另外还招聘了 60 名新员工。

RCT Homes 是一种新型的住房机构——社区共同体。其中，租户可以参与经营决策，决定如何分配资源，以及如何提供服务。自成立之初，RCT Homes 就承担着"支持它所服务社区的社会和经济再生"的责任。这需要改变大多数劳动者已经习惯的文化，并创造一个利于员工茁壮成长的环境，并获权取得卓越成就，且任何时候都将租户放在首位。

CEO 安德鲁·莱希特说："我从一开始就意识到，如果我们要在授权员工和租户的方式上实现范式转变，我们需要以不同的方式思考问题。"

### 变革的信号

实现这些转变的方法既有计划性的，也有突发性的。从一开始，对于员工要转到新组织这一情况，组织已经有了明显要改变的迹象。转让报价文件里面包含的 90 个单独的"承诺"体现了住户最初的想法。这被用于为业务各个方面设置变革议程，并要求每个人都参与到变革中来。所有团队都被要求将住户考虑到服务评审和标准设定中，以及指定员工去承担面向客户的工作。对过去只处理交易问题（如租金和欠款）的员工来说，这种做法很不一样。

为了向文化变革提供动力和明确的方向，组织已经制定了一系列新组织必需的发展干预措施。前六个月举办的主要活动为有意识的改变奠定了基础。

第一个重要的行动是召集员工、董事会成员和租户参加为期四天的研习会，以此来树立 RCT Homes 的愿景和价值观。承诺清单展示了 RCT Homes 建立的目标和原因。打造 RCT Homes 愿景的这一个过程——"为我们的社区提供了最好的服务、设计和交付"——定义了它的目标。六项价值观——授权、信任、自豪、愉快、大胆和卓越——概述了组织将如何做到这一点。这一目的使员工、租户和其他利益相关者清楚地了解未来的发展旅程。

### 设定基准线

在确定了目标和理想之后，RCT Homes 想要了解它的发展起点。早期，在 RCT Homes 工作是什么样的？要走多远才能实现其愿景和价值观？

组织发展团队花了前六个月的时间来真正深入了解这个组织，从焦点小组、愿景和价值观研讨会、新成立的员工论坛以及 2008 年 4 月展开的首次员工调查中获取了宝贵的信息。研究结果表明，尽管员工为在 RCT Homes 工作而感到自豪，但仍有许多相当大的障碍需要克服，包括：

- 管理者不听取员工的意见；
- 缺乏乐趣以及对出色工作的认可；
- 责备和不被信任的文化；
- 独自工作；
- 员工感到无能为力；
- 不稳定和不安全；

- 对客户与绩效的关注度不够。

一项关于客户综合调查的结果也反映了这些问题，该项调查与公司的调查同步进行，受访者几乎占所有租户的四分之一，使组织文化与客户调查结果之间产生了明确的因果关系。因此，有了这项确凿的"证据"，每个人都明白了变革的必要性。这是第一次在住房服务领域中展开调查，提高了人们对未来起点的理解力。

### 发展组织

很明显，为了解决上面列出的每一个障碍，需要组织发展团队的干预。这不是一个注明开始日期和结束日期的一次性文化变革计划，也不是要去劝导员工更加努力工作，而是要通过一系列的主动行为、实践和事件，在多个层面促进向卓越绩效、客户服务和授权方面的转变。关键的组织信息是层层贯穿的，提供一致性和强化（作用），并逐步培养起改变组织的动力。

### 员工交流

员工相互沟通在增强方向感和成就感方面起着关键作用。RCT Homes 公司与一家专注雇主品牌、营销和沟通的外部咨询公司合作。在"我们一起会更好"的主题下，一种新的交流方式应运而生。除了"促进伙伴关系：高绩效与信任感"这样的标语出现以外，所有交流中使用的"声调"和语言也变得更加随意且易于交流。RCT Homes 有意避免使用"公司语言"和正式语言。例如，以前的"员工手册"变成了"基本要点"（Nuts and Bolts），而一份不常见的员工简讯变成了《时事追踪》，成了定期出版的彩色刊物，具有流行的杂志风格，由员工直接投稿。该计划于 2008 年推出，具有常规性特征，比如采访 RCT Homes 公司"尊重"员工认可计划的获奖者，关注团队及其作用，庆祝服务的卓越表现，以及"你说我做"项目，用于解释如何利用员工建议实施服务改进。

一个亮黄色的加号（被选来描述积极和团结的特征）可用于办公室标志和物品上，以提升组织的价值。各个组织发展活动、倡议和不同事件之间的联系可通过使用类似的标题来强化，例如"共同领导"（Leading Better Together）管理发展项目和"共同提高"评估系统。

第一年，RCT Homes 推出了一系列的小组、计划和倡议，以直接解决围绕员工发言权的问题——员工认可、授权和以客户为导向的绩效。一些示例见表 13-1。

因此，组织内形成了一种积极向上的共同语言，帮助员工了解这些不同的过程是如何有助于实现愿景的。组织发展活动为实现这一愿景需继续加快进展。针对全体员工的年度会议，RCT Homes 将继续作为一个改变组织、分享商业成功和促进持续改进的工具。这个活动每年都有团队参与，他们能够成功进行汇报，并看到自己在大局中扮演的角色。事实证明，这一做法是判断整个组织内部是否取得进展的真正试金石。

表 13-1　发言权方案与计划

| 计划 | 含义 | 解决方案 |
| --- | --- | --- |
| 尊重 | 嘉许计划，由员工提名那些为创造 RCT Homes 公司价值而付出额外努力的同事 | 感激并庆祝那些卓越的表现，进一步嵌入组织价值观 |
| 员工论坛 | 代表组织不同部门的员工小组，寻求决策和测试方法方面的建议 | 授权，寻求未将直线经理和员工关系考虑在内的观点 |
| 发声 | 为员工而设的建议计划，将他们的意见应用到服务和企业发展当中 | 员工授权与管理者倾听 |
| 工作优秀 | 团队奖励计划，奖励目标达成且超过四分之一预期的队伍，有各种奖励，从保龄球到提供有炸鱼和薯条的晚餐 | 鼓励快乐工作的同时，提高对绩效目标的认识 |
| 福利 | 折扣优惠范围，包括托儿券及轮班工作计划 | 对员工的认可与奖励 |

**提升领导力**

改进管理能力和领导力是推动事物发展的关键。RCT Homes 的执行管理团队很早就知道，管理者并未意识到员工对他们的期望。在首次员工调查中，当出现管理者自己对公司管理层的评价低于其他任何员工团队时，信心不足是很明显的。调查结果表明，许多直线经理并不承认自己是管理者或领导者——他们普遍认为这是其他人的责任，比如做某些艰难的决定，包括调整执行团队。该组织需要投入大量的资金和精力在管理人员身上，使其具备可有效领导团队的技能、知识和行为。因此，组织为所有领导者和相关活动启动了"共同进步"计划。首先，领导者行为要与 RCT Homes 价值观一致，并将其分享给每个人。他们从 360 度考核的反馈以及组织的"共同提高"评估系统中获得动力，如获新生。管理者开始与他们的直线经理讨论自己一直在做的事，以及如何带领团队的问题。

RCT Homes 也考虑了可以通过做什么来维持和嵌入学习。两月一次的"共同进步"活动（本书编写时依旧进行了此活动）将所有的管理者——从团队领导到首席执行官——聚集起来，一同参加半天的会议。这些活动使行政管理团队能够在战略业务方向和决策制定方面找到依据。该议程涉及决策管理人员，通过这种方式让管理者共同协作，加强了关键业务信息的传递。事实证明，这些活动在分享商业业绩和成功的喜悦方面具有不可估量的价值。

有助于维持和嵌入领导才能的另一项活动是在公司内部开发一套"如何……"的管理人员工具包。这套指南包括有效沟通、进行"更好地一起执行"这样的审查、使团队参与服务开发计划、管理压力、举行有效的会议等。其语言易于使用，而工具包也提供了内部团队的一些真实案例研究，其中包括如何取得卓越成就方面的一些非常实用的课程。

### 客户服务

RCT Homes 公司在首次员工调查中发现的"怪罪文化"是一个令人特别棘手的障碍。该公司希望在高绩效和客户服务优质方面鼓励员工进行更开放、更有效的对话和行动，但员工们却担心：诚实面对自己的发展需求，并根据规范来采取不同的方法去实现它，会带来相应的后果。当团队第一次看到基准测试数据时，将 RCT Homes 的表现与其他类似的组织进行比较，对话自此发生变化。

大量组织发展（OD）活动仍然在不断改进。所有的员工都要参加玛丽·戈伯国际有限公司（Mary Gober International Ltd.）开发的"最佳"客户服务学习计划。这个项目不仅要求在技能方面，而且在个人的思维、语言和行为方面都要有出色的表现。它鼓励员工欢迎客户投诉，将其当作真正有价值的东西，并强调让员工培养"我能行"的心态。

再次说明：动员员工进行改进是一回事，嵌入新实践则是另一回事。RCT Homes 化无形为有形。客户服务优质的驱动力是 RCT Homes 客户服务中心各方面的表现，即该服务中心的现代化和重组、新的服务水平协议、定期客户满意度调查的引入以及鼓励管理者向他们的团队分享的一系列新的业绩信息。服务开发计划要明确关键的绩效目标，"检查和挑战"活动将来自不同团队的员工召集到一起，讨论这个关键共同目标的进展。每个人都在"共同提高"讨论会和团队会议上讨论绩效和客户服务。

### 积极的工作环境

RCT Homes 的特性和工作环境在最初的 5 年里发生了很大的变化。2008年的员工调查显示，员工非常忠诚，对"RCT Homes 大家庭"有强烈的归属感，但在工作中没有什么乐趣或享受。团体活动，诸如社区义工、慈善筹款、运动和休闲活动，是创造一个更放松、更开放的工作环境的关键。它们不仅将组织中领域完全不同的个人聚集在一起，还为不同级别的工作人员提供了共同合作的机会，在更低压的环境中建立信任。他们鼓励与顾客建立更亲密的关系。

每年，RCT Homes 都有支持社区的"给予和收获日"业务，让整个组织为当地社区项目提供一天志愿服务的机会。这一天充满了团队协作感、在当地社区获得的自豪感和简单的乐趣。团队建设和发展项目经常包括在 RCT Homes 的住宅区担任志愿者，每年任意一个"共同提高"的会议也是一个担任志愿者的机会。在 RCT Homes 中，团队已经把实际的精力和努力投入到无数的慈善和筹款活动中，包括援助那些有需要的儿童、举办慈善演出和许多当地的活动。总的来说，RCT Homes 的工作人员在当地社区做超过 3500 小时的志愿工作，并且在 2012 年，他们的志愿服务活动甚至进一步扩大，RCT Homes 维修服务部的员工募集到数千英镑来资助他们前往乌干达，在那里，他们带领 Pontypridd 高中的学生为乡村女学生建造宿舍。

绝大多数志愿活动的开展都源于工作人员自身的想法，且员工的忠诚度和自豪感对当地社区的影响显而易见。2012 年，RCT Homes 公司成为第一个在威尔士的社区中被称为"年度负责企业"的住房组织。

### 健康与福利

重视健康和福利已然成为组织变革的载体。RCT Homes 鼓励个人参加体育或社交活动，许多慈善活动都包括体育成就或耐力活动，比如参加威尔士的四项高峰挑战赛和 24 小时的自行车赛。2010 年，公司引入"Healthshield"健康计划，该计划旨在为所有员工提供牙科、光学或医疗服务的帮助。员工每年人均患病天数从 14 天减少到不足 8 天，这相当于每年为公司节省了超过 15 万英镑。RCT Homes 公司决心不满足于现有的荣誉，正致力于向威尔士政府的企业健康标准靠拢。

### 结果与成效：成效显著

RCT Homes 的员工调查中已有证据表明工作场所发生了重大变化。自 RCT Homes 开始运作以来，整体员工满意度平均增加了 25%。2012 年，当 RCT Homes 公司被授予"人力投资者"铜奖时，评委着重引用了员工的评论，包括：

- "现在事物发展变化越发地快。你并非全能，所以你必须与他人合作以完成任务。"
- "公司鼓励我们将自己视为一个为租户服务的团队。"
- "它与过去的感觉不同——组织对我们的态度更多的是关怀：成为组织的一员，我感到很自豪。"
- "这是个工作的好地方。"

RCT Homes 在社区重建和培训机会方面的投资对许多人的生活产生了重大影响。杰森（Jason）是设施管理方面的实习生，他说："我本不会成为现在的我。要是没有信心和任职资格，我就失业了。"最重要的是，RCT Homes 的租户已经感受到了这种变化，公司的客户满意度显著增加——所有这一切都是在一段前所未有的增长时期发生的，RCT Homes 的年营业额从 2008 年的不到 1000 万英镑增加到 2012 年的近 4900 万英镑，其经营范围扩大到包括四个子公司，提供了各种各样的技术、慈善、发展和社会企业活动。

正如这个案例研究表明的那样，在一个有能力的组织发展专家的支持下，高层领导从强烈的目标感和价值观出发，帮助发展一种共享的领导文化，专注于为租户 / 客户做正确的事情。

## 如何开发敏捷领导力

高层管理人员通常要花多年时间来开发经验法则、直觉、危机管理模型和度量标准，这些规则让他们能成功地按传统的方式工作。顶级团队往往更倾向于坚持他们过去所做的事情，即使这让他们更像是运营管理者而不是战略领导者。确实，亚瑟·凯斯特勒（Arthur Koestler）强调了摆脱旧思维方式的难度有多大："在所有形式的心理活动中，即便是在被认为没有丧失灵活性的年轻人的头脑中，最难以诱导出来的也是一种处理与以往相同的数据束，但将它们置于一种新的相互关系体系中的艺术。"正如我们已经讨论过的，敏捷领导者必须能够领导复杂性，成为关系／网络构建者、文化开发者、变革管理者、人才开发者和共享领导的推动者。新的领导结构和领导能力将引领组织走向未来。因此，一些领导者可能需要培养新的技能，发散他们的思维去接受新的领导方式，学习新的技术，从他们的系统之外获得新的知识，走出舒适区。

正如马塞尔·普鲁斯特（Marcel Proust）所指出的："真正的发现之旅并不在于寻找新的风景，而在于拥有一双新的眼睛。"[26]

## 向外看

高层领导必须对"时代精神"及其影响有系统和深刻的理解，这样才能确认海费茨和劳里所说的"适应性挑战"是什么。[27]梅奥（Mayo）和诺瑞亚（Nohria）认为，理解时代精神并且能够抓住其为公司带来的独特机遇，是真正伟大的领导者与仅有领导力的领导者之间的区别。[28]这些作者发现，即使是最聪明的高管，也会因为缺乏对环境因素的敏感度而犯错。没有对环境的敏感度，领导者的个性和技能只能是暂时的优势。展望未来，领导者将与机器合作，他们需要有数字化的灵活性和系统的思维模式，以了解社会与技术如何结合在一起。没有远见和洞察力，领导者就无法规划未来，激励并领导组织。他们要站在未来的角度回首过去，并在当下采取行动。

领导者来来往往，他们越发会成为一种功能，而不是一个角色。相反，领导力将无处不在，由不同的人领导行动。组织层级结构的任务将是建立自我管理团队，并确保计划在恰当的时机实施。因为团队的自我管理取决于明确性，所以需要清晰的策略和方向设置，包括持续不断的预期调整。当人和机器开始一同工作时，承担风险的能力和技巧需要扩展到整个组织。

英国卡斯商学院的韦尔伯恩（Welbourn）和他的同事们为希望影响系统的领导者提出如下建议：[29]

- 拥有开放而好奇的头脑；

- 接受不确定性并积极面对变革；

- 尽可能多地汲取观点；

- 确保领导和决策贯穿整个系统；

- 提升价值观的重要性——在人际关系和行为方面投入尽可能多的精力。

　　为了更系统化地理解，许多高层管理者会去其他公司出差做基准考察，这些公司可能会对关键的战略挑战提出新的见解。一些公司会派高级和高潜力的管理者参加大型商业或管理会议，并由一个学习指导员陪同，帮助领导团队在每天结束时整理他们的学习内容。

　　越来越多的组织开展了大规模的情景规划会议，有大量的工作人员和管理人员参会，开放思想，并在感知到的趋势和挑战中积累集体智慧。创建一个警觉、知情和积极参与的实践者群体，成为发展一种更共享的领导意识的关键。一家中等规模的公司让高级管理人员和董事会以下的高潜力员工进行协作调查——旨在研究企业的各个方面、环境、机遇和威胁。自那以后，该公司实施了许多调查，这对其商业业绩和作为雇主的声誉都大有好处。

## 向里看

　　一代又一代的高层领导者都是靠他们的技术和商业能力才做到高管职位的。今天的挑战要求他们把自己作为工具，帮助他们的组织在新环境中茁壮成长。根据工作基金会（Work Foundation）的说法，杰出领导者的与众不同之处在于：他们的思维方式是系统性的，而且是长期的；为生活带来意义的；运用精神内涵，而非生搬硬套；通过绩效培养员工；有自知之明且真诚，把领导放在第一位，把自己的需要放在第二，明白谈话也是工作的一种；给别人时间和空间，把"我们"放在"我"之前。

　　与敏捷相关的许多技能长期以来都一直被与心理学和变化管理的研究联系在一起。考虑到人际关系的重要性，领导者需要有高情商，具备高效的谈判、影响他人和解决冲突的技巧。从各种研究中得出的以价值观为导向的领导者的五个关键品质包括自我反省、平衡、自信、有勇气和谦逊。[30] 例如，柯林斯强调把谦逊作为"伟大"组织的"最高级别"领导者应具备的品质。[31]
这些领导者已经学会了去接触他们认为重要的东西，并形成了他们自己的一
套信念。

这些技能和"意识"应该如何发展？当领导者与他们自己的发展斗争时，
他们需要找到他们可以信任的建议的来源，如同辈、教练、导师或同事。例
如，联合利华发现，一些管理人员的技术技能跟不上社交和其他媒体现在被
用来更广泛地与员工和其他利益相关者沟通的方式，因此，他们无法融入新
的发展和趋势中。于是联合利华建立了"反向指导"机制，即毕业生担任导
师，指导高管如何利用现代媒体与员工沟通。

对奎恩（Quinn）来说，领导者通过反思性的对话学会了如何处理不确
定性；[32] 巴德勒克（Badaracco）认为，变革是通过对话而形成的。[33] 富有
成效的审议是一种混乱的过程，它在感情、思想、事实和分析之间曲折前
进，要抵制住诱惑，不让自己把握一项单一的伟大原则，也不让它支配其他
所有的因素。行动学习团队和对等网络为领导者提供了空间，以磨炼他们的
思维。举例来说，渣打银行已经尝试了领导力开发，为领导者提供思考和参
与复杂问题对话的空间，而这些问题的答案并不简单。同样，赫特福德大学
也有一位研究复杂性的权威专家——拉尔夫·斯泰西（Ralph Stacey）教
授，他为资深学者和专业服务经理提供的领导力发展课程也是基于反思和对
话的。

在确定下一代领导者时，重要的是去超越传统的领导力人才模式，能成
功地在加速的复杂性条件下，去开发一个从内部和外部寻找具有潜在领导力
的人的过程。这次搜索应该是一个跨组织的工作，利益相关者应该参与到该
工作的发展中。在促进未来领导者发展时，确保其扮演的社会角色是广泛的
和该工作是有意义的"真正的工作"，这样人们将通过这次挑战有一次体验和
成长的机会，发展变革管理和其他关键技能以及获得高超技术，使其在设计
环境中有利于敏捷性、参与性、弹性和重大成果的发展。

### 本章小结

越来越多的人认为，领导力及其发展过程具有内在的协作性、社会性和关系性。特别是在快速发展的时代，领导力被理解为具有一种组织所有成员去完成诸如确定方向、建立一致性和获得委托等关键任务的集体能力。对于敏捷的领导者来说，正在发生的转变是其发挥影响力而不是指令控制而成的。下一步将要求高层领导者深入了解组织体系和文化的作用，以及了解他们是如何成为变革的"工具"的。

在发展领导者的社区中，领导者的主要任务是创造条件，在各个层面上加强合作，共享领导能力、所有权和问责制。这将需要大量的沟通、战略对话和建立以共同的目的联合起来的跨组织网络。这是在共同价值观的基础上持续领导，扫除障碍，赋予权力，设计有利于信息流动的结构，方便互动，创造透明度。它是通过新的体验、培训和指导来提高人的技能，确保奖励系统认可团队以及个人对整体绩效的贡献。

其成果应该是一种变革的文化。在这种文化中，人们可以茁壮成长，尽自己最大的努力追求一个共同的目标，并在他们这样做的时候提升自己和更新组织。

### 自查清单

我曾经工作过的一家公司希望在一线培养领导层，但有人担心，高层和一线员工之间的权力差距可能太大。高层团队最近明确了组织新的以客户为中心的价值观，但一些高潜力的管理者认识到，如果当前的高层领导仍然远离组织的日常现实，他们就不可能是有效的或鼓舞人心的管理者。他们对高层管理人员的建议如下。

- 让高潜力和高级管理人员加紧努力，更积极地在企业的经营和发展中发挥作用（这些任务通常由高层管理人员负责），以便高层管理人员能够更加注重外部和战略。
- 如果高级经理／领导者与客户体验脱节，他们应该"回到一线"（更接地气）——更具体地理解客户体验，而不仅仅是归纳推测。

- 管理者应该领导客户中心制度和变革议程，并与做出一线决策的人打交道。管理者应该学会如何有效地委派和开发能够跨越边界的团队，让他们接触新想法（尤其是在改变渠道的情况下），帮助他们意识到自己的决策倾向等。

- 让管理者对他们如何发展和管理变革的方式负责。

- 不要将强迫技术专家往管理方向发展作为唯一的发展方式，也可以开发其他职业生涯可能性。

- 长期招募（具有丰富经验的人），或建立我们想要的管理能力。

- 通过向员工提供一流的客户体验来强化客户中心制。

- 创建一个关于员工的生命周期图，以评估每个阶段人员体验的质量，并确定相关的改进过程。

- 用全新的眼光看待未来三年所需的能力，如改变领导方式，同时考虑采纳新的价值观。

- 回顾管理绩效的整体方法，以匹配新的价值观：关注行为和贡献——包括管理者如何提升员工等——并让人们思考他们在客户结果中做出的贡献。

虽然顶级团队可能并不总是喜欢他们听到的内容，但他们必须从下级获得信息，而不是"射杀信使"（截断沟通渠道），并且通过将新型实践制度化，各个层面的行为，包括高层，都应该有所改变。

# 注释

**1** Spears, LC (2004) Practising servant-leadership, *Leader to Leader*, Fall, pp 7–11.

**2** Gitsham, M (2012) [accessed 19 January 2015] The Changing Role of Global Leaders, *Harvard Business Review Blog Network*, 14 February [Online] https://hbr.org/2012/02/what-it-takes-now-to-lead-a-bu.

**3** Burns, JM (2012) *Leadership*, Open Road Media.

**4** May, DR *et al* (2003) Developing the moral component of authentic leadership, *Organizational Dynamics*, **32** (3), pp 247–60.

**5** Goffee, R and Jones, G (2005) Managing authenticity, the paradox of great leadership, *Harvard Business Review*, December.

**6** Norman, S, Luthans, B and Luthans, K (2005) The proposed contagion effect of hopeful leaders on the resiliency of employees and organizations, *Journal of Leadership and Organizational Studies*, **12** (2), pp 55–64.

**7** Tata, R and Wallenberg, M ( 2014) The power of enduring companies, *McKinsey Quarterly*, September.

**8** Heifetz, R and Laurie, DL (2001) The work of leadership, *Best of HBR*, September.

**9** Morris, W (2014) Towards a new luxury, *The Sunday Times*, 21 September.

**10** Collins, JC and Porras, JI (2005) *Built to Last: Successful habits of visionary companies*, Random House Business, London.

**11** Springett, N (2005) *Shared Purpose*, Roffey Park, Horsham.

**12** Kay, J (2004) Forget how the crow flies, *Financial Times*, 17 January, p 21.

**13** Nayyar, V (2012) [accessed 19 January 2015] in *Employees First, Customers Second: Why it really works in the market*, ed K Moore, Forbes Leadership 5/14/2012 @ 12:01 pm [Online] http://www.forbes.com/sites/karlmoore/2012/05/14/employees-first-customers-second-why-it-really-works-in-the-market/.

**14** Adler, PS and Borys, B (1996) Two types of bureaucracy: Enabling and coercive, *Administrative Science Quarterly*, **41** (1), pp 61–89; also Saparito, PA and Coombs, JE (2013) Bureaucratic systems' facilitating and hindering influence on social capital, *Entrepreneurship: Theory and Practice*, **37** (3), pp 625–39.

**15** Kinsinger, P and Walch, K (2012) [accessed 30 August 2014] Living and leading in a VUCA world, *Thunderbird University* [Online] http://www.forevueinternational.com/Content/sites/forevue/pages/1482/4_1__Living_and_Leading_in_a_VUCA_World_Thunderbird_School.PDF.

**16** Tamkin P *et al* (2010) *Exceeding Expectation: The principles of outstanding leadership*, The Work Foundation.

**17** Silva, DY, Gimbert, B and Nolan, J (2000) Sliding the doors: locking and unlocking possibilities for teacher leadership, *Teachers College Record*, **102** (4), pp 779–804.

**18** Bowerman, KD and Van Wart, M (2011) *The Business of Leadership: An introduction*, Routledge, Abingdon, p 333.

**19** Bergman, JZ *et al* (2012) The shared leadership process in decision-making teams, *The Journal of Social Psychology*, **152** (1), pp 17–42.

**20** Ancona, D and Backman, E (2010) [accessed 30 August 2015] It's Not All About You, *Harvard Business Review Blog Network*, 26 April 10:55 am [Online] http://blogs.hbr.org/2010/04/its-not-all-about-me-its-all-a/.

**21** Carson, JB, Tesluk, PE and Marrone, JA (2007) Shared leadership in teams: an investigation of antecedent conditions and performance, *Academy of Management Journal*, **50** (5), pp 1217–34.

**22** Hamel, G (2010) [accessed 30 August 2014] Lessons From a Management

Revolutionary, Gary Hamel's Management 2.0, 18 March [Online] http://blogs.wsj.com/management/2010/03/18/wl-gore-lessons-from-a-management-revolutionary/.

**23** Rogers, P and Tierney, T (2004) Leadership without control, *European Business Journal*, **16** (2) pp 78–82.

**24** Senge, PM, Kleiner, A, Roberts, C, Ross, RB and Smith, BJ (1994) *The Fifth Discipline Fieldbook*, Currency Doubleday, New York.

**25** Proust, M. *Remembrance of Things Past*, Vol. 5 – The Prisoner (originally published in French in 1923, and first translated into English by CK Moncrief).

**26** Heifetz, RA and Laurie, DL (2001) The work of leadership, *Harvard Business Review*, **79** (11), December, pp 131–40.

**27** Mayo, AJ and Nohria, AN (2005) *In Their Time: The greatest business leaders of the 20th century*, Harvard Business School Press, Boston.

**28** Welbourn, D *et al* (2012) *Leadership of Whole Systems*, The Kings Fund, London.

**29** Kramer, HJ Jr (2011) *From Values to Action: The four principles of values-based leadership*, Wiley, San Francisco.

**30** Collins, J (2001) *Good to Great*, Random House, London.

**31** Anding, JM (2005) An interview with Robert E. Quinn entering the fundamental state of leadership: reflections on the path to transformational teaching, *Academy of Management Learning and Education*, 4 (4), pp 487–95.

**32** Badaracco, JL Jr (2006) Leadership in literature, *Harvard Business Review*, March.

# The Agile Organization

结论

# 敏捷组织的十大关键主题

随着业务环境中的转型步伐不断加快，许多组织将难以跟上步伐。对市场现在的需求反应太慢，最终可能会破产。组织萎缩的症状（关注内部、思维僵化、缓慢决策、风险厌恶、指挥和控制式管理风格、组织政治）无处不在，组织敏捷性不足。

在这本书中，我们考虑了如何避免这种令人沮丧的情形，以及如何在有意识的情况下构建更大的敏捷性和弹性。我们研究的 10 个关键主题如下。

# 1. 环境很重要

我认为，如果组织要在这种环境中生存和发展，领导者必须致力于建立他们组织的弹性和适应力。真正的敏捷性是这样的：它将适应性、速度、创新、弹性和迭代完美地交织在一起。虽然不同组织所需要的敏捷程度会根据各自情况而有所不同，但共同之处在于组织需要积极地关注外部环境趋势，预测这些趋势将如何影响企业和客户，并积极地采取行动，利用机会和规避威胁。这种外部的因素必须渗透到整个组织，并且必须找到汇集和筛选集体智慧的渠道。

随着时间的推移，为了优化公司的绩效，组织必须一直保持灵活和有效。因此，在追求短期成本节约和效率（往往会削弱组织的弹性）的同时，必须刻意追求长期价值、创新与多重短期优势保持平衡。这涉及建立新的能力、惯例和实践，使组织更有弹性并为其提供可持续的未来，必须重新定义成功，必须在季度业绩和投资者红利间权衡，与此同时还需要权衡更多利益相关者的潜在利益。为获得更有意义的收益，领导者必须突破短期视野的局限。

# 2. 敏捷是一种思维方式

到目前为止，我希望读者能清楚在我看来，组织敏捷不仅仅是一套工具和活动，它是一种存在状态。正如所有的生命系统一样，组织要想蓬勃发展，就需要不断变化，需要了解全局，把握好行动的时机，寻找新的繁荣空间，不断验证，学习什么可行、什么不可行。需要一种开放、警觉和灵活的敏捷心态，将变化重新定义为常态。动态稳定已经是组织生命旅程中不可避免的一部分。就像活的有机体一样，组织必须找到新的营养来源并保持健康（从字面上理解），以获得反应能力和自由行动所需的柔软性。他们需要开发和实践新的流程，让不熟悉它的人能够被这样的方式"管理"，从而为特殊情况下的特定创新反应留出余地。

　　管理者需要一种敏捷的思维方式，而人力资源、IT、内部沟通、财务等职能部门，当然还有员工本身同样需要，这使得敏捷成为新的规范。领导者尤其必须变得敏捷，并接受新的领导方式，因为他们对组织的成功或失败有着巨大的影响。因为没有什么是确定的，这可能需要领导者培养新的技能——能够忍受模棱两可，并迅速做出好的决定。领导者必须能够以共同的目标为基础，通过变革来吸引人们保持对价值观的忠诚。我同意哈曼（Hamman）和斯佩（Spay）的观点，即领导者的任务是："从根本上说，个人或者组织的内外部一样重要。它既是关于人的发展，也是关于系统的建设。它既是关于创建敏捷文化，也是关于调整结构和流程。"[1]

# 3. 集体共识和合作

　　在前几章中，我们研究了组织敏捷性和弹性的各个方面。我们考虑了用敏捷方法来开发和实现正确的策略。这需要毫不含糊地关注现有和潜在的客户，以及发展客户关系，以保证共同创造价值。我们已经看到，这些战略流程（制定战略、审核和实施）需要集体共识和知情权力，需要不断地主动感知环境，寻找可以利用的机会和必须规避的威胁。

　　我们已经研究了敏捷原则、方法和工作实践，它们的迭代和反馈周期允许对不断变化的客户需求做出响应。我们已经看到了简单而不是复杂性的原理是如何应用的，尤其是在寻找适合目标的解决方案而不是将其过于复杂化，将工作与适当的资金结合起来。这些敏捷的原则和方法应该在整个组织内——包括在业务职能部门——广泛传播。即使是宏大的精心安排的变革计划也必须适应它，以确保更大的相关性。

我们已经考虑了敏捷组织如何在不断变化的商业环境中动态地与合作伙伴建立联系。当人们跨越越来越多的组织边界时，他们必须驾驭复杂性。要与合作伙伴搞好关系，建立有效的联系，以获取组织灵活性，人们需要处理复杂的关系和建立信任的技能。公司政策也必须对文化敏感，并加以调整，以确保它们符合不同的地理、文化和商业背景。

## 4. 更民主的做法

当今的全球商业环境是快节奏的，全天候运转。集中决策的概念正变得越来越不合时宜和不切实际。鉴于对员工参与的需求越来越大，组织需要收集集体智慧，需要更多的民主管理和领导方式。领导风格必须超越指挥和控制，朝着更加协作的、基于相互信任和尊重的参与方式发展。员工必须愿意站出来，在推动公司目标的过程中发挥积极的作用。然而，如果领导方法的改变不是真实的，等级观念仍然存在，员工很快就会学会不信任管理层。因此，管理方法的转变必须是真实的，并以价值观为基础。围绕哪些必须保持严格（即在自上而下的控制下）、哪些可以宽松以允许员工参与任务并自由决定，可以避免混乱，并实现创新和风险管理的正确融合。

## 5. 文化建设

文化建设成为敏捷领导者的核心任务。信任是永恒不变的主题，没有它，人们可能会变得谨慎，反应迟钝，不愿意在需要变革时分享他们最好的想法，并表现出防御。共同的目标、价值观和指导原则是开放、灵活和高绩效文化的基础。在这样的背景下，本组织成为一个各级领导层都可以努力参与的变革社区。这创造了一种变革和创新的社会运动，变革和创新可以由任何人发起，而不仅限于高层。

刺激文化变革需要最高层的承诺。领导者必须提高对变革必要性的认识，促进对话，建立人与人之间的联系，建立行动社区，扩大参与的范围，使敏捷性和弹性在整个组织中得以传播。我们已经研究了如何使用诸如社交媒体之类的通信工具来实现这些连接。领导者的任务是倾听，并提供一种连贯的感觉。最重要的是，高级管理人员必须认识到，他们的态度、行为和优先事项会影响人们真正需要重视的东西。他们还必须认识到，他们有责任约束自己组织的价值观和新做法，所以他们应该以身作则（do as I do）而非仅仅发号施令（do as I say）。我们的目标应该是在一切可变的环境下保持一致性，加强行之有效的做法。

## 6. 有利的环境

领导者必须为变革和创新创造一个有利的环境，包括资源、结构、系统和过程，特别是目标和角色的清晰定义，这样人们才能知道自己在做什么。领导者还需要设定实验的参数，让人们知道需要改变的地方，并确保有效的过程来分享学习和评估。领导者还需要建立系统约束，包括共享的目的，以及管理风险。他们应该通过交流、认可和奖励来强化期望的方向。

绩效管理和管理发展等人力资源政策应该从价值观驱动的角度来审视，从而实现自主和担当。当引入新的计划或策略时，重点应该放在度量结果上，而不是仅仅定义一个输出，将结果的价值和复杂性简化到一个数字上。同样，当人们在远程工作时，重要的是努力实现成果，而不是用工作时间考核。在绩效管理方面，也许最重视的一点是，最重要的部分不仅仅是人们围绕绩效进行的对话，而且是关于他们的职业生涯发展将走向何方的对话。

## 7. 敏捷的员工

我们研究了引进、开发、留住敏捷人才的重要性和挑战性。我们已经看到，随着企业与人才短缺做斗争，与人才管理相关的人力资源流程正变得越来越灵活。不同的经营领域都需要更多多样化的劳动力。我们已经看到，在工作人员加入一个组织，从一开始就把个人素质和其专业联系起来是多么重要。

我们讨论过员工敬业度的重要性，并考虑了在领导员工经历重大变革时，如何忠于自己的价值观是非常重要的。我们还讨论了员工通常被视为成本的问题。如今的工作环境对员工来说压力很大，他们常常被动态的想法、客户服务、创新等需求所困扰，并被要求少花钱多办事。当这种情况发生时，人们的参与（和健康）可能会受到影响，组织的弹性也会被削弱。人力资源部门、经理和员工本身都要发挥关键作用，确保达成更好的平衡，使员工能够投入工作，保持健康和幸福。正如我们所指出的，一些领导者越来越倾向于认为员工应该被视为主要的利益相关者，因为当他们与组织目标一致时，他们会为客户和雇主带来更好的结果。因此，为了增强企业的弹性，组织必须认真关注员工的需求，努力实现员工和企业的双赢。

## 8. 一种更相互的雇用关系

新兴的雇用关系必须是双向的：组织期望从你那里得到什么？你对组织有什么期望？信任是雇用关系的重要决定因素。当信任存在时，就意味着更大的责任和更少的直接控制的需要。然而，信任是建立在组织是否按原则行事的基础上的。例如，在对待"零工经济"员工的公平性方面，越来越多的组织的价值观将受到考验。工作应该围绕参与原则进行设计，以改善员工参与工作决策、管理层与员工之间的关系氛围、员工发展、薪酬满意度、工作挑战和工作成就感。[2]

人们在不同的年龄和人生阶段可能需要灵活的工作安排。在可能的情况下，组织应该设法适应而不是拒绝员工的这种灵活性要求。员工的发展需要、职业抱负可能需要支持。因此，各组织应创造性地考虑为人们创造机会，例如，更多地强调能力和才能而不是在某一特定领域的经验，同时帮助人们在组织内轮岗。

## 9. 成为"组织公民"

最近，各组织、专业机构的作用、宗旨、性质和合法性受到怀疑。组织比过去更明显地对他们的社区负责，成为社区的一部分。如今，公众对包括其供应链在内的公司的期望越来越高，他们应该采取更道德、更经济、更环保、更环保的方式。因此，各组织必须对自己的社区做出反应，积极主动，并在其业务的各个方面向客户、供应商、雇员和股东展示其对环境和股东的责任。如RCT Homes 案例研究所示，当组织自愿付出的努力超出了他们的法定义务，并采取进一步措施提高员工和家属，以及当地社区和社会的生活质量时，他们企业的社会业绩和声誉可能会提高。

## 10. 当一切改变时，目的和价值观就要成为黏合剂

正如我在整个过程中所说的，从长寿的组织中吸取经验，从本书中列举的许多案例中，共同目的和价值观是组织敏捷性和弹性的关键。它们不仅提供了一致性和合理性，而且是迭代、改进、改变和学习的主要动力。它让人们切实看到有所激励和鼓舞。共同目的和价值观作为信任的基础，是至关重要的推动力量，在这个基础上，可以构建敏捷性和弹性。当目标提升并为利益相关者（包括社区）提供有价值的利益时，它可以激发员工的精力、热情和高绩效。当这种情况发生时，弹性和敏捷性（即可变革性）成为组织 DNA 的一部分，贯穿组织的各个方面，作为可持续绩效、创新、更新和健康的主要源泉。这样，敏捷性和弹性就成为取之不尽的礼物，每个人都从中受益。

## 注释

**1**　Hamman, M and Spayd, MK (2014) [accessed 30 August 2014] Being an Agile Leader, a White Paper, *Agile Coaching Institute* [Online] http://www.agilecoachinginstitute.com/wp-content/uploads/2014/05/Being-an-Agile-Leader-ACI-White-Paper-Mar-2014.pdf. *See too* Hamman, M and Spayd, MK (2015) [accessed 27 April 2018] The Agile Leader, a White Paper, *Agile Coaching Institute* [Online] http://agilecoachinginstitute.com/wp-content/uploads/2015/03/whitePaper-ACI-The-Agile-Leader-Jan-2015.pdf.

**2**　Purcell, J (2013) [accessed 30 August 2014] The Future of Engagement: Speaking up for Employee Voice, *IPA*, October [Online] Now hosted at the Engage for Success website at: http://engageforsuccess.org/the-future-of-engagement-speaking-up-for-employee-voice.